21世纪国际经济与贸易专业系列教材

国际金融实务

主编　潘海红

合肥工业大学出版社

图书在版编目(CIP)数据

国际金融实务/潘海红主编. —合肥:合肥工业大学出版社,2007.8
(2018.1 重印)
ISBN 978-7-81093-637-8

Ⅰ. 国… Ⅱ. 潘… Ⅲ. 国际金融—高等学校:技术学校—教材 Ⅳ. F831

中国版本图书馆 CIP 数据核字(2007)第 124879 号

国际金融实务

主编 潘海红　　责任编辑 疏利民

出　版	合肥工业大学出版社	版　次	2007 年 8 月第 1 版
地　址	合肥市屯溪路 193 号	印　次	2018 年 1 月第 4 次印刷
邮　编	230009	开　本	710 毫米×1000 毫米　1/16
电　话	总　编　室:0551—62903038	印　张	15
	市场营销部:0551—62903198	字　数	260 千字
网　址	www.hfutpress.com.cn	发　行	全国新华书店
E-mail	hfutpress@163.com	印　刷	合肥现代印务有限公司

ISBN 978-7-81093-637-8　　定价:26.00 元

如果有影响阅读的印装质量问题,请与出版社市场营销部联系调换

“十一五”高职高专规划教材
国际贸易系列丛书编委会

出版说明

为了进一步贯彻落实《国务院关于大力推进职业教育改革与发展的决定》和全国职业教育工作会议的精神，适应高等职业教育发展的要求，满足国际贸易专业教学的实际需要，我们组织编写了“十一五”高职高专规划教材国际贸易系列丛书。该系列丛书涵盖了高职高专国际贸易专业教学中的主干专业课程（包括国际贸易、进出口贸易实务、国际金融实务、国际贸易地理、国际贸易地理学习指导、外贸函电、西方经济学、国际商法、出口单证实务、国际市场营销、实用日常英语口语），从2006年秋季开学起，这些教材将陆续提供给各高职院校国际贸易专业使用。

该系列教材是根据高职高专国际贸易专业的教学培养目标而编写的。该教材从社会对国际贸易人才的需求出发，在内容上结合本专业岗位对职业能力的需求来确定教材的出发点、技能点和素质要求点，注重对学生的创新能力和实践能力的培养。该系列教材在理论体系、组织结构和阐述方法等方面均作了一些新的尝试，以适应高职高专教学改革的需要。

该系列教材由安徽国际商务职业学院牵头编写，参加组织编写的院校包括合肥工业大学、安徽财贸职业学院、万博科技职业学院、淮南职业技术学院、芜湖信息技术职业学院、安徽工业经济职业技术学院、安徽冶金科技职业学院、安徽国防科技职业学院、合肥经济技术职业学院、淮南联合大学、安徽农业大学涉外经济学院、安徽经济技术学校等。同时，在该教材的编写和出版过程中，也得到了安徽省教育厅的大力支持。

国际贸易系列丛书编委会

2006年7月18日

前言

随着我国社会主义市场经济体制的建立和经济全球化的发展，金融业也在不断发展，无论在国内，还是在国外，它对一国经济的发展都起着非常关键性的作用。国际金融作为金融学的一个分支，是财经类及商务类高职高专教育的核心课程。

高职高专教育的培养目标是培养一线需要的高等技术应用型人才，其目标与单纯的本科教育培养理论型、学科型人才不同，也不同于中等职业教育培养的单纯技能型人才，高职高专教育培养的人才是一种专业理论够用、技术实用、密切接近市场和组织能力强的复合型人才。

国际金融课程如何围绕着高职高专教育的培养目标，设置课程内容，是笔者多年教学中经常思考的一个问题。目前，高职高专在国际金融教学方面，多采用与本科一样的国际金融教材，或者是使用本科金融教材的浓缩本，这些教材在实用性、实践性等方面与市场还存在着一定的差距。虽然，近年来市场上出现了一些国际金融方面的高职高专教材，这些教材在减少理论内容，突出实践内容方面做了一些有益的探索，但是在教材内容中更多的是站在银行角度，来考虑国际金融课程的内容。

进入21世纪，中国外贸飞速发展，越来越多的企业融入国际经济的大循环之中，外汇储备连年增加，人民币汇率不断攀升，如何站在企业和个人投资者的角度，化解外汇风险，拓展投资渠道，都是国际金融课程教材应该考虑的重点。

本教材立足企业角度，全面介绍国际金融学的相关内容。具有以下特点：

(1) 突出实务操作，减少理论内容。在教材的内容上，将国际金融理论部分简化，更注重实务操作，每章后面都配有相关练习题，对本章的重点、难点问题进行强化训练，方便学生掌握知识要点。

(2) 突出外汇与外贸相结合，讲求科学性、逻辑性与实践性。在本教材的编写中，按照外贸企业人员的专业素质要求，参考了外销员资格考试、国际商务师资格考试等相关内容，将外汇业务、外贸进出口报价、外汇风险防范等内容作为全书的重点，使教材的针对性更强。

(3) 把握热点内容，增加案例分析。针对国际金融出现的热点问题，本教材在每章内容后面都配有相关案例，这些案例基本上是选用近年来国际金融的大事件，或者国内企业的实际操作。通过案例的学习，学生不仅可以对国际金融专业知识更好地掌握，也更有利于提高学生学习国际金融的兴趣，增强分析与解决问题的能力。

在编写过程中，我们参考了国内外许多论著和资料，在此向作者表示衷心的感谢。

本书由潘海红设计全书框架，拟定编写大纲，负责全书的统稿和总纂。各章作者分别为：潘海红（第一章、第二章、第四章）、李二敏（第五章）、余海萍（第三章、第六章、第七章）。在本教材的编写过程中，还得到了张卿、孟祥年、马淑英老师的大力支持和帮助，在此向他们表示诚挚的谢意！

由于编者水平有限，书中难免有不当之处，敬请读者批评指正。

潘海红

2007 年 8 月 5 日

目录

第一章 外汇汇率

学习目标

通过学习，掌握汇率及其标价方法；理解汇率确定的基础和影响汇率变化的因素；把握汇率变化对国际贸易的影响及汇率制度的类型。

重点难点

汇率的标价方法；影响汇率变化的因素；汇率变化对国际贸易的影响；汇率制度。

第一节 汇率及其标价方法和种类

一、外汇的概念及种类

（一）外汇的概念

1. 动态外汇概念

外汇是国际汇兑（Foreign Exchange）的简称。外汇的概念有动态和静态之分。动态的外汇，是指把一国货币兑换成另一国货币，以清偿国际间债权债务的金融活动。它强调的是清算国际债权债务过程中的货币兑换过程，这个意义上的外汇概念等同于国际结算。随着世界经济的发展、国际经济活动的日益活跃，国际汇兑也逐渐由一个动态的概念演变为静态概念，成为一种国际性的支付手段或资产。

2. 静态外汇概念

（1）广义静态外汇

静态意义上的外汇又有广义和狭义之分，广义的静态外汇是指一切用外币表示的资产。我国以及其他各国的外汇管理法令中一般沿用这一概念。本教材所涉及的外汇概念主要指广义的静态外汇。

《中华人民共和国外汇管理条例》中规定，外汇是指以外币表示的可以用作国际清偿的支付手段和资产，包括：①外国货币，包括钞票、铸币；②外币支付凭证，包括票据、银行存款凭证、邮政储蓄凭证等；③外币有价证券，包括政府债券、公司债券、股票等；④特别提款权；⑤其他外汇资产。

(2) 狭义静态外汇

狭义外汇即通常所说的外汇，是指以外币所表示的用于国际结算的支付手段。并非所有的外币都能充当国际结算的支付手段，只有各国普遍接受的支付手段，才能用于国际结算。

外汇必须具备三个显著的特征：①外币性：是指外汇首先是货币且必须以外国货币来表示。这是外汇的基本特点。例如，美国进口商用美元购买德国的商品，用的是美元，这种支付手段，对美国境内的美国人来说，不是外汇，对德国出口商来说则是外汇。②可兑换性：是指一种外币要成为外汇必须能够自由兑换成其他形式的资产或支付手段。③普遍性：是指一种外币要成为外汇，必须被各国普遍接受与运用。

(二) 外汇的种类

外汇有多种分类法，依据不同的标准，可以划分不同的类型。

1. 按其能否自由兑换，可分为自由外汇和记账外汇

自由外汇又称现汇，是指不需要货币当局批准，可以自由兑换成任何一种外国货币或用于第三国支付的外国货币及其支付手段。自由外汇中使用最多的是美元、欧元、日元、英镑等。

记账外汇又称协定外汇，是指不经货币当局批准，不能自由兑换成其他货币或用于第三国支付的外汇。它是签有清算协定的国家之间，由于进出口贸易引起的债权债务不用现汇逐笔结算，而是通过当事国的中央银行账户相互冲销所使用的外汇。

2. 按其来源和用途，可分为贸易外汇和非贸易外汇

贸易外汇是对外贸易中商品进出口及其从属活动所使用的外汇。商品进出口伴随着大量的外汇收支，同时从属于商品进出口的外汇收支还有：运费、保险费、样品费、宣传费、推销费以及与商品进出口有关的出国团组费。

非贸易外汇是贸易外汇以外所收支的一切外汇。非贸易外汇的范围非常广，主要包括：侨汇、旅游、旅游商品、宾馆饭店、铁路、海运、航空、邮电、港口、海关、银行、保险、对外承包工程等方面的外汇收支，以及个人和团体（公派出国限于与贸易无关的团组）出国差旅费、图书、电影、邮票、外轮代理及服务所发生的外汇收支。

3. 按其买卖的交割期，可分为即期外汇和远期外汇

交割，是指本币和外币所有者相互交换货币所有权的行为，也就是外汇买卖中外汇的实际收支活动。即期外汇指外汇买卖成交后在两个工作日内交割完毕的外汇。具体包括电汇（T/T）、信汇（M/T）和票汇（D/D）三种。

远期外汇是指买卖双方根据外汇买卖合同，不需立即进行交割，而是在将来某一时间进行交割的外汇。远期外汇的期限按月计算，一般为1个月到6个月，也可以长达1年，通常为3个月。在国际贸易中，进出口双方通过买卖远期外汇可以避免汇率变化带来的风险。

4. 按外汇汇率的变化趋势，可分为硬币和软币

硬币是指汇率稳定且具有上浮趋势的外汇。如一国的国际收支连年顺差，国内经济状况良好，其货币汇率就会上涨，此时的该国货币即为硬币。

软币是指汇率不稳定且有下浮趋势的外汇。如一国的国际收支持续恶化，国内通货膨胀加剧，其货币汇率必然下跌，此时该国的货币即为软币。

5. 按外汇形式，分为现钞和现汇

现钞是指外币的钞票和铸币或以钞票、铸币存入银行所生成的存款。

现汇是指境外汇入或携入的外汇票据转存境内商业银行的存款。

在现实生活和经济业务中，银行买入外汇现钞和现汇的价格是不相等的。例如，2007年5月1日美元兑人民币的现汇买入价为100美元＝769.01人民币；现钞买入价为100美元＝762.84人民币。现钞买入价低于现汇买入价。

二、汇率及其标价方法

（一）汇率的概念

汇率是一国货币同另一国货币兑换的比率。如果把外国货币作为商品的话，那么汇率就是买卖外汇的价格，是以一种货币表示另一种货币的价格，因此也称为汇价。由于国际间的贸易与非贸易往来，各国之间需要办理国际结算，所以一个国家的货币对其他国家的货币，都规定有一个汇率，但其中最重要的是对美元等少数国家货币的汇率。

（二）汇率的标价方法

确定两种不同货币之间的比价，先要确定用哪个国家的货币作为基准。由于确定的基准不同，于是便产生了几种不同的外汇汇率标价方法。

1. 直接标价法（Direct Quotation）

直接标价法，是以1个单位或100个单位的外国货币作为标准，折算为一定数额的本国货币来表示其汇率数额随市场情况而变化。在直接标价法下，

外国货币为基准货币，数额固定不变，本国货币为标价货币数额随市场情况而变化。在直接标价法下，一定单位外币折算的本国货币减少，说明外币汇率已经下跌，即外币贬值或本币升值。我国和国际上大多数国家都采用直接标价法。

例如 2006 年 4 月 21 日，在中国的外汇市场上，100 美元＝802 人民币，2007 年 5 月 1 日，美元对人民币的汇率为 100 美元＝770.55 人民币。说明美元贬值，人民币升值。

2. 间接标价法（Indirect Quotation）

间接标价法，是以 1 个单位或 100 个单位的本国货币为标准，折算为一定数额的外国货币来表示其汇率。在间接标价法下，本国货币的数额固定不变，汇率的涨跌都以相对的外国货币数额的变化来表示。一定单位的本国货币折算的外币数量增多，说明本国货币汇率上涨，即本币升值或外币贬值。反之，一定单位本国货币折算的外币数量减少，说明本国货币汇率下跌，即本币贬值或外币升值。在国际外汇市场上，欧元、英镑、澳大利亚元和新西兰元等货币为间接标价法。

例如 2006 年 4 月 21 日，伦敦外汇市场上 1 英镑＝1.7792 美元，2007 年 5 月 1 日，1 英镑＝2.0019 美元。说明英镑升值，美元贬值。

3. 美元标价法和非美元标价法

有时在外汇交易市场上，一笔交易所涉及的两种货币可能没有一种属于本国货币，如英国某银行与德国某银行进行一笔外汇交易，而买卖的对象分别是美元和日元，这时就很难确切地用直接标价法或间接标价法对报价进行规范。目前国际外汇市场已经形成了除英镑、澳大利亚元、新西兰元、欧元、南非兰特几种货币外，其余货币都以美元作为基准货币报价的惯例。

在美元标价法下，美元作为基准货币，其他货币是报价货币；在非美元标价法下，非美元货币作为基准货币，美元是报价货币。在外汇市场上，除了欧元、英镑、澳大利亚元、新西兰元等几种货币采用非美元标价法以外，其余大多数货币都采用美元标价法。这一惯例已被全世界的市场参与者所接受。

当外汇市场报道，美元兑瑞士法郎汇率水平为 1.2074 时，即表明 1 美元＝1.2074 瑞士法郎。澳大利亚元兑美元的汇率水平为 0.8295，即表明 1 澳大利亚元＝0.8295 美元。

在统一外汇市场惯例标价法下，市场参与者不必区分直接标价法还是间接标价法，都按市场惯例进行报价和交易。货币升值或贬值可以通过汇率数额的变化直接表现出来。

三、汇率的种类

（一）从汇率制定的角度，分为基本汇率（Basic. Rate）和套算汇率（Cross Rate）

一国货币对国际上某一关键货币（许多国家以美元作为关键货币）所确定的比价即基准汇率。因为这种汇率根据两种货币所代表的价值量直接计算得出，所以又叫直接汇率，它是作为确定与其他各种外币汇率的基础。

通过两种不同货币与关键货币的汇率间接地计算出两种不同货币之间的汇率即套算汇率也叫交叉汇率。

（二）从银行买卖外汇的角度，分为买入汇率（Buying Rate）、卖出汇率（Selling Rate）和中间汇率（Middle Rate）

买入汇率或买价是外汇银行从客户手中买进外汇时所采用的汇率。卖出汇率或卖价是外汇银行卖给客户外汇时所采用的汇率。买入汇率与卖出汇率相差的幅度一般在1‰～5‰，各国不尽相同。外汇银行作为从事货币、信用业务的中间商人，盈利主要体现在买入与卖出的差价上。

外汇的买价、卖价尽管都是从外汇银行交易的角度说的，但标价方法不同，买价和卖价的位置也不同。在直接标价法下，汇率数值的大小与外汇价值的高低呈正相关关系，因此，买价在前，卖价在后。如我国的外汇牌价中：1USD＝7.6901～7.6284RMB，“7.6901”代表我国银行买入外汇时采用的汇价，“7.6284”代表我国银行卖出美元外汇时所采用的汇价。相反，在间接标价法下，第一个数字表示卖价，第二个数字才是买价。

中间汇率是买入价和卖出价的算术平均数，即中间价＝（买入价＋卖出价）/2。报刊、电台、电视通常报告的是中间价，它常被用作汇率分析的指标。

此外，银行在对外挂牌公布汇率时，还另注明外币现钞汇率（Bank Notes Rate），这主要是针对一些对外汇实行管制的国家。由于外币现钞在本国不能流通，需要把它们运至国外才能使用，在运输现钞过程中需要花费一定的保险费、运费，所以银行购买外币现钞的价格要略低于购买外汇票据的价格。而卖出外币现钞的价格一般和外汇卖出价相同。

中国工商银行人民币即期外汇牌价

日期：2007 年 5 月 1 日　星期二　　　　　　　　单位：人民币/100 外币

币种	汇买、汇卖中间价	现汇买入价	现钞买入价	卖出价
美元（USD）	770.55	769.01	762.84	772.09
港币（HKD）	98.51	98.31	97.52	98.71
日元（JPY）	6.4460	6.4202	6.2139	6.4718
欧元（EUR）	1050.26	1046.06	1012.45	1054.46
英镑（GBP）	1536.09	1529.95	1480.79	1542.23
瑞士法郎（CHF）	639.14	636.58	616.13	641.70
加拿大元（CAD）	690.52	687.76	665.66	693.28
澳大利亚元（AUD）	637.17	634.62	614.23	639.72
新加坡元（SGD）	506.97	504.94	488.72	509.00
丹麦克朗（DKK）	140.95	140.39	135.88	141.51
挪威克朗（NOK）	129.18	128.66	124.53	129.70
瑞典克朗（SEK）	114.95	114.49	110.81	115.41
澳门元（MOP）	96.25	96.06	95.29	96.44
新西兰元（NZD）	569.28	567.00	548.79	571.56
韩元（KRW）	0.8275	—	0.7845	0.8705

资料来源：中国工商银行网站

（三）按外汇交易支付工具和付款时间，分为电汇汇率（T/T Rate）、信汇汇率（M/T Rate）和票汇汇率（D/D Rate）

电汇汇率是银行以电讯方式买卖外汇时所采用的汇率。电汇具有收付迅速安全，交易费用相对较高的特点，因此，电汇汇率要比信汇汇率、票汇汇率高；同时，在当前信息社会，在国际业务中基本上以电汇业务支付结算，因而电汇汇率是基础汇率，其他汇率都是以电汇汇率为基础来计算，西方外汇市场上所显示的汇率，多为银行的电汇汇率。

信汇汇率是指以信函方式通知收付款时采用的汇率。信汇业务具有收付时间慢、安全性低、交易费用低的特点，因此一般来说，信汇汇率相对于电汇汇率要低一些。

票汇汇率是指兑换各种外汇汇票、支票和其他各种票据时所采用的汇率。票汇汇率根据票汇支付期限的不同，又可分为即期票汇汇率和远期票汇汇率。即期票汇汇率（O/D Rate）是银行买卖即期外汇的汇率，较电汇汇率低，大致同信汇汇率相当；远期票汇汇率（On Forward Rate）是银行买卖远期票汇的汇率。由于远期票汇交付时间比较长，所以其汇率比即期票汇汇率还要低。

（四）按外汇交割期限不同，分为即期汇率（Spot Rate）和远期汇率（Forward Rate）

即期汇率指买卖双方成交后，于当时或两个工作日之内进行外汇交割时所采用的汇率；而远期汇率是指买卖双方成交后，在约定的日期办理交割时采用的汇率。

（五）按汇率是否适用于不同的来源与用途，分为单一汇率（Single Rate）和多种汇率（Multiple Rate）

单一汇率指一国货币对某种货币仅有一种汇率，各种收支都按这种汇率结算。

多种汇率指一国货币对某一外国货币的比价因用途及交易种类的不同而规定有两种或两种以上的汇率，也叫复汇率。

一国实行多种汇率的主要目的是为了某些特殊的经济利益，比如鼓励出口，限制资本流入等等。这种汇率安排方式在发展中国家，尤其是在较落后的发展中国家还具有一定的普遍性，不过由于各国具体情况不同，采用的复汇率在性质上也有些差异。

（六）按国际货币制度的演变，分为固定汇率（Forward Rate）和浮动汇率（Floating Rate）

固定汇率是指一国货币同另一国货币的汇率保持基本固定，汇率的波动限制在一定幅度以内。固定汇率是在金本位制和布雷顿森林货币制度下各国货币汇率安排的主要形式。

浮动汇率是指一个国家不规定本国货币与他国货币的固定比价，也没有任何汇率波动幅度的上下限，而是听任汇率随外汇市场的供求关系自由波动。浮动汇率是自20世纪70年代初布雷顿森林货币制度崩溃以来各国汇率安排的主要形式。

（七）按外汇市场营业时间可分为开盘汇率（Opening Rate）和收盘汇率（Closing Rate）。

开盘汇率又称开盘价，是外汇银行在一个营业日刚开始营业，进行第一笔外汇买卖时使用的汇率。

收盘汇率又称收盘价，是外汇银行在一个营业日，营业终了最后一笔外汇买卖时使用的汇率。

第二节 汇率确定的基础和影响汇率变化的因素

汇率是两种不同货币的比价。各国货币之所以可比，是因为它们都具有或代表一定的价值量，因此两国货币的价值量是决定其汇率的基础。但在不同的货币制度下，货币所具有或所代表的价值情况不尽相同，因而决定汇率的基础也有差异。

一、金本位制度下的外汇汇率

金本位制是指一国的本位货币以黄金表示的一种货币制度。典型的金本位制度盛行于19世纪中期至20世纪初。它有三大特点：金币可以自由铸造、银行券可以自由兑换黄金和黄金可以自由输出和输入国内外。

在金本位制度下，货币所代表的价值量是通过货币的含金量来表示的，两国货币的含金量对比称为铸币平价，铸币平价是决定两国货币汇率的基础。

例如1英镑等于7.32238克纯金，1美元等于1.50463克纯金，则英镑对美元的汇率为：

$$1\text{英镑}=\frac{7.32238}{1.50463}=4.8665\text{美元}$$

即1英镑的含金量是1美元含金量的4.8665倍，因此1英镑等于4.8665美元。

铸币平价是汇率的决定基础，由其决定的汇率是一种法定的汇率或中心汇率，市场汇率会围绕着铸币平价或中心汇率上下波动。当外汇市场外汇供不应求时，市场汇率就会超过铸币平价；当外汇供过于求时，市场汇率就会低于铸币平价。但不管外汇供求发生什么变化，总会被限制在黄金点（Gold point）内。所谓的黄金点就是汇率涨落引起黄金输出与输入的界限，包括黄金输出点和黄金输入点。在直接标价法下，黄金输出点等于铸币平价加上运送黄金的费用，黄金输入点等于铸币平价减去运送黄金的费用。

例如，在纽约至伦敦之间运送1英镑黄金，黄金的运费为0.03美元，英镑与美元的铸币平价为4.8665美元，则对美国商人来说，黄金输送点是：

黄金输出点＝4.8665＋0.03＝4.8695美元

黄金输入点＝4.8665－0.03＝4.8365 美元

若汇率超过了黄金输送点，就会引起黄金的输出入，从而引起货币汇率的自动调节。

汇率在黄金输送点内波动的规则，总的来说是：最高不能超过黄金输出点，即铸币平价加运费；最低不能低于黄金输入点，即铸币平价减运费。超过或低于这一界限，就会引起黄金的输出入和货币汇率的自动调节。

假定美国对英国产生国际收支逆差，从而导致对英镑需求的增加，势必使英镑汇率升高，根据 1 英镑等于 4.8665 美元的铸币平价，英国伦敦与美国纽约之间运送 1 英镑黄金的费用约为 0.03 美元。在这种情况下，当英镑汇率高于 4.8965 美元（即铸币平价 4.8665＋运费 0.03 之和时），美国的债务人就不会采用在纽约购买英镑外汇的办法偿还伦敦的债务，而是选择在美国国内购买黄金，并把黄金运送到伦敦去偿还债务。这是因为纽约的债务人如果采用在国内购买英镑还债，需以高出 4.8965 美元的价格进行，但采用直接运送黄金的方法偿还伦敦 1 英镑债务，只需 4.8965 美元。反之亦然。

二、纸币制度下的外汇汇率

在 1929—1933 年资本主义世界经济危机期间，金本位制度彻底崩溃，从此西方国家普遍实行了纸币制度，并且都走上了通货膨胀的道路。

纸币是作为金属货币的代表而出现的。由于纸币所代表的金属货币具有价值，所以纸币被称为价值符号。纸币流通的初期，各国政府都参照过去流通的金属货币的含金量，用法令规定货币的含金量，因而当时的汇率是依据各国纸币法定含金量的对比确定的。

例如，二战后美元的含金量为 0.888671 克，法国政府规定法郎的含金量为 0.16 克，则美元对法郎的含金量之比为 0.888671/0.16＝5.55419，那么美元对法郎的比价为 1 美元＝5.55419 法国法郎。

二战后至 1973 年 2 月以前的这段期间，由于当时纸币同黄金还有一定的间接联系，所以当时汇率决定的基础是黄金平价。

由于实行纸币流通的国家普遍存在着纸币贬值现象，纸币的法定金平价与其实际所代表的金量严重脱节。在这种情况下，纸币的汇率不应由纸币的黄金平价来决定，而应以贬值了的纸币实际上代表的含金量为依据。但是，在第二次世界大战以后，西方国家的政府利用外汇管制等手段，人为地维持不符合纸币贬值程度的汇率，不根据其实际代表金量减少的状况而相应地调高汇率，因而使纸币的对内价值（物价）和对外价值（汇率）长期严重地脱节，这已经成为一个普遍的现象和特点。然而，客观经济汇率是不以人的意志为转移的，它在时机成熟的时候，必然会打破人为障碍，显示自己的作用。1971 年和 1973 年的两次美元贬值，可以说明这个问题。

在纸币流通制度下，汇率变化的规律受通货膨胀的严重程度影响和国际收支状况的制约。通货膨胀越严重，纸币实际所代表的金量越少，外汇汇率越上涨，即以本国货币所表现的外国货币的价格上涨的越高；国际收支状况越恶化，外汇汇率也越上涨。纸币汇率的波动，已经没有金本位制度下黄金输送点的界限，外汇汇率有时上涨的奇高，这在自由市场上表现得最为突出。

三、影响汇率变化的因素

一国汇率的变动要受到许多因素的影响，这些因素既有经济的，也有非经济的，而各个因素之间又有相互联系，相互制约，甚至相互抵消的关系。

（一）影响汇率变动的经济因素

1. 国际收支状况

国际收支是一国在一定时期内对外经济活动的综合反映，其状况好坏直接影响到外汇市场的供求关系，从而在很大程度上决定了汇率的基本走势和实际水平。仅以国际收支经常项目的贸易部分来看，当一国进口增加而产生逆差时，该国对外国货币产生额外的需求，这时，在外汇市场就会引起外汇升值，本币贬值；反之，当一国的经常项目出现顺差时，就会引起外国对该国货币需求的增加与外汇供给的增长，本币汇率就会上升。例如自 20 世纪 80 年代中后期开始，美元在国际经济市场上长期处于下降的状况，而日元正好相反，一直不断升值，其主要原因就是美国长期以来出现国际收支逆差，而日本持续出现巨额顺差。

2. 通货膨胀率程度

通货膨胀是影响汇率变动的一个长期、主要而又有规律性的因素。在纸币流通条件下，两国货币之间的比率，从根本上说是根据其所代表的价值量的对比关系来决定的。因此，在一国发生通货膨胀的情况下，该国货币所代表的价值量就会减少，其实际购买力也就下降，进而导致货币对内贬值，在大多数情况下，货币对内贬值也必然会引起货币的对外贬值。当然如果对方国家也发生了通货膨胀，并且幅度恰好一致，两者就会相互抵消，两国货币间的名义汇率可以不受影响，然而这种情况毕竟少见。一般来说，两国通货膨胀率是不一样的，通货膨胀率高的国家货币汇率下跌，通货膨胀率低的国家货币汇率上升。特别值得注意的是通货膨胀对汇率的影响一般要经过一段时间才能显现出来。

日元和原西德马克之所以长期以来是一种硬通货，主要是这两个国家的通货膨胀率一直很低。而英国和意大利的通货膨胀率经常高于西方国家的平均通货膨胀率，故这两种货币经常贬值。

3. 利率水平

一国利率水平的高低，是反映借贷资本供求状况的主要标志。一般来说，利率高低，会影响一国金融资产的吸引力。一国利率的上升，会使该国的金融资产对本国和外国的投资者来说更有吸引力，从而导致资本流入，汇率上升。当然这里也要考虑一国利率与别国利率的相对差异，如果一国利率上升，但别国也同幅度上升，则汇率一般不会受到影响；如果一国利率虽有上升，但别国利率上升更快，则该国利率相对来说反而下降了，其汇率也会趋于下跌。另外，利率的变化对资本在国际间流动的影响还要考虑到汇率预期变动的因素，只有当外国利率加汇率的预期变动率之和大于本国利率时，把资金移往外国才会有利可图。

一国利率变化对该国的国际贸易也会产生影响，当该国利率提高时，意味着国内居民消费的机会成本提高，导致消费需求下降，同时也意味资金利用成本上升，国内投资需求也下降，这样，国内有效需求总水平下降会使出口扩大，进口缩减，从而增加该国的外汇供给，减少其外汇需求，使其货币汇率上升。不过在这里需要重点强调的是，利率因素对汇率的影响是短期的，一国仅靠高利率来维持汇率坚挺，其效果是有限的。

4. 经济增长率的差异

一国实际经济增长率与其他国家的差别，与未来汇率的变动有着较为复杂的关系。在其他条件不变的情况下，一国实际经济增长率相对别国来说上升较高，其国民收入增长也会较快，会使该国增加对外国商品和劳务的需求，结果会使该国对外汇的需求相对于其可得到的外汇供给来说趋于增加，导致该国货币汇率下跌。不过在这里注意两种特殊情形：一是对于出口导向型国家来说，经济增长是由于出口增加而推动的，那么经济较快增长伴随着出口的高速增长，此时出口增加往往超过进口增加，其汇率不跌反而上升；二是如果国内外投资者把该国经济增长率较高看成是经济前景看好，资本收益率提高的反映，那么就可能扩大对该国的投资，以至抵消经常项目的赤字，这时，该国汇率亦可能不是下跌而是上升。我国就同时存在着这两种情况，近年来尤其是2003年以后中国一直面临着人民币升值的巨大压力。

5. 财政收支状况

政府的财政收支状况常常也被作为该国货币汇率预测的主要指标，当一国出现财政赤字，其货币汇率是升还是降主要取决于该国政府所选择的弥补财政赤字的措施。一般来说，为弥补财政赤字一国政府可采取四种措施：①提高税率，增加财政收入；②减少政府公共支出；③发行国债；④增发货币。前面三种可以视为政府实施紧缩性的财政政策，其结果会降低国内居民可支配收入，抑制投资与消费，降低物价，促使出口增加，推动本国货币汇率上升。后面一种可视为扩张性的行为，如果这种纸币发行纯粹是为了弥补财政赤字，其结果必然会导致该国通货膨胀的发生，最终可能会导致该国货币汇率持续下跌。从比较角度来看，一国用发行国债的方式来弥补财政赤字，是一种较好的选择。

6. 外汇储备的多寡

一国中央银行所持有外汇储备充足与否，是该国国际清偿力与政府干预市场、维持汇率稳定能力大小的反映，也是能否稳住投资者对本国货币信心的一个重要保证。一般情况下，一国外汇储备充足，该国货币汇率往往会趋于上升，外汇储备不足或太少，该国汇率往往会下跌。例如：1995 年 3 月到 4 月中旬，国际外汇市场爆发美元危机，很重要的原因就是当时克林顿政府为缓和墨西哥金融危机动用了 200 亿美元的总统外汇平准基金，动摇了外汇市场对美国政府干预外汇市场能力的信心。1997 年 7 月东南亚发生严重的货币危机，其原因之一就是各国外汇储备不足及危机后运用外汇储备政策不当。

（二）影响汇率变化的非经济因素

1. 政治局势

如果一国出现政府经常更迭，国内叛乱、战争，与其他国家的外交关系恶化以及遇到严重的自然灾害，而这些事件又未能得到有效控制的话，就会导致国内经济萎缩或瘫痪，导致投资者信心下降而引发资本外逃，其结果会导致该国货币汇率下降。

2. 新闻及其他信息

这是影响短期汇率的爆发性因素。现代外汇市场由于通讯设施高度发达，各国金融市场的紧密连接和交易技术的日益完善，已逐渐发展成为一个高效率的市场，因此，市场上出现的任何微小的盈利机会，都会立刻引起资金大规模的国际移动，因而会迅速使这种盈利机会归于消失。在这种情况下，谁最先获得有关能影响外汇市场供求关系和预期心理的“新闻”或信息，谁就有可能趁其他市场参加者尚未了解实情之前立即做出反应从而获得盈利。同时要特别注意的是在预期心理对汇率具有很大影响的情况下，外汇市场对政府所公布的“新闻”的反应，也不仅取决于这些“新闻”本身是“好消息”还是“坏消息”，更主要取决于它是否在预料之中，或者是“好于”还是“坏于”所预料的情况。总之，信息因素在外汇市场日趋发达的情况下，对汇率变动已具有相当微妙而强烈的影响。

3. 心理预期因素

在外汇市场上，人们买进还是卖出某种货币，同交易者对今后情况的看法有很大关系。当交易者预期某种货币的汇率在今后可能下跌时，他们为了避免损失或获取额外的好处，便会大量地抛出这种货币，而当他们预料某种货币今后可能上涨时，则会大量地买进这种货币。国际间一些外汇专家甚至认为，外汇交易者对某种货币的预期心理现在已是决定这种货币市场汇率变动的最主要因素，因为在这种预期心理的支配下，转瞬之间就会诱发资金的大规模运动。由于外汇交易者预期心理的形成大体上取决于一国的经济增长率、货币供应量、利率、国际收支和外汇储备的状况，政府经济改革，国际政治形势及一些突发事件等很复杂的因素。因此，预期心理不但对汇率的变动有很大影响，而且还带有捉摸不定，十分易变的特点。

4. 政府干预因素

汇率波动对一国经济会产生重要影响，目前各国政府（央行）为稳定外汇市场，维护经济的健康发展，经常对外汇市场进行干预。干预的途径主要有四种：①直接在外汇市场上买进或卖出外汇；②调整国内货币政策和财政政策；③在国际范围内发表表态性言论以影响市场心理；④与其他国家联合，进行直接干预或通过政策协调进行间接干预等。例如，1994 年 4 月西方 15 国联手干预阻止美元下滑，1995 年初国际社会联手援助墨西哥，1998 年 7 月 17 日美日联手干预日元，等等。总之，中央银行干预尤其是多国联手干预，在短期内对市场的心理预期和汇率的影响是巨大的，但不能从根本上改变汇率的长期趋势。

第三节 汇率变化对国际经济贸易的影响

一、汇率变动对国际收支的影响

（一）汇率变动对贸易收支的影响

一国货币汇率变动，会使该国进出口商品价格相应涨落，抑制或促进国内外居民对进出口商品的需求，从而影响进出口商品规模和贸易收支。

1. 本币贬值的影响

在出口方面：一国货币对外贬值→出口商以外币折合本币增加→出口换汇成本降低，利润增加→出口商品在国外市场价格降低→增加购买力→有利于出口。

在进口方面：一国货币对外贬值→进口商用较多本币兑换外币→进口成本上升→进口商品价格上升→减少购买力→不利于进口。

例如，我国某出口企业出口100万美元的商品，在美元与人民币汇率为1∶5的情况下，该出口企业的收入以人民币表示为500万美元；在其他条件没有发生变化的前提下，若汇率变为1∶8，则该出口企业最终收入以人民币表示为800万元，较贬值前增加了300万的利润。若该企业进口价值100万美元的商品，如果美元与人民币的汇率为1∶5，则100万美元的商品以人民币支付需要500万元人民币，若其他条件不变，汇率变为1∶8，则100万美元的商品需要800万人民币，较贬值前增加了300万人民币，对任何一个进口企业来说，如果国内有可替代产品的话，它将放弃或减少进口。

2. 本币升值的影响

在出口方面：一国货币对外升值→出口商以外币折合本币变少→出口换汇成本增加，利润降低→出口商品在国外市场价格增加→减少购买力→不利于出口。

在进口方面：一国货币对外升值→进口商用较少本币兑换外币→进口成本下降→进口商品价格下降→增加购买力→有利于进口。

例如，我国某出口企业出口100万美元的商品，假定该批商品的成本为750万元，在美元与人民币汇率为1∶8的情况下，假定不考虑其他因素，该批商品可以换得800万人民币，该企业可以盈利50万元。若汇率变成1∶7的情况下，若该企业该批产品出口价格仍然为100万美元，则该企业只能得到700万人民币，该企业会亏损50万元人民币。该企业为了减少亏损，势必会调高出口商品的售价。

3. 汇率变动对贸易收支的影响的制约因素

一国货币升值和贬值对该国进出口的影响不是在任何条件下都能实现的，还受以下因素制约：

（1）进出口商品的需求弹性。进出口商品的需求弹性是指由进口商品或出口商品价格的百分比变动引起的对进口或出口商品需求变动的百分比。它反映了进出口商品价格涨跌而导致的进出口需求变化的程度。一般情况下，贬值可使本国商品在国外的价格降低，提高产品的竞争力，从而扩大出口，但只有出口量增加的幅度大于出口价格的下降幅度，贬值才能使该国的出口外汇收入有所增加，即该国的需求弹性大，增加的购买量足以抵消价格的下降。若需求弹性小，增加的购买量不足以抵消价格的下降，该国的外汇收入反而会减少。西方经济学家马歇尔和勒纳认为：当一国进出口商品的需求弹性的绝对值之和大于1，货币贬值才会使得贸易收支得到改善。这就是著名的“马歇尔——勒纳”条件。

对于一些进口依赖性较强的国家，本币贬值会使进口成本上升，但是由于这类国家进口商品的需求弹性小，所以进口不会减少，那么大量的进口意味着大量的外汇支出，尽管这类国家会由于增加出口而产生一定的贸易盈余，但是高昂的进口成本会抵消出口的盈余，这种现象被称为贬值赋税效应。对进口的依赖性越强，这种贬值赋税效应就越明显。

（2）一国的生产能力。如果一国的供给能力有限，即使国外的需求量能够增加，该国也很难增加出口。这一点对发展中国家尤为如此。这是因为多数发展中国家经常受到投资资金短缺的限制，造成其产出量不能对需求量的增加而做出快速反应。

（3）出口地区结构及贸易管制。欧元区曾一度希望借欧元汇价下跌来达到刺激经济的目的，但是由于欧元区区内超过七成的贸易，是以欧元或欧元区成员国货币作为结算货币的，只有不到三成的出口是到北美洲和亚洲等地区，这就大大削弱了货币下跌刺激出口的作用。另外一些国家对进口设置了种种的贸易壁垒，也会阻碍商品出口的扩大。

（4）J曲线（时滞）效应。在一国货币贬值后，该国的贸易逆差现象仍然要持续一段时间才能扭转，这种现象被称为J曲线（时滞）效应。这是因为本国货币汇率下跌后，由于绝大部分进出口商品是按事先签订的合同交易，因而在按新的汇率计算时，以本币计算的商品出口收汇要减少，而进口商品的外汇支付却保持不变。此外，国外对本国商品需求的增加，本国可供货源的扩大，新客户的发现和交易谈判等都需要一定的时间，所以出口不会立即扩大。同时在进口方面，各企业已安排的进口计划、国内消费者的习惯也不可能立即改变，因此进口量也不会马上减少。这样在汇率下跌的初期，一国的贸易收支不但不可能立即得到改善，反而可能趋于恶化。经过一段时间后，汇率下跌的效果才能反映出来，贸易收支也才能得到改善，这种先降后升的效果图表示很像字母J，故被称为J曲线效应。

（二）汇率变动对非贸易收支的影响

1. 汇率变动对无形贸易的影响

一国货币汇率下跌则外国货币兑换本国货币的数量增加，外币的购买力相对提高，本国商品和劳务相对低廉。与此同时，由于本国货币兑换外币的数量减少，则意味着本币购买力相对降低，国外商品和劳务价格也变得昂贵了，这有利于该国旅游与其他劳务收支状况的改善，至于汇率上升，其作用则相反。当然汇率变动的这一作用，必须以货币贬值国国内物价不变或上涨相对缓慢为前提。

2. 汇率变动对单方面转移收支的影响

一国货币汇率下跌，如果国内物价不变或上涨相对缓慢，一般对该国的单方面转移收支会产生不利影响。以侨汇为例：侨汇多系赡家汇款，货币贬值后，旅居国外侨民只需汇回国内少于贬值前的外币，就可以维持国内亲属的生活需要，从而使该国侨汇收入减少。一国货币对外升值，其结果相反。

（三）汇率变动对资本流动的影响

1. 对短期资本流动的影响

外汇市场各种汇率的变动对短期资本流动有很大的影响，当一国货币汇率下跌，该国国内资金持有者和外国投资者为回避汇率变动所蒙受的损失，就会把该国货币兑换成汇率较高的货币，进行资本逃避，导致资本外流；同时，将使外国投资者因该国货币计价的资产价值下降而调走在该国的资金，这不仅将使其国内投资规模缩减，影响国民经济的发展，而且会恶化该国的国际收支。一国货币升值对短期资本流动的影响与上述相反。

2. 对长期资本流动的影响

一国货币贬值有利于该国长期资本的输入，特别是有利于国外企业到该国进行直接投资。这是因为国外企业现在可以更廉价地在该国进行投资生产；反之，一国货币升值，将会刺激该国企业到国外去投资。

（四）汇率变动对国际储备的影响

由于汇率变动会影响该国的资本转移和进出口贸易额，所以会影响到该国外汇储备增加或减少。一般情况下，一国货币汇率稳定，有利于该国吸收外资，从而促进该国外汇储备增加；反之，则会引起资本外流，使得该国储备减少。由于一国汇率变动，其出口额大于进口额时，则其外汇收入增加，储备也相应增加。

在国际储备多元化时期，汇率变化对外汇储备的影响也多元化了，有时外汇市场汇率波动较大，但因储备货币中升贬值的力量均等，外汇储备就不会受到影响；有时虽然多种货币汇率下跌，但占比重较大的储备货币汇率上升，外汇储备总价值也能保持稳定或略有上升。

例如，我国的外汇储备中大多是美元，若美元汇率下跌，会使储备货币折算时出现账面损失，若将其中的美元兑现成对美元升值的货币时，则会发生实际损失。汇率变化的复杂化，加大了国际储备管理的难度，也影响外汇储备的增量及其地位。

二、汇率变动对国内经济的影响

（一）汇率变动对国内物价的影响

一国发生通货膨胀会导致该国本币对外贬值，本币贬值又会产生国内物价上涨的压力。

从出口角度看，一方面，本币贬值有利于扩大该国出口，在出口供给量增加的情况下，国内商品供给量相对减少，商品供不应求，以产生需求拉上型通货膨胀。由于总需求的过度增长速度超过了按现行价格的供给的增长速度，使太多的货币去追求太少的商品和劳务，引起一般物价水平持续上涨的现象。另一方面，本国货币贬值有利于贸易或非贸易外汇收入增加，易形成国际收支顺差，通过结汇，增加了货币供给量，在价格水平上涨的情况下可能刺激通货膨胀。

从进口角度看，一国货币贬值后，进口商品的物价会上升，如果该进口产品在国内无法用其他产品或原材料替代，并且进口产品占国内商品的比重较大，这样会引起国内相关的非贸易商品和以进口产品为原料辅料的国内最终产品价格上涨，带动价格总水平的上升。

（二）汇率变动对国内利率水平的影响

汇率变动对利率的影响是不确定的，其影响主要是通过物价水平和短期资本流动两条途径。

一国货币贬值会引起国内物价水平上升的情况下，实际利率下降，这种变化对债权人不利，对债务人有利，从而引起借贷资本供求失衡，在这种压力下，名义利率可能上升。

一国货币贬值往往会激发人们产生汇率进一步下降的心理，引起短期资本外逃。国内资本供给减少可能引起利率上升。但是，如果汇率下降激发起人们对汇率反弹的预期，则又可能导致短期资本流入，国内资本供给增加和利率下降。

（三）汇率变动对就业与国民收入的影响

1. 对就业的影响

一般情况下，一国货币贬值会增加出口行业的利润，由此会促进资金等生产要素从非出口企业转向出口企业，推动出口行业的发展，同时也会带动相关产业发展，增加就业。贬值也会使一部分需求由进口商品转向国内商品，进口替代业因此获得发展机会，就业机会也会被创造出来。贬值还能吸引更多的外国投资，改变投资结构，增加就业机会。

2. 对国民收入的影响

如果一国货币贬值，能对进出口贸易、长期资本流动、产业结构及就业都能产生预期的影响，那么对国民收入的影响也是明显的，即会导致国民收入增加。但货币贬值对国民收入的积极影响，只有在贬值能够改善国际收支状况的情况下才能产生，否则可能会使贸易条件恶化，反而无法改善国际收支，增加国民收入。

三、汇率变动对国际经济的影响

（一）汇率不稳定，易招致其他国家的不满

从国内角度来讲，贬值会带来经济效应，促进出口增长，推动经济增长。但从国际角度来看，汇率的变动是双向的，本国货币贬值，就意味着其他国家货币升值，因而会导致他国国际收支状况恶化，经济增长缓慢，由此会招致其他国家的不满，抵制甚至报复，掀起货币竞相贬值的风潮和加强贸易保护主义，其结果会导致国际经济关系的恶化。因此，一国货币在贬值前，还必须权衡贬值后可能带来的方方面面的影响，最后作出抉择。

（二）汇率不稳定，会促进国际储备货币多元化的形成

由于某些储备货币国家的国际收支恶化，通货不断贬值，汇率不断下跌，影响它的储备货币的地位和作用，如英镑、美元；而有些国家的情况相反，其货币在国际结算领域中的地位和作用日益加强，如日元、欧元；因而促进

国际储备货币多元化的形成。

（三）汇率不稳定，加剧投机和金融市场动荡，同时促进国际金融业务创新

由于汇率不稳定，促进外汇投机的发展，造成国际金融市场的动荡与混乱。如 1993 年，欧洲汇率机制危机就是由于外汇投机造成的。与此同时，汇率不稳与动荡不定，加剧了国际贸易与国际金融的汇率风险，又进一步促进期权、货币互换等业务的出现，使国际金融业务形式与市场机制不断创新。

第四节 汇率制度

汇率制度（Exchange rate regime）是指一国货币当局对本国汇率水平的确定、汇率变动方式等问题所作的一系列安排或规定。第二次世界大战结束以来，伴随着布雷顿森林体系的建立与崩溃，以及“牙买加体系”的建立与发展，汇率制度也发生了很大的变化。

一、固定汇率制度

固定汇率制（Fixed exchange rate system），是指两国货币的比价基本固定，如有波动，也将波幅控制在一定幅度内。

从 19 世纪中期到 1973 年为止，多数国家实行的是固定汇率制度。这一百多年的时期，又可分为两个不同的阶段，即国际金本位制下的固定汇率制度和布雷顿森林体系下的固定汇率制度。

（一）金本位制度下的固定汇率制度

金本位制度下的固定汇率制度与金本位制相伴始终。在金本位制度下，两国货币汇率是由两国货币的含金量确定的，由于金币可以自由铸造，纸币可以自由兑换黄金，黄金可以自由输出输入，因而汇率的波动受黄金输送点的限制，汇率比较稳定，这为当时的国际贸易的发展提供了有利的条件。

金本位制下的固定汇率体系具有内在的自动调整国际收支的机能。这种机能源于黄金输出入对国民经济产生的价格效应和收入效应。

(1) 价格效应

当一国国际收支发生逆差，将引起黄金外流，国内通货紧缩，物价下降，从而提高商品在国际市场上的竞争能力。出口增加，进口减少，国际收支恢复平衡。反之，当国际收支发生顺差，黄金输入增加，国内货币流通增加，

物价上涨，导致出口困难，进口增加，最终顺差消失，国际收支恢复平衡。

（2）收入效应

国际收支发生顺差的国家会因黄金的流入而使国内货币供应量增大，这必然增加该国的收入和产出，如果该国进口的收入弹性较大，收入的增加会扩大该国的进口需求，从而国际收支顺差将逐渐减少，而国际收支逆差国由于黄金的流出、国民收入的下降，导致进口需求减少，国际收支逆差会逐步减少。这一切都加强了价格效应，使金本位制度下国际收支的调节机制变得更加有力。

第一次世界大战后，各国相继放弃了金本位，禁止黄金在国内流通和自由输出入国境。第一次大战后，虽然各国分别实行了金块本位制和金汇兑本位制，但这是一种大大削弱了的金本位制度，原来金币本位制度的主要特点已不复存在。所以货币汇率也就失去了稳定的基础。在 1929～1933 年的世界性经济危机冲击下，金本位制度彻底崩溃。

（二）布雷顿森林体系下的固定汇率制度

由于金本位制度的崩溃，国际收支失衡的可能性大大增加。同时，在没有黄金输送点的约束下，汇率波动的程度将会加大。因此在金本位制之后，在纸币流通下，必须引入新的约束力量来削弱汇率波动对国际贸易的造成的不利影响。因此在 1944 年 7 月，在美国的新罕布什尔州的布雷顿森林召开了联合国货币金融会议，简称“布雷顿森林会议”。

布雷顿森林体系的实质是建立一种以美元为中心的国际货币体系。其基本内容是美元与黄金挂钩，其他国家的货币与美元挂钩，实行固定汇率制度。

（1）美元与黄金挂钩。即各国确认 1934 年 1 月美国规定的 35 美元一盎司的黄金官价，每一美元的含金量为 0.888671 克黄金。各国政府或中央银行可用美元按官价向美国兑换黄金。这样，美元居于等同黄金的地位，其他国家的货币则不能兑换黄金。在这种制度中，美元处于“等同”黄金的地位，成为各国外汇储备中最主要的国际储备货币。

（2）其他国家货币与美元挂钩。其他国家政府规定各自货币的含金量，通过含金量的比例确定同美元的汇率。会员国也可以不规定货币的含金量，而只规定同美元的汇率。例如 1946 年，1 英镑的含金量为 3.58134 克纯金，1 美元的含金量为 0.888671 克纯金，则英镑与美元的含金量（黄金平价）之比为：1 英镑＝3.58134/0.888671＝4.03 美元，这便是法定汇率。

（3）实行可调整的固定汇率。《国际货币基金协定》规定，各国货币对美元的汇率，一般只能在法定汇率上下的 1％的幅度内波动。若市场汇率超过法定汇率1%的波动幅度，各国政府有义务在外汇市场上进行干预，以维持汇率的稳定。布雷顿森林体系的汇率制度被称为“可调整的盯住汇率制度”。若会员国法定汇率的变动超过1%，就必须得到国际货币基金组织的批准。1971年12月，这种即期汇率变动的幅度扩大为上下2.25%的范围，而决定“平价”的标准，亦由黄金改为特别提款权。

（4）成立国际货币基金组织

建立永久性国际金融机构——国际货币基金组织（International Monetary Fund）是布雷顿森林体系的一大特色。

布雷顿森林体系的建立，促进了战后资本主义世界经济的恢复和发展，扩大了各国间的经济交往。尤其是在上个世纪50年代和60年代的部分时间里，布雷顿森林体系运行良好，对战后稳定国际金融和发展世界经济确实起到巨大的作用。但布雷顿森林体系存在着自己无法克服的缺陷。其致命的一点是：它以一国货币（美元）作为主要储备资产，具有内在的不稳定性。因为只有靠美国的长期贸易逆差，才能使美元流散到世界各地，使其他国家获得美元供应。但这样一来，必然会影响人们对美元的信心，引起美元危机。而美国如果保持国际收支平衡，就会断绝国际储备的供应，引起国际清偿能力的不足。这是一个不可克服的矛盾。

从50年代后期开始，随着美国经济竞争力逐渐削弱，其国际收支开始趋向恶化，出现了全球性“美元过剩”情况，各国纷纷抛出美元兑换黄金，美国黄金开始大量外流。到了1971年，美国的黄金储备再也支撑不住日益泛滥的美元了，尼克松政府被迫于当年8月宣布放弃按35美元一盎司的官价兑换黄金的美元“金本位制”，实行黄金与美元比价的自由浮动。欧洲经济共同体和日本、加拿大等国宣布实行浮动汇率制，不再承担维持美元固定汇率的义务，美元也不再成为各国货币围绕的中心。这标志着布雷顿森林体系的基础已全部丧失，该体系终于完全崩溃。

（三）固定汇率制度的作用

1. 固定汇率对国际贸易和国际投资的作用

与浮动汇率相比较，固定汇率为国际贸易和投资提供了较为稳定的环境，降低了汇率的风险，便于进出口成本核算，以及国际投资项目的利润评估，从而有利于对外贸易的发展，对某些西方国家的对外经济扩张与资本输出有一定的促进作用。

但是，在外汇市场动荡时期，固定汇率制度也易于招致国际游资的冲击，引起国际外汇制度的动荡与混乱。当一国国际收支恶化，国际游资突然从该国转移，换取外国货币时，该国为了维持汇率的界限，不得不拿出黄金外汇储备在市场供应，从而引起黄金的大量流失和外汇储备的急剧缩减。如果黄金外汇储备急剧流失后仍不能平抑汇价，该国最后有可能采取法定贬值的措施。一国的法定贬值又会引起与其经济关系密切的国家同时采取贬值措施，从而导致整个汇率制度与货币体系的极度混乱与动荡。经过一定时期后，外汇市场与各国的货币制度才能恢复相对平静。在未恢复相对平静以前的一段时间内，进出口贸易商对接单订货常抱观望态度，从而使国际贸易的交往在某种程度上出现中止停顿的迹象。

2. 固定汇率对国内经济和国内经济政策的影响

蒙代尔不可能三角（Impossible triangle）理论认为，一个国家不可能同时实现资本流动自由，货币政策的独立性和汇率的稳定性。也就是说，一个国家只能拥有其中两项，而不能同时拥有三项。如果一个国家想允许资本流动，又要求拥有独立的货币政策，那么就难以保持汇率稳定。如果要求汇率稳定和资本流动，就必须放弃独立的货币政策。

在固定汇率制下，一国的货币政策很难奏效。为紧缩投资、治理通货膨胀而采取紧缩的货币政策，提高利息率，但却因此吸引了外资的流入，从而达不到紧缩投资的目的。相反，为刺激投资而降低利率，却又造成资金的外流。

固定汇率制下，为维护固定汇率，一国往往以牺牲国内经济目标为代价。例如，一国通货膨胀严重，该国为治理通货膨胀，实行紧缩的货币政策和财政政策，提高贴现率，增加税收等。但由于本国利率的提高，势必会引起资本流入，造成资本项目顺差，由于增加税收，势必造成总需求减少，进口减少，出口增加，造成贸易顺差。这就使得本币汇率上涨，不利于固定汇率的维持。因此，该国政府为维持固定汇率，不得不放弃为实现国内经济目标所需采用的国内经济政策。

固定汇率使一国国内经济暴露在国际经济动荡之中，由于一国有维持固定汇率的义务，因此当其他国家的经济出现各种问题而导致汇率波动时，该国就须进行干预，从而也受到相应的影响。例如外国出现通货膨胀而导致汇率下降，本国为了维持固定汇率而抛出本币购买该贬值外币，从而增加本国货币供给，诱发了本国的通货膨胀。

总之，固定汇率使各成员国的经济紧密相联，互相影响，一国出现经济动荡，必然波及他国，同时，也使一国很难实行独立的国内经济政策。

二、浮动汇率制度

（一）浮动汇率制度的概念

浮动汇率制度（Floating rate system），是指一国货币当局不再规定本国货币与外国货币比价和汇率波动的幅度，货币当局也不承担维持汇率波动界限的义务，而听任汇率随外汇市场供求变化自由波动的一种汇率制度。

自从以美元为中心的固定汇率制度崩溃，1973 年主要西方国家普遍实行了浮动汇率制度。1976 年 1 月，国际货币基金组织正式承认浮动汇率制度。1978 年 4 月，基金组织理事会通过“关于第二次修改协定条例”，正式废止以美元为中心的国际货币体系。至此，浮动汇率制度在世界范围取得了合法的地位。

事实上完全任凭市场供求自发地形成汇率，而不采取任何干预措施的国家很少或几乎没有。各国政府往往都要根据本国的具体情况，或明或暗地对外汇市场进行不同程度的干预。

（二）浮动汇率制度的种类

1. 按政府是否干预来划分

（1）自由浮动或清洁浮动：指汇率完全由外汇市场上的供求状况决定，自由涨落、自由调节，政府不加干预。

（2）管理浮动或肮脏浮动：指一国货币当局为使本国货币对外的汇率不致波动过大、或使汇率向着有利于本国经济发展的方向变动，通过各种方式，或明或暗地对外汇市场进行干预。

2. 按浮动程度或浮动方式划分

（1）盯住型或无弹性型。将本币按固定比价同某一种外币或混合货币单位相联系，而本币对其他外币的汇率随盯住货币与其他外币汇率的浮动而浮动。

盯住浮动又可分为：①盯住某一种货币。如一些美洲国家的货币盯住美元浮动；一些前法国殖民地国家的货币盯住法国法郎浮动等。②盯住“一篮子”（也称“一揽子”）货币。一篮子货币通常是由几种世界主要货币或由与本国经济联系最为密切的国家的货币组成的。

（2）有限灵活型或有限弹性型。一国货币的汇价盯住某一种货币或一组货币浮动，但与盯住货币之间的汇率有较大的波动幅度。具体可分为：

①盯住某一货币浮动。亦称相对于一种货币的有限浮动型，它的最大特点在于允许有一定的波动幅度，这个幅度必须维持在所盯住货币汇率的2.25%范围内（超过这个幅度即为较高弹性，而前边讲的“盯住某一货币”

型不存在汇价波动的幅度问题，即使有波动，其幅度也极小，一般不超过上下限1%）。

②盯住一组货币浮动。亦称联合浮动或整体浮动，是指一些经济关系密切的国家组成集团，在成员国中的货币之间实行固定汇率并规定波动幅度，对其他国家货币则实行联合浮动，即浮动幅度保持大致一致。

(3) 更为灵活型或高度弹性型。即汇率波动不受幅度的限制，以独立自主的原则进行汇率调整。

①根据一套指标浮动。指标因国而异，但大都是以本国的外汇储备、国际收支状况、消费物价指数及与本国贸易关系密切的有关国家物价变动的情况等作为调整本国货币汇率浮动的依据。

②较灵活的管理浮动。指一国政府对汇价的制度与调整有一定程度的干预。但这种浮动方式常常达不到预期效果，从而使汇率处于持续的波动之中。中国目前采用这种方式。

③单独浮动。单独浮动是指一国货币不与任何外国货币形成固定比价，其汇率根据外汇市场的供求状况实行浮动。采用这种浮动方式的有美国、日本、英国等国家。

（三）浮动汇率对经济的影响

1. 浮动汇率对经济的有利影响

(1) 防止外汇储备大量流失。节省外汇储备在浮动汇率制度下，各国货币当局没有义务维持货币的固定比价。当本币汇率下跌时，不必动用外汇储备去购进被抛售的本币，这样可以避免这个国家外汇储备的大量流失。

(2) 自动调节国际收支。根据市场供求，汇率不断调整，可以使一国的国际收支自动达到均衡，从而免除长期不平衡的严重后果。当一国国际收支逆差，本国通货就会开始贬值。

(3) 有利于国内经济政策的独立性。浮动汇率制度使各国可以独立地实行自己的货币政策、财政政策和汇率政策。在固定汇率制度下，各国政府为了维持汇率的上下限，必须尽力保持其外部的平衡。如一国的国际收支出现逆差时，往往采取紧缩性政策措施，减少进口和国内开支，使生产下降，失业增加，这样国内经济有时还要服从于国外的平衡。在浮动汇率制度下，通过汇率杠杆对国际收支进行自动调节，在一国发生暂时性或周期性失衡时，一定时期内的汇率波动不会立即影响国内的货币流通，一国政府不必急于使用破坏国内经济平衡的货币政策和财政政策来调节国际收支。

(4) 使经济周期和通货膨胀的国际传递减少到最小限度。贸易上有密切联系的国家间容易通过固定汇率传播经济周期或通货膨胀。1971 年至 1972 年发生的国际性的通货膨胀，就是同固定汇率制密切相关的。在浮动汇率制度下，若一国国内物价普遍上升，通货膨胀严重，则会造成该国货币对外货币汇率下浮，该国出口商品的本币价格上涨便会被汇率下浮抵消，出口商品折成外币的价格因而变化不大，从而贸易伙伴国就少受国外物价上涨压力。但在固定汇率制度下，为了维持固定汇率，各国不得不经受相同的通货膨胀。

（5）可以缓解国际游资的冲击。在固定汇率制度下，由于要维持货币的固定比价，会使汇率与货币币值严重背离，各种国际游资竞相追逐可以用来保值或用来谋求汇率变动利润的硬货币，这会导致国际游资的大规模单方面转移。在浮动汇率制下，汇率因国际收支、币值的变动等频繁调整，不会使币值与汇率严重背离，某些硬通货受到巨大冲击的可能性减少，利于国内经济政策的独立性。

2. 浮动汇率对经济的不利影响

（1）助长投机，加剧动荡。在这种制度下，汇率变动频繁且幅度大，为低买高抛的外汇投机提供了可乘之机。不仅一般投机者参与投机活动，连银行和企业也加入了这一行列。1974 年 6 月，德国最大的私人银行之一赫斯塔特银行因外汇投机损失 2 亿美元而倒闭，其他如美国佛兰克林银行、瑞士联合银行等也都曾因外汇投机而导致信用危机。这种为牟取投机暴利而进行的巨额的、频繁的投机活动，加剧了国际金融市场的动荡。

（2）不利于国际贸易和国际投资。汇率波动导致国际市场价格波动，使人们普遍产生不安全感。外贸成本和对外投资损益的不确定性加大，风险加大，使人们不愿意缔结长期贸易契约和进行长期国际投资，使国际商品流通和资金借贷受到严重影响。

（3）货币战加剧。实行汇率下浮政策的主要目的是为了刺激出口，减少进口，改善贸易收支，进而扩张国内经济，增加生产和就业。浮动汇率可能导致竞争性贬值，各国都以货币贬值为手段，输出国失业，或以他国经济利益为代价扩大本国就业和产出，这就是以邻为壑的政策。而实行汇率上浮政策，则主要是为了减少国际收支顺差，减少国内通货膨胀压力。例如，从 1980 年第四季度起，美元汇率上浮，到 1983 年 9 月，美元对 10 大工业国的币值平均上升了 46%。实行高汇率使美国的通货膨胀率急剧下降，1979—1980 年通货膨胀率高达 12%～13%，1983 年则降为 3.9%。据估算，1981—1983 年美元汇率上浮使美国通货膨胀率下降 45%。当然，高汇率也不利于美国的出口，其间美国同西欧各国贸易逆差扩大，这又迫使美国加强贸易保护措施。使其与西欧和日本的矛盾和摩擦加剧。

(4) 具有通货膨胀倾向。浮动汇率有其内在的通货膨胀倾向，可使一国长期推行通货膨胀政策，而不必担心国际收支问题。因为其汇率的下浮可一定程度上自动调节国际收支。

(5) 国际协调困难。浮动汇率制度助长各国在汇率上的利己主义或各自为政，削弱金融领域的国际合作，加剧国际经济关系的矛盾。

(6) 提高了世界物价水平。在浮动汇率制度下，基金组织对国际储备的控制削弱了，导致国际储备的增长超过了世界经济发展和国际贸易增长所需的程度。所以总的来讲浮动汇率制度是提高了世界物价水平。

(7) 对发展中国家不利。外汇汇率上升时，广大发展中国家进口工业制成品价格上涨，而这些产品又是发展中国家经济建设所必需，故进口成本上升。外汇汇率下跌时，出口初级产品价格下跌，而初级产品需求弹性小，不会在价格下跌时使外贸收入增加，贸易收支得不到改善。浮动汇率还加剧了外债管理的难度，增大了风险。

四、联系汇率制

联系汇率制源于英联邦成员的货币发行制度。这种制度的最主要特点是将汇率制度的确定与货币发行准备制度加以结合，利用市场机制，互相牵制。

香港特别行政区二次世界大战后至 1972 年 7 月曾实行过港元盯住英镑的固定汇率制度；1972 年 7 月至 1974 年 11 月又实行过港元盯住美元的固定汇率制度；1974 年 11 月至 1983 年 10 月又实行了自由浮动汇率制度；最后于 1983 年 10 月开始实行港元与美元的联系汇率制度，一直至今。

港元与美元的联系汇率制度是一种货币发行局制度。根据货币发行局制度的规定，货币基础的流量和存量都必须得到外汇储备的十足支持。换言之，货币基础的任何变动必须与外汇储备的相应变动一致。

(一) 港元联系汇率制的内容

香港并没有真正意义上的货币发行局，纸币大部分由 3 家发钞银行即汇丰银行、渣打银行、中国银行（香港）发行。法例规定发钞银行发钞时，需按 7.80 港元兑 1 美元的汇率向金融管理局提交等值美元，并记入外汇基金的账目，以购买负债证明书，作为所发钞纸币的支持。相反，回收港元纸币时，金融管理局会赎回负债证明书，银行则自外汇基金收回等值美元。政府经金融管理局发行的纸币和硬币，则由代理银行负责储存及向公众分发，金融管理局与代理银行之间的交易也是按 7.80 港元兑 1 美元的汇率以美元结算。

上述联系汇率规定的1美元兑7.8港元的固定汇率只适用于发钞银行与外汇基金以及商业银行等与发钞银行之间的发钞准备规定；在香港外汇市场上的港元与美元的交易并不受此约束，汇率变动由市场供求力量决定。

由此可见，香港特区实际存在着两种汇率，一种是发钞银行与外汇基金以及商业银行等与发钞银行之间的发行汇率，也即1美元等于7.8港元的联系汇率；另一种在外汇市场受供求关系决定的市场汇率。

（二）联系汇率制度的自我维护机制

在市场经济条件下，联系汇率制通过两个内在联系的渠道进行自我调节，迫使外汇市场的汇率不致严重偏离联系汇率（1美元=7.8港元），以保证联系汇率制度的稳定性。这两个渠道一为发钞银行与商业银行在外汇市场的套利活动，另一为货币市场资金的增减与利率的升降，兹将两条渠道的具体运作过程分析如下：

1. 商业银行与发钞银行的套利活动

当市场汇率（如1美元=8港元）＞联系汇率（1美元=7.8港元）时，即表示港元处于弱势（即美元处于强势），发钞银行把负债证明书退回给外汇基金，以7.8港元=1美元换取美元。得到了美元后，银行以1美元=8港元卖美元给市场，故每卖一单位美元便可赚到0.2.港元。结果市场上的美元供应上升，而港元供应则下降，最后汇率会返回1美元=7.8港元。

当市场汇率（如1美元=7.5港元）＜联系汇率（1美元=7.8港元），即表示港元处于强势（即美元处于弱势），发钞银行会在市场以1美元=7.5港元买入美元，然后把美元以1美元=7.8港元卖给外汇基金以换取负债证明书，故每卖一单位美元给外汇基金便可赚到0.3港元。结果市场上的美元供应下降，而港元供应则上升，最后汇率会返回1美元=7.8港元。

2. 货币市场的资金增减与利率升降

如外汇市场港元贬值，1美元=8港元，在上述套利动机驱使下，由于商业银行及发钞银行以港元退回外汇基金赎回美元，市场港元供应必会减少，通货紧缩，港元利率上涨；同时美元及其他外币资金供应量增加，美元汇率开始下跌，逐步接近1美元=7.8港元的联系汇率水平。

如外汇市场港元升值，1美元=7.5港元，其运作过程与上述情况相反，也会迫使市场汇率接近联系汇率水平。

（三）联系汇率制的作用

1. 联系汇率制的作用

（1）联系汇率制与货币发行机制和汇率机制较好地结合，因而具有稳定汇率和自动调节国际收支平衡的作用。

首先，联系汇率制的推行建立在严格的发行准备制的基础上，只有充足的美元准备才能发行钞票，保证货币的稳定。这就杜绝了滥发钞票，造成货币贬值现象的发生。发行准备坚实，是保证货币稳定，汇率稳定的根本。

其次，如上所述，当国际收支失衡，外资流出，外币汇率上涨，本币贬值时，则本币发行准备减少，通货紧缩，利率提高，其结果可减少需求，压缩进口，缓解国际收支逆差，使汇率趋于平稳。

(2) 市场机制作用充分发挥，行政干预大大减少。在严格货币发行的基础上，市场外汇交易完全放开，由市场供求机制决定汇率，“套汇”、“套利”活动使利率成为汇率稳定的平衡器，从而使市场中的汇价既反映市场的供求关系，又保持相对稳定。

2. 联系汇率制对一国（或地区）经济及有关政策的影响

(1) 削弱联系汇率制国家或地区执行货币政策的独立性，维持港元与美元的固定比价的基本条件是港元利率尽可能与美元利率保持一致，这就在客观上使港元利率必须随美元利率的变化而变化，因此，独立地利用利率政策作为调节特区的经济手段受到一定程度的削弱。

(2) 易于招致国际游资的冲击。港元过度坚挺会诱发国际游资流入，使港元升值；港元过度疲软，则会导致港元贬值。20 世纪 80 年代初，1995 年墨西哥金融危机期间以及 1997 年东南亚金融危机期间都曾发生过这种现象。

(3) 不能利用汇率杠杆，进行一定程度的下浮，有时对本地区经济发展不利。在其他国家，特别是东南亚有关国家（地区）货币贬值、汇率下浮，获得扩大出口的好处时，不能相应变更汇率，进行下浮，以加强其出口商品的竞争能力，从而不利于本地区经济的发展。

四、人民币汇率制度

（一）人民币汇率制度的演变

1. 1994 年以前的人民币汇率形成机制

新中国成立以来至改革开放前，在传统的计划经济体制下，人民币汇率由国家实行严格的管理和控制。根据不同时期的经济发展需要，改革开放前我国的汇率体制经历了新中国成立初期的单一浮动汇率制（1949—1952 年）、五六十年代的单一固定汇率制（1953—1972 年）和布雷顿森林体系后以“一篮子货币”计算的单一浮动汇率制（1973—1980 年）。

党的十一届三中全会以后，我国进入了向社会主义市场经济过渡的改革开放新时期。为鼓励外贸企业出口的积极性，我国的汇率体制从单一汇率制转为双重汇率制。经历了官方汇率与贸易外汇内部结算价并存（1981—1984年）和官方汇率与外汇调剂价格并存（1985—1993年）两个汇率双轨制时期。其中，以外汇留成制为基础的外汇调剂市场的发展，对促进企业出口创汇、外商投资企业的外汇收支平衡和中央银行调节货币流通均起到了积极的作用。但随着我国改革开放的不断深入，官方汇率与外汇调剂价格并存的人民币双轨制的弊端逐渐显现出来。一方面多种汇率的并存，造成了外汇市场秩序混乱，助长了投机；另一方面，长期外汇黑市的存在不利于人民币汇率的稳定和人民币的信誉。外汇体制改革的迫切性日益突出。

2. 1994—2005年，以市场机制为基础的人民币汇率制度

1993年11月，党的十四届三中全会通过的《中共中央关于建立社会主义市场经济体制若干问题的决定》要求，“改革外汇体制，建立以市场供求为基础的、有管理的浮动汇率制度和统一规范的外汇市场，逐步使人民币成为可兑换货币。”1993年12月，国务院正式颁布了《关于进一步改革外汇管理体制的通知》，采取了一系列重要措施，具体包括，实现人民币官方汇率和外汇调剂价格并轨；建立以市场供求为基础的、单一的、有管理的浮动汇率制；取消外汇留成，实行结售汇制度；建立全国统一的外汇交易市场等。

1994年1月1日，人民币官方汇率与外汇调剂价格正式并轨，我国开始实行以市场供求为基础的、单一的、有管理的浮动汇率制。企业和个人按规定向银行买卖外汇，银行进入银行间外汇市场进行交易，形成市场汇率。中央银行设定一定的汇率浮动范围，并通过调控市场保持人民币汇率稳定。实践证明，这一汇率制度符合中国国情，为中国经济的持续、快速发展，为维护地区乃至世界经济金融的稳定做出了积极贡献。

（二）2005年以来的人民币汇率制度

1. 人民币汇率制度改革的背景

1997年以前，人民币汇率稳中有升，海内外对人民币的信心不断增强。但此后由于亚洲金融危机爆发，为防止亚洲周边国家和地区货币轮番贬值使危机深化，中国作为一个负责任的大国，主动收窄了人民币汇率浮动区间。随着亚洲金融危机的影响逐步减弱，近年来我国经济持续、平稳较快发展，经济体制改革不断深化，金融领域改革取得了新的进展，外汇管制进一步放宽，外汇市场建设的深度和广度不断拓展，为完善人民币汇率形成机制创造了条件。

近年来，我国经常项目和资本项目双顺差持续扩大，加剧了国际收支失

衡。2005 年 6 月末，我国外汇储备达到7 110亿美元。2005 年以来对外贸易顺差迅速扩大，贸易摩擦进一步加剧。适当调整人民币汇率水平，改革汇率形成机制，有利于贯彻以内需为主的经济可持续发展战略，优化资源配置；有利于增强货币政策的独立性，提高金融调控的主动性和有效性；有利于保持进出口基本平衡，改善贸易条件；有利于保持物价稳定，降低企业成本；有利于促使企业转变经营机制，增强自主创新能力，加快转变外贸增长方式，提高国际竞争力和抗风险能力；有利于优化利用外资结构，提高利用外资质量；有利于充分利用“两种资源”和“两个市场”，提高对外开放的水平。

人民币汇率形成机制改革的准备措施逐步到位：一是国有商业银行重组改制取得重要进展，农村信用社改革试点顺利铺开，证券公司风险处置工作稳步推进，金融机构应对汇率风险的能力明显增强。二是金融市场不断向纵深化发展。人民币货币市场、债券市场、股票市场和外汇市场建设取得长足进步，外汇市场交易品种不断丰富，远期结售汇业务等可为企业规避汇率风险的工具逐步推广。三是减少不必要的外汇管制，进一步放宽资本项目以及对个人和企业经常项目下交易的限制。

2005 年以来，宏观调控取得显著成效，国民经济继续保持平稳、较快发展的良好势头。同时世界经济运行平稳，美元利率稳步上升。这些都为人民币汇率形成机制改革的顺利推出创造了有利条件。

2. 人民币汇率制度改革的主要内容

2005 年 7 月 21 日，中国人民银行正式对外宣布，经国务院批准，自 2005 年 7 月 22 日起，我国开始实行以市场供求为基础、参考一篮子货币进行调节、有管理的浮动汇率制度。这是我国 1994 年汇率制度改革以来，经多次政策微调之后，人民币汇率制度的一次重大变革。

人民币汇率改革的总体目标是：建立健全以市场供求为基础的、有管理的浮动汇率体制，保持人民币汇率在合理、均衡水平上的基本稳定。

人民币汇率改革必须坚持主动性、可控性和渐进性的原则。主动性，就是主要根据我国自身改革和发展的需要，决定汇率改革的方式、内容和时机。汇率改革要充分考虑对宏观经济稳定、经济增长和就业的影响。可控性，就是人民币汇率的变化要在宏观管理上能够控制得住，既要推进改革，又不能失去控制，避免出现金融市场动荡和经济大的波动。渐进性，就是根据市场变化，充分考虑各方面的承受能力，有步骤地推进改革。

(1) 改革人民币汇率制度

采用以市场供求为基础、参考一篮子货币进行调节、有管理的浮动汇率制度代替1994年以来实行的以市场供求为基础、单一的、有管理的浮动汇率制度。此次改革的内容是，人民币汇率不再盯住单一美元，而是按照我国对外经济发展的实际情况，选择若干种主要货币，赋予相应的权重，组成一个货币篮子。同时，根据国内外经济金融形势，以市场供求为基础，参考一篮子货币计算人民币多边汇率指数的变化，对人民币汇率进行管理和调节，维护人民币汇率在合理均衡水平上的基本稳定

(2) 调整汇率水平

中国人民银行对外公布，2005年7月21日19：00时，美元对人民币交易价格调整为1美元兑8.11元人民币，作为次日银行间外汇市场上外汇指定银行之间交易的中间价，外汇指定银行可自此时起调整对客户的挂牌汇价。也就是说，人民币相对于美元升值了2.1%。

(3) 调整汇率基准价格和挂牌汇价体系

从1994年以中国人民银行于每个工作日闭市后公布当日银行间外汇市场美元兑人民币的加权平均价作为下一个工作日该货币对人民币交易的中间价格，调整为以现在当天美元等交易货币对人民币汇率的收盘价作为下一个工作日的交易中间价。现阶段，每日银行间外汇市场美元对人民币的交易价仍在人民银行公布的美元交易中间价上下3‰的幅度内浮动，非美元货币对人民币的交易价在人民银行公布的该货币交易中间价上下一定幅度内浮动。

(4) 结合新汇率制度的运行特点和市场主体的避险需要，人民银行研究出台了发展外汇市场的多项措施：

一是加强市场基础设施建设，建立银行间人民币远期市场，允许更多市场主体参与银行间远期交易，使国内市场初步掌握了人民币远期汇率的定价权。截至2005年10月31日，人民币远期市场成员已增加到54家。银行间人民币远期市场的建立，加速了境外远期外汇合约（NDF）价格向利率平价水平的收敛，进一步降低了人民币的升值预期。

二是增加市场避险工具，允许具备结售汇和衍生产品交易资格的银行开办远期和掉期业务。根据我国对外经济发展的实际需要，扩大了远期交易范围、放开了交易期限、允许银行自主定价，为企业和居民提供全面、灵活的汇率风险管理服务。

三是改进外汇管理，提高境内居民个人经常项目下因私购汇指导性限额，简化购汇手续；提高境内机构保留经常项目外汇收入的比例，便利居民和企业的用汇需求；调整银行为中国境外投资企业融资提供对外担保的管理方式，鼓励企业对外投资。进一步深化外汇管理体制改革，有利于理顺外汇供求关

系，建立健全调节国际收支的市场机制，促进国际收支平衡。

四是扩大银行间外汇即期市场人民币对非美元货币汇率的波动幅度。改革银行柜台外币牌价的管理方式，扩大了人民币对美元的买卖价差幅度，取消了对非美元货币牌价的价差幅度限制。

习 题 一

一、判断题

1. 我国采用直接标价法，而美国采用间接标价法。（ ）

2. 在间接标价法下，当外国货币数量减少时，称外国货币汇率下浮或贬值。（ ）

3. 在金本位制度下，实际汇率波动幅度受制于黄金输送点。其上限是黄金输入点，下限是黄金输出点。（ ）

4. 外币就是外汇。（ ）

5. 只有实现了资本项目下的货币兑换，该国货币才能被称为可兑换货币。（ ）

二、选择题

1. 间接标价法是以一定单位的哪种货币作为基准货币（ ）。

A. 美元 B. 本币 C. 外币 D. 特别提款权

2. 金本位货币制度下决定汇率的基础是（ ）。

A. 本国利率 B. 政府信用

C. 外汇市场供求状况 D. 铸币平价

3. 在直接标价法下，一国资本大量流入，容易引起外汇汇率（ ）。

A. 下降 B. 上升 C. 不变 D. 先升后降

4. 在直接标价法下，不考虑其他因素下，本币汇率上涨会使出口商品的国内价格（ ）。

A. 下降 B. 不变 C. 提高 D. 不确定

5. 影响汇率变动的政策因素是（ ）。

A. 通货膨胀 B. 资本流动 C. 外汇干预 D. 心理预期

6. 直接标价法是以一定单位的（ ）作为标准。

A. 本币 B. 外币 C. 欧元 D. 美元

三、简答题

1.1994 年人民币的通货膨胀率高达 24%，美元的通货膨胀率只有 6%，为什么 1995 年人民币对美元没有贬值却反而升值了 1%？

2. 什么是国际货币？它与外汇有何区别？

3. 金本位制度下汇率是如何决定的？

4. 浮动汇率制度的利弊分析。

5. 评价现行人民币汇率制度及其特点。

6. 汇率变动对进出口总额有什么影响？

四、计算题

1. 如果你以电话向中国银行询问英镑/美元（英镑兑美元，斜线“/”表示“兑”）的汇价。中国银行答道：“1.6911/21”。请问：

（1）中国银行以什么汇价向你买进美元？

（2）你以什么汇价从中国银行买进英镑？

（3）如果你向中国银行卖出英镑，汇率是多少？

2. 某银行询问美元兑港元汇价，你答复道：“1 美元＝7.800/10 港元”，请问：

（1）该银行要向你买进美元，汇价是多少？

（2）如你要买进美元，应按什么汇率计算？

（3）如你要买进港元，又是什么汇率？

五、案例分析题

日本的汇率制度改革

日本大规模汇率制度改革始于 1985 年的“广场协议”。1985 年 9 月工业国家五国财政部长在纽约达成协议，协调行动，促使日元对美元升值，协议同时要求日本推行金融自由化，取消外汇市场限制。其后日本中央银行大举抛售美元收购日元，日元汇率开始空前上涨。日本中央银行采取提高短期利率的措施后，日元大幅度升值之势形成。从 1985 年 9 月到 1986 年 8 月日元兑美元汇价从 260：1 上升到 152：1。1986 年 7 月日本政府关于扩大内需的前一报告完成以后，日元长期升值的预期被市场普遍接受。日本中央银行实行的低利率和放松银根的政策也对日元升值起到推波助澜的作用。经过连续五次调息，日本银行业的法定贴现率从5%下降到2.5%，为其历史最低水平。政府旨在鼓励扩大内需的财政政策也刺激了国内房地产和证券投资，政府通过税收制度提供的种种优惠措施，刺激了居民的不动产投资，担保制度也为居民银行贷款大开方面之门，地产热为海外投资涌入创造了温床。

日元对美元汇率到1990年底升值幅度超过100%，一度最高曾达到80日元兑1美元的水平。日本政府通过修改证券交易法、放宽企业上市资格标准等举措把民间资金吸引到股票交易市场。这种政策导致日本的地价和股价随着外资流入的增加而开始迅速上升。日本银行放贷时强调土地担保条件，在地价暴涨又使得银行贷款抵押物被过高估价时，土地抵押实际上已经丧失了预防风险的作用。由于日本经济泡沫从1991年起开始破灭，导致了日本长达15年的经济萧条，各大银行均陷入不良资产的泥潭而不能自拔，一度资本充足率降到低于2%的水平，坏账比率空前高涨。但在此之前，日本的经济曾经出现过持续四十年高速成长的奇迹。目前日本政府、地方政府都已负债累累。2002年日本政府债务占GDP的比重已超过130%，如果加上退休金亏空和其他公共部门的债务以及对亏损企业担保，日本政府债务占GDP的比重实际上已经超过300%。

尽管日本国民生产总值（GNP）在这段时期内仍然维持在大约3.7万亿至5万亿美元的规模（比较：中国为1万多亿美元，美国为10万亿美元），占世界经济份额的13%～18%（比较：中国占6%，美国占30%），并且每年产生600亿～1 000亿美元的贸易顺差，在2000年对外纯资产达到1万亿美元以上，但是，根据《读卖新闻》最近进行的舆论调查，62%的成年人和75%的青少年还是对日本的前景持悲观态度。

问题：

1. 日元升值对人民币升值有什么启示？
2. 你认为日元升值的原因有哪些？
3. 你认为是什么原因导致日本青少年对日本的前景持悲观态度？

第二章 外汇管制

学习目标

通过本章学习，掌握外汇管制的概念、目的、机构与措施；了解我国外汇管理的历史沿革，经常项目可兑换的标准与内容，掌握中国现行的外汇管理措施。

重点难点

外汇管制的概念、目的、机构；外汇管制措施；我国现行外汇管制的主要内容。

第一节 外汇管制概论

一、外汇管制的概念

一国居民到国外旅游或出国留学能兑换多少外汇？个人或企业能否按照意愿将外汇存入现钞账户或现汇账户？出口企业是否可以将出口获得的外汇全部存入企业外汇账户？进口用汇如何兑换外汇？一国居民能否到国外购买证券？外资银行进入一国是否可以经营所有业务？——这些问题都涉及外汇管制。那么，什么是外汇管制？

外汇管制（Foreign exchange control）是指一个国家或地区为了执行某一时期的金融货币政策，以政府法令形式对外汇买卖、国际结算、外汇汇率等方面采取的限制性行为或政策措施。

20 世纪 80 年代以来，随着全球经济、金融一体化趋势的加强，取消外汇管制成为一种明显的发展趋势。但时至今日，绝大多数国家尤其是发展中国家还实行外汇管制，即使名义上取消了外汇管制的国家，在对非居民的资本项目或对居民的非贸易外汇收支还时时采取间接的限制措施。

二、外汇管制的目的

对那些经济实力雄厚、外汇充足的国家来说，实行外汇管制的目的是限制资本过剩；对那些经济实力较弱、外汇短缺的国家来说，实行外汇管制的目的是谋求国际收支平衡，防止资本外逃，积累外汇资金，维持本国币值稳定。总的来说，实行外汇管制的目的是：

1. 限制资本外逃，改善国际收支逆差

在战争时期，本国政局动荡，货币发行过多，物价上涨，引起大量资本外逃：资本外逃的目的，并非追求较高的利息收入，而在于保障资金安全。由于资本不断外流，使本国的国际收支逆差增大，加上通货膨胀使投资利润减少，引起投资不足，使国内经济陷入恶性循环。为了防止资本外逃，实行外汇管制，在一定程度上可以满足国内投资的资金需要，并通过"奖出限入"等措施的推行，借以改善国际收支逆差。这是第一次世界大战时期和20世纪30年代各国实行外汇管制的最主要的目的之一。

2. 增加黄金、外汇储备，增强本币信誉

黄金、外汇储备是国际储备中最重要的两个组成部分，它是衡量一个国家国力的重要标志，一战、二战时期，购买战略物资，补充军事给养，必须以黄金支付，实行外汇管制，可以及时动员黄金外汇，以应国家急需。另外，实行外汇管制，可集中外汇资财，节约外汇支出，在一定程度上可以提高本币的对外价值，增强本币信誉，加强一国的国际经济地位。

3. 增加财政收入，抑制通货膨胀

实行外汇管制，国家垄断了外汇买卖业务，经营外汇的利润归国家所有。另外，外汇税的课征、许可证的审批、预交存款制等规定，常使国家有一定额外的财政收入，对解决财政紧张状况，不无裨益，当国内物价上涨时，通过对进口所需外汇给予充分供应，或按优惠汇率结售，则可增加货源，抑制物价上涨，保持物价的稳定。

4. 稳定汇率，扩大出口

实行外汇管制，对汇率进行严格管理，当官方汇率确定后，在一定时期内保持不变，这有利于对外贸易的成本核算。在确定官方汇率的同时，还可以规定不同类别的"奖出限入"汇率，以促进某些商品的出口，抑制某些商品的进口。

5. 作为谈判手段，保护本国产业

外汇管制可以配合保护关税政策，对那些不利于本国工业和新兴工业的进口商品实行限制，对促进本国工业发展的先进技术、设备及原材料的进口给予鼓励。从而保护了本国产业，扩大了就业。

当前世界各国之间的经济贸易关系十分密切，一些国家为了保护本国经济的发展和谋求国际收支状况的改善，往往以邻为壑，实行歧视性的贸易关税政策。实行外汇管制，可以以相类似的手段对上述国家的进口实行种种限制，以便增强贸易谈判地位，迫使对方放宽贸易限制，取消歧视性的关税。

三、外汇管制的机构

实行外汇管制的国家，一般都设立外汇管理机构。外汇管理机构的设立有三种类型：一是由国家设立专门的外汇管制机构，如法国、意大利和中国；二是由国家授权中央银行直接负责外汇管制工作，例如英国是由英格兰银行负责外汇管制工作；三是由国家行政管理部门直接负责外汇管制工作，如美国是财政部负责，日本由大藏省、通产省负责。外汇管制机构的主要职责是负责制定和监督执行外汇管理的政策、法令、规章和条例，并随时根据情况变化和政策需要，采取各种措施，控制外汇收支。

四、外汇管制的对象

目前，世界各国外汇管制对象一般分为对人、物、地区、行业管理等，对象不同，采取的规定和政策也不同。

1. 对人的管制

人包括自然人和法人。根据自然人与法人居住或营业的地区不同，通常分为居民（resident）和非居民（non-resident）。居民又称境内户，它指长期居住在本国境内的自然人（natural person，包括本国人和外国侨民），依照本国法律在本国境内设立的具有法人地位的本国和外国机关、团体、企业及本国驻外外交、领事、商务机构和派往国外的工作人员。非居民也称境外户，它指长期居住在本国境外的自然人，依据当地法律设立的本国和外国机关、团体、工业及外国派驻本国的外交、领事、商务等机构及其工作人员。对居民和非居民的外汇管制往往采取不同的政策和规定。多数国家对居民实行严格外汇管制，而对非居民的外汇管制较宽松。

2. 对物的管制

这里的“物”是指外币（包括现钞和铸币）、外币支付凭证（汇票、本票、支票）、外币有价证券，以及在外汇收支中使用的其他外汇资产。大多数国家将黄金、白银等贵金属以及本币的出入国境也列入外汇管制的范围。

3. 对地区的管制

一般国家以本国作为外汇管制的地区，对本国与国外的外汇收支实行管制。在设立特区的国家中，某些外汇管制可能不适用于特区。一些殖民地、附属国在二战后虽在政治上独立，但仍然参加宗主国所组织的货币区，如英镑区、法郎区等。在货币区内办理国际结算基本自由，对货币区外则进行外汇管制。一些国家为发展出口，鼓励外商投资，设立了出口加工区或自由区，在这些地区实行的外汇管制政策不同于国内其他地区，通常在管制上要宽一些，享受的待遇要优惠一些。

外汇管制地区的另一种含义是指对不同的国家和地区实行不同的外汇管制政策，对盟国和友好国家管制松，对不友好、敌对国家管制严，如美国对尖端技术、军需设备的出口就是以此来分类的。

4. 对行业的管制

主要是一些新兴工业化国家采取的办法。对于技术成分低及传统出口行业采取较严格管理，对附加值高的新技术和重工业出口采取较优惠的管理政策。对高新技术和生活必需品进口较松，而对高消费的奢侈品的进口管理较严。我国执行过的外汇留成制度，是典型的行业差别政策。

五、外汇管制的措施

外汇管制的措施就是运用一定的管理工具、管理方法对外汇进行管制的手段与方法，实行外汇管制的国家一般对贸易外汇收支、非贸易外汇收支、资本输出入、银行账户存款、汇率、黄金和现钞的输出入等采取不同的管制办法。

（一）对汇率的管制方法与措施

汇率是宏观经济管理中一项重要的政策工具。为了促进国际收支平衡，有利于国民经济的发展，一般来说，各国都对汇率进行管理和控制，并基本上以奖出限入为目的。汇率管制主要有以下几种方法。

1. 直接管制汇率

直接管制汇率即由一国政府指定一个部门按照国家政策、货币相对购买力和国际收支状况，制定、调整、公布汇率，并规定各项外汇收支必须按照公布的汇率兑换本国货币。许多发展中国家都采取直接管制汇率的办法。

2. 运用经济手段干预汇率

运用经济手段干预汇率是一种对汇率进行间接管制的方法。汇率是由市场供求关系决定的，一国政府责成中央银行或货币管理当局建立外汇平准基金在外汇市场上对外汇买卖进行干预，以达到调节外汇供求、稳定汇率的效果。现在西方工业发达国家都采取这种办法。

3. 实行多种汇率制度

实行多种汇率制度（multiple exchange rate system）指对不同的外汇收支存兑使用不同的汇率。通过价值规律的作用调节国际收支，各国所实行的多种汇率千差万别，但大致可以归纳为以下几种形式。

（1）法定的差别汇率。一些国家按照国家政策，对不同的外汇收支规定两种或两种以上的汇率。一般对进口和出口规定不同的汇率，如对出口采用较高的汇率，对进口采用较低的汇率，以达到奖出限入的目的；有的对不同商品规定不同的汇率，如对原料、粮食进口给予优惠的汇率，对奢侈品进口采取限制性的汇率；还有的国家对贸易和资本往来实行不同的汇率，即金融汇率与贸易汇率并存的双重汇率制度。

（2）外汇转移证制度（exchange surrender certificate system）。外汇转移证是外汇银行发给外汇供应者证明其交售外汇的凭证，是复汇率的一种特殊形式。为鼓励出口，一些国家政府规定，当出口商按官方法定汇率向外汇银行结汇时，除取得本币外，还取得一张外汇转移证，这种外汇转移证可转让、自由买卖，使出口商额外获利。反之，进口商进口商品，规定它们必须在市场上买进外汇转移证交给指定银行，银行才按官方法定汇率卖给外汇，因而增大了进口成本。这是通过进口商对出口商补贴的一种办法，起着奖出限入的作用。韩国曾经实施过这种办法。

（3）官方汇率与市场汇率混合使用制度。它是指部分商品的进出口、非贸易业务的外汇收入与用汇按官方汇率给予结汇或售汇，而对某些出口商品和非贸易业务的全部或部分外汇收入可以不必售给银行，允许其在市场上出售；对某些进口商品的用汇或其他外汇需要，银行不按官价售予外汇，由用汇者到外汇市场上去购买。由于市场的价格一般高于官方价格，所以这种官方汇率和自由汇率相结合使用的制度，实质上是一种隐蔽的复汇率制。

（二）对贸易外汇的管制方法与措施

贸易外汇收支是决定一国国际收支状况的最主要项目，因此，对贸易外汇的管制就成为各国外汇管制的重点。各国都希望通过对贸易外汇的管制达到奖出限入、改善国际收支的目的。

1. 进口付汇管制

对进口外汇的管制就是对进口商品用汇的管制，其目的是为了限制与国内相竞争的商品进口，并禁止某些奢侈品及非必需品进口，以便节约外汇支出和保护本国工业。多数国家实行进口许可证制度，由外汇管制机关签发进口许可证，进口商只有获得进口许可证，才能购买进口所需外汇。此外，对进口限制还同时采取以下几种措施。

(1) 对进口数量（包括进口总量或某项商品进口数量）实行限制，超过限额的一律不准进口。

(2) 征收进口税和进口附加税。有些工业化国家为了保护本国工业，还对某些商品的进口征收反倾销税，以限制其进口。

(3) 进口预先存款（advance import deposit），即要求进口商在进口某项商品时，向指定银行预存一定的进口货款，银行不付利息，这部分存款可在商品进口时退还，或进口商品最后支付完成时退还，亦可于存款后30天、60天、90天或120天退还。存款数额的确定有两种情况：一种根据进口商品的类别或性质，按进口货款总值，收取一定的比例；另一种则根据进口商品所属的国别或地区，按进口货款总值，收取一定的比例。进口预先存款通过占压进口商品资金，减少其进口支付能力，从而减少进口。

(4) 实行国家统一控制，所有进口统一由国家指定的进口单位办理，其他企业不能参与进口业务，以保证外汇的集中使用。

(5) 限制进口商对外支付使用的货币。

(6) 进口商品要获得外国提供的一定数额的出口信贷，否则不准进口。

(7) 提高或降低开出信用证的押金额（margin），以控制进口。

(8) 进口商在获得批准的进口以前，必须完成向指定银行的交单工作，使进口商不能与有关银行做进口押汇、融通资金，从而增加成本。

2. 出口收汇管制

对出口外汇的管制就是对出口商品收汇的管制，其目的是为了鼓励出口，扩大外汇收入，同时限制某些商品如原材料、能源的出口，另外保证出口所得外汇能及时全部调回国内，由国家统筹安排使用。各国管制出口外汇的措施一般采取颁发出口许可证的办法，以加强对出口商品的控制。出口商在申请出口许可证时要填明出口商品的价格、金额、收汇方法等，并交验信用证，以防止隐匿出口外汇收入与本国资金外逃。同时还规定出口商必须把其全部或部分出口贸易所得的外汇收入按官方汇率结售给指定银行，以保证国家集中外汇收入，统一使用。

为了鼓励出口，刺激出口商的积极性，各国往往采用以下几种措施。

(1) 信贷支持。由银行对某些出口产品的生产和销售提供资金支持和信贷担保。

(2) 出口补贴。由国家对某些成本较高或盈利较小的出口商品给予补贴，许多国家对农产品的出口都提供补贴，如欧洲共同体等。

(3) 出口退税。商品如在国内销售要按规定征税，但如果是出口，则退还各种间接税，以降低出口成本，增加盈利。

(4) 以优惠利率贴现出口商的汇票。

(5) 政府机构承保汇率波动风险。

（三）对非贸易外汇的管制方法与措施

非贸易外汇收支的范围比较广泛，包括运输费、保险费、港口使用费、邮电费、佣金、利润、股息、利息、专利费、稿费、旅游费等。实行非贸易外汇管制的目的，在于集中该项目的外汇收入，限制相应的外汇支出。实行外汇管制的国家一般都对非贸易外汇的收入与支出进行严格的管理。

非贸易外汇管制的基本方法和措施主要有：属于进出口贸易的从属费用，如运费、保险费、佣金等，基本按贸易外汇管制办法处理；对其他非贸易外汇收入，一般要求卖给国家指定银行；对于非贸易外汇支出的控制措施，一般也与贸易外汇管制相近，包括许可证审批、预付存款、征收外汇购买税、规定每次购买外汇的间隔时间等。

近年来非贸易外汇管制具有以下 4 个特点：

(1) 不但多数发展中国家对非贸易外汇收支进行管制，发达国家也进行管制。如法国政府曾规定，居民可在任何时候自由地向国外汇款，每人每次最多为 3000 法郎的等值外币，对公事出差的基本外汇配额除 5000 法郎外，每人每天加 1000 法郎等值外币，超过基本配额的任何类型旅游外汇须经法兰西银行批准。

(2) 从 20 世纪 80 年代中期开始，多数发达国家和新兴工业化国家或地区都放松对非贸易外汇的收支管制，如意大利、以色列放宽了在国外使用信用的规定，日本放宽了对海外劳务支付的控制等。

(3) 从发展中国家看，基本上对非贸易外汇收支均有相对严格的限制规定，但是对技术进口的费用支出与外国投资收入的汇出在某种程度上有放松的倾向，以达到较好地引进外国先进技术和改善投资环境的目的。

(4) 为了促进旅游事业的发展，增加这方面的外汇收入，许多国家正在不断调整有关的管汇措施。

（四）对资本输出（入）的管制方法与措施

根据国际货币基金组织的规定，“各成员未经基金组织同意，不得对国际经常往来的付款和资金转移施加限制，但是在必要的情况下可以对国际资本转移采取一些限制”。因此，对资本输出输入的管制，在世界各国外汇管制中具有相当重要的地位。由于各国经济发展和国际收支状况不同，对资本输出（入）管制的目的，要求也不相同，做法也大不一样。

1. 国际收支长期顺差的国家

一般来说，外汇资金过剩，国际收支长期顺差的国家，为了避免本币汇率过分上浮，影响出口商品的竞争能力，往往采取限制流入或鼓励本国资本外流的措施。具体做法有：

(1) 通过银行限制资本流入。如规定银行吸收非居民存款要缴纳较高的存款准备金，规定银行对非居民存款不付利息或倒收利息，限制商业银行对非居民出售本国的远期货币业务等。

(2) 通过企业限制资本流入。例如，限制非居民购买本国的有价证券，限制居民借用外国资本等。

2. 发展中国家

对于发展中国家来说，通常把资本流入作为发展本国经济的一个资金来源，因而采取一系列措施鼓励外国资本在本国投资，大力吸引外资流入，限制资本外流。具体措施包括：

(1) 对外资企业实行优惠税率政策，鼓励外国资本流入。

(2) 对外商投资提供完备的基础设施配套，提供各方面的优惠服务。

(3) 冻结账户，指未经管汇机构批准，在账户上的资产，包括外国人的银行存款、证券及其他资产，不能动用，严禁汇出。

(4) 直接限制企业在国外投资，限制居民购买外国有价证券。

(5) 征收利息平衡税。规定本国居民购买外国证券一律征税，使国外投资的收益和国内投资收益相等，甚至更低，从而达到限制资本流出的目的。

（五）对银行账户存款管制的方法与措施

外汇管制也涉及银行账户的存款，因为银行账户存款在居民与非居民之间以及非居民之间的调拨和外汇收支有直接的关系。

实行外汇管制的国家，根据银行账户存款属于居民或非居民，以及非居民所属国别存款的来源，规定了不同的管制方法，一般来说，把银行账户分为以下3类：

1. 自由账户

自由账户也称国外账户。非居民在此账户上的存款，可以办理国内支付或汇出境外。

2. 有限制账户

有限制账户也称国内账户。在这类账户上的存款，只能用在购买商品、支付其他费用，或转移到本国其他居民的同类账户。

3. 封锁账户

封锁账户也称只进不出账户。它禁止非居民把在国内的资金或居民所欠非居民的债务转到国外，而非居民在国内出售的有价证券，其他资产所得收入必须存入该账户。

（六）对黄金、现钞输出（入）的管制方法与措施

实行外汇管制国家一般禁止私人输出（入）黄金，若由于国际收支的不平衡急需输出或输入黄金，则由本国中央银行或指定银行办理。

外汇管制的国家较多地也对本国货币的输出（入）进行管制，因为输出本国货币不仅可以被利用作为资本输出的手段，而且还会导致在外国市场上本币汇率下跌，因此，外汇管制的国家有的禁止本币输出，有的则规定本币现钞输出的最高限额。但总体来说，目前各国尤其是发达国家对本国货币及黄金的输出（入）已逐渐出现放松的趋势。

第二节 经常项目可兑换的标准与内容

一般情况下，按照自由兑换的程度，货币可兑换包括完全自由兑换和经常项目下可兑换两种基本类型。经常项目下可兑换货币是指一国成为《国际货币基金协定》第八条会员国之后，便取消了对其国际收支的经常项目下对外支付和转移的限制。全面可兑换货币是指一国货币既实现了经常项目下的可兑换，也实现了资本项目下的可兑换。一国货币实现了全面可兑换并不等于成为国际上可自由兑换的国际货币，即实现了国际化。国际货币基金组织协定第三十条F条款规定，国际化的货币须是：①事实上被广泛用于国际交易的支付；②在世界主要外汇市场普遍进行交易的货币。

一、对经常项目下支付转移不加限制

一国对居民从国外购买经常项目下商品或劳务所需外汇要予以提供，允许其对外支付，不以各种形式或手段加以限制、阻碍或推迟。

二、不实行复汇率

一国政府或其财政部门所采取的导致该国货币对其他国家的即期外汇的买入、卖出汇率的差价和该国各种汇率之间买入、卖出汇率的差价超过2%

者，国际货币基金组织均视其为实行复汇率。也就是说，由于政府行为的影响、指导或参与而导致有效汇率多元化就是复汇率。导致复汇率的措施包括针对不同交易采取不同汇率，外汇买卖课税制、预扣税款制、由国家进行贴补的汇率风险担保制、双重（或多重）外汇市场、进口存款预交制，实行外汇拍卖制不能满足需要另在市场购买，其价格超过拍卖价格2%等。此外，如果一国挂牌的本币与各种外币的即期汇率与国际市场这类外币的即期汇率比价不一致，其差额超过1%，存在时间超过一周者，也属于复汇率。

三、兑换其他会员国积累的本币

《国际货币基金协定》第八条第四款规定：国际货币基金组织的会员国应另一会员国的请求，对其因经常项目而积累的本币，无条件地兑换成外币。

此外《国际货币基金协定》第三十条D款还规定实现经常项目下可兑换，应对以下4项内容的对外支付不加限制：①所有对外贸易、其他经常性业务（包括劳务）以及正常短期银行业务有关的支付；②应付贷款利息和各项投资净收入支付；③数额不大的偿还贷款本金或摊提直接投资折旧的支付；④数额不大的家庭生活费用汇款。

但是，要求兑换的国家应当证明这种积存是由经常性交易获得的，而且这种兑换是为了支付经常性交易。

国际货币基金组织并未要求所有会员国在加入该组织时立即成为第八条会员国。《国际货币基金协定》第十四条做出了一些过渡性安排，允许会员国暂保留一些汇兑限制，但要每年向国际货币基金组织提出报告，并针对取消外汇管制的步骤与时间安排和基金组织进行磋商。

四、经常项目下可兑换与限制的界限

（1）来源于其他原因或其他目的而出现的间接外汇支付限制，不属于对经常项下支付限制。为承担国际货币基金协定的第八条义务的国家，对经常项目下支付实行限制的行为主体是国家，采取的手段是直接（而非间接）限制外汇的支付转移，如果一国源于其他原因或目的而出现的外汇支付限制，则不属于对经常项目下支付的直接限制，也就不违背可兑换所承担的义务。例如，某国禁止某些奢侈品的进口，并在外汇条例中明确禁止奢侈品进口用汇，这不属于对经常项目下支付的限制。

（2）政府规定以某种特定形式和渠道支付或转移外汇，不属于对经常项下支付的限制。例如，一国限制居民在国外使用信用卡，不违反国际货币基金协定第八条规定，因为居民可以用钞票或其他外汇支付凭证进行对外支付。

(3) 为实现监测目的而规定的验证和登录手续，不属于对经常项下支付的限制或阻碍。

(4) 非政府行为所引起的支付阻碍或拖延不属于对经常项下支付的限制。由于债务人破产或债权人要求法院扣押债务人资产，从而导致债务人无法偿付其对外负债，不应视为对经常项目下支付的限制，只有政府行为或明文规定而引起的对经常性支付的限制、拖延，才属于外汇限制。

(5) 其他。实行外汇留成制，外汇收入部分上缴制，外汇收入结售汇制和规定进口方以特定的货币支付出口货款，不违反经常项下可兑换义务。

第三节 中国的外汇管理

一、我国外汇管理的必要性

我国是一个发展中国家，经济基础薄弱而人口众多，尽管近几年国民经济有了较快增长，国家经济实力和外汇储备得到了一定增强，但实行外汇管理仍然必要。

(一) 实行外汇管理是我国深化经济改革和对外开放的客观需要

改革开放以来，我国对外商品和劳务贸易增长很快，贸易依存度不断提高，资本输出量已达到相当规模，对外经济交往越来越频繁，国际贸易、国际经济交往可能引发的风险越来越大。在这种形势下，要巩固和进一步扩大改革开放的成果，就不能放弃外汇管理。否则，就容易造成外汇资金流失，加剧国内资金短缺，改革开放难以深化，从而影响经济稳定健康发展。

(二) 实行外汇管理是保持我国国际收支平衡的需要

国际收支平衡是保障我国经济顺利健康发展的需要，随着我国对外经济交往的不断扩大，外汇收支迅速增加。为使我国外汇收支能发挥其积极作用，防止盲目引进外资和资金的外逃，以及保持国内财政、信贷、外汇和物资的平衡，就需要加强外汇管理，以维护我国国际收支平衡。

(三) 实行外汇管理是维护我国人民币统一市场的需要

人民币是我国大陆唯一的法定货币，国内禁止一切外币流通。但是近些年来，一些不法分子、私人使用某些外币在国内计价和流通，扰乱了国内金融秩序，沿海一些地区地下钱庄所进行的非法外汇交易仍然猖獗。为严肃国家货币制度，维护国内正常的金融秩序，有必要通过外汇管理维护人民币统一市场，消除外币流通的侵扰。

（四）实行外汇管理是提高我国用汇经济效益的需要

我国是一个发展中国家，更需要实行并加强外汇管理，将国家有限的外汇资金集中起来，用在国民经济最需要的地方，以防止外汇资金的过度分散，提高使用外汇资金的经济效果。

二、我国外汇管理的发展过程

改革开放以前，中国实行高度集中的计划经济体制，由于外汇资源短缺，中国一直实行比较严格的外汇管制。1978 年实行改革开放战略以来，中国外汇管理体制改革沿着逐步缩小指令性计划，培育市场机制的方向，有序地由高度集中的外汇管理体制向与社会主义市场经济相适应的外汇管理体制转变。1996 年 12 月中国实现了人民币经常项目可兑换、对资本项目外汇进行严格管理，初步建立了适应社会主义市场经济的外汇管理体制。建国以来，中国外汇管理体制大体经历了计划经济时期、经济转轨时期和 1994 年开始建立社会主义市场经济以来三个阶段。

（一）1979 年前的外汇管理体制

建国以来至改革开放前，我国人民币汇率管制大致经历了以下 3 个发展阶段。

1. 第一阶段（1950—1952）

由于人民币没有规定含金量，因此，对西方国家货币的汇率，最初不是按两国货币的黄金平价来确定，而是以“物价对比法”作为基础来计算的，也就是说，建国初期人民币汇率制定的依据是物价水平，这是一种比较市场化的汇率安排。

建国初期，由于国民党统治时期遗留下来的恶性通货膨胀和其他因素的影响，我国物价节节上涨。与此同时，我国人民币对美元汇价由 1949 年 1 月 18 日 1 美元＝80 元旧人民币，调低至 1950 年 3 月 13 日的 1 美元＝42 000元旧人民币，在 1 年零 1 个月的时间内人民币汇价下调 49 次。

从 1950 年 3 月至 1952 年底，随着国内物价由上涨转变为下降，同时，由于美国对朝鲜发动了战争，大量抢购战备物资，美国及其盟国接连宣布一系列对我国的“封锁禁运”的措施，在这种情况下，我国必须降低外汇汇价，以利于推动本国进口。因此，根据当时形势发展的需要，我国汇率政策的重点也由“推动出口”改变为“进出口兼顾”，并逐步调高人民币汇价。1952 年 12 月，人民币汇价调高至 1 美元＝26 170元旧人民币。

这一时期，我国对外贸易对象主要是美国，对外贸易主要由私营进出口商经营。人民币汇率的及时调整，可以调节进出口贸易，保证出口的增长。

2. 第二阶段（1953—1972）

1953 年起，中国实行计划经济体制，对外贸易由国营对外贸易公司专管，外汇业务由中国银行统一经营，逐步形成了高度集中、计划控制的外汇管理体制。计划经济本身要求对人民币的汇价采取基本稳定的政策，以利于企业内部的核算和各种计划的编制和执行。同时，由于以美元为中心的固定汇率制度的确立，各国之间的汇价在一定程度上也保持了相对稳定。再加上我国同西方工业国家的直接贸易关系和借贷关系很少，因此，西方各货币汇率变动对我国人民币汇率几乎没有什么影响。

在国内物价水平趋于稳定的情况下，我国进行建国以来的首次币制改革。1955 年 3 月 1 日，开始发行新人民币，新旧人民币折合比率为 1∶10 000。自采用新人民币后，1955--1971 年，人民币对美元汇率一直是 1 美元折合 2.4618 元新人民币。

1971 年 12 月 18 日，美元兑黄金官价宣布贬值 7.89%，人民币汇率相应上调为 1 美元合 2.2673 元人民币。

这一时期人民币汇率政策采取了稳定的方针，即在原定的汇率基础上，参照各国政府公布的汇率制定，逐渐同物价脱离。但这时国内外物价差距扩大，进口与出口的成本悬殊，于是外贸系统采取了进出口统负盈亏、实行以进口盈利弥补出口亏损的办法，人民币汇率对进出口的调节作用减弱。

3. 第三阶段（1973—1978）

1973 年 3 月以后，布雷顿森林体系彻底解体，西方国家普遍实行了浮动汇率制。为了避免西方国家通货膨胀及汇率变动对我国经济的冲击，我国从 1973 年开始频繁地调整人民币对外币的汇率（仅 1978 年人民币对美元的汇率就调整了 61 次），而且在计算人民币汇价时，采用了盯住加权的“一篮子”货币的办法，所选用的“篮”中货币都是在我国对外贸易的计价货币中占比重较大的外币，并以这些货币加权平均汇价的变动情况，作为人民币汇价相应调整的依据。

这一时期人民币汇价政策的直接目标仍是维持人民币的基本稳定，针对美元危机不断发生且汇率持续下浮的状况，人民币汇率变动较为频繁，并呈逐渐升值之势。1972 年为 1 美元＝2.24 元人民币；1973 年 1 美元＝2.005 元人民币；1977 年为 1 美元＝1.755 元人民币。

自 20 世纪 50 年代中期以来，由于我国一直实行的是传统社会主义计划经济，对外自我封闭，对内高度集权，直至 20 世纪 80 年代初，国家外汇基本上处于零储备状态，外贸进出口主要局限于社会主义国家，且大体收支平衡，国内物价水平也被指令性计划所冻结，尽管人民币汇率严重高估，但它并未带来明显的消极影响。

（二）1979—1993 年的外汇管理体制

改革开放以后，我国人民币汇率安排大致经历了以下 3 个发展阶段。

1. 第一阶段（1979—1984）

1979 年我国的外贸管理体制开始进行改革，对外贸易由国营外贸部门一家经营改为多家经营。由于我国的物价一直由国家计划规定，长期没有变动，许多商品价格偏低且比价失调，形成了国内外市场价格相差悬殊且出口亏损的状况，这就使人民币汇价不能同时照顾到贸易和非贸易两个方面。为了加强经济核算并适应外贸体制改革的需要，国务院决定从 1981 年起实行两种汇价制度，即另外制定贸易外汇内部结算价，并继续保留官方牌价用作非贸易外汇结算价。这就是所谓的“双重汇率制”或“汇率双轨制”。

1980 年人民币官方牌价为 1 美元＝1.5 元人民币。1981 年 1 月～1984 年 12 月我国实行贸易外汇内部结算价，贸易外汇 1 美元＝2.80 元人民币；官方牌价即非贸易外汇 1 美元＝1.50 元人民币。前者主要适用于进出口贸易及贸易从属费的结算；后者主要适用于非贸易外汇的兑换和结算，且仍沿用原来的“一篮子”货币加权平均的计算方法。

随着美元在 20 世纪 80 年代初期的逐步升值，我国相应调低了公布的人民币外汇牌价，使之同贸易外汇内部结算价相接近。1984 年底公布的人民币外汇牌价已调至 1 美元＝2.7963 元人民币，与贸易外汇内部结算价持平。

2. 第二阶段（1985—1990）

在人民币双重汇率制下，外贸企业政策性亏损，加重了财政补贴的负担，而且国际货币基金组织和外国生产厂商对双重汇率提出异议。1985 年 1 月 1 日，我国又取消了贸易外汇内部结算价，重新恢复单一汇率制，1 美元＝2.80 元人民币。

事实上，1986 年随着全国性外汇调剂业务的全面展开，又形成了统一的官方牌价与千差万别的市场调剂汇价并存的新双轨制。而且当时全国各地的外汇调剂市场，在每一时点上，市场汇率水平不尽相同。这种官方汇率与市场汇率并存的多重汇率制一直延续到 1993 年底。其间，外汇调剂市场的汇率形成机制，经历了从开始试办时的人为定价到由市场供求关系决定的过程。

进入 20 世纪 80 年代中期以后，我国物价上涨速度加快，而西方国家控制通货膨胀取得一定成效。在此情况下，我国政府有意识地运用汇率政策调节经济与外贸，对人民币汇率作了相应持续下调。1995年8月21日，人民币汇率调低至1美元＝2.90元人民币；同年10月3日再次调低至1美元＝3.00元人民币；同年10月30日又调至1美元＝3.20元人民币。

从1986年1月1日起，人民币放弃盯住“一篮子”货币的做法，改为管理浮动。其目的是要使人民币汇率适应国际价值的要求，且能在一段时间内保持相对稳定。

1986年7月5日，人民币汇率再度大幅调低至1美元＝3.7036元人民币。1989年12月16日，人民币汇率又一次的大幅下调，由此前的1美元＝3.7221元人民币调至当日的4.7221元人民币。1990年11月17日，人民币汇率再次大幅下调，并由此前的4.7221调至当日的5.2221元人民币。

从改革开放以后至1991年4月9日的十余年间，人民币汇率政策的特点表现为以下几个方面。

（1）分别实施过贸易外汇内部结算价与公布牌价并存的双重汇率体制，以及官方汇率与市场汇率并存的多重汇率体制。

（2）公布的人民币官方汇率按市场情况调整，且呈大幅贬值趋势，这与同期人民币对内实际价值大幅贬值以及我国的国际收支状况是基本上相适应的。

（3）在人民币官方汇率的调整机制上，做过多种有益的尝试，如盯住“一篮子”货币的小幅逐步调整方式，以及一次性大幅调整的方式，这些为以后实施人民币有管理的浮动汇率制度奠定了基础。

（4）市场汇率机制逐步完善。

（5）市场汇率的调节作用在我国显得越来越大。

3. 第三阶段（1991—1993）

自1991年4月9日起，我国开始对人民币官方汇率实施有管理的浮动运行机制。国家对人民币官方汇率进行浮动调整，改变了以往阶段性大幅度调整汇率的做法。实际上，人民币汇率实行公布的官方汇率与市场汇率（即外汇调剂价格）并存的多重汇率制度。

我国人民币有管理的浮动汇率制度主要指人民币官方汇率的有管理的浮动，其基本特点是：我国的外汇管理机关（即国家外汇管理局）根据我国改革开放与发展的状况，特别是对外经济活动的要求，参照国际金融市场主要货币汇率的变动情况，对公布的人民币官方汇率进行适时适度、机动灵活、有升有降的浮动调整。在两年多的时间里，官方汇率数十次小幅调低，但仍赶不上水涨船高的出口换汇成本和外汇调剂价。

（三）1994年的外汇管理体制

1993年11月14日，党的十四届三中全会通过的《中共中央关于建立社会主义市场经济体制若干问题的决定》中明确要求，“改革外汇管理体制，建立以市场供求为基础的、有管理的浮动汇率制度和统一规范的外汇市场，逐步使人民币成为可兑换货币”。这为外汇管理体制进一步改革明确了方向。1994年至今，围绕外汇体制改革的目标，按照预定改革步骤，中国外汇管理体制主要进行了以下改革：

1.1994年对外汇体制进行重大改革，实行人民币经常项目有条件可兑换

（1）实行银行结售汇制度，取消外汇上缴和留成，取消用汇的指令性计划和审批。从1994年1月1日起，取消各类外汇留成、上缴和额度管理制度，对境内机构经常项目下的外汇收支实行银行结汇和售汇制度。除实行进口配额管理、特定产品进口管理的货物和实行自动登记制的货物，须凭许可证、进口证明或进口登记表，相应的进口合同和与支付方式相应的有效商业票据（发票、运单、托收凭证等）到外汇指定银行购买外汇外，其他符合国家进口管理规定的货物用汇、贸易从属费用、非贸易经营性对外支付用汇，凭合同、协议、发票、境外机构支付通知书到外汇指定银行办理兑付。为集中外汇以保证外汇的供给，境内机构经常项目外汇收入，除国家规定准许保留的外汇可以在外汇指定银行开立外汇账户外，都须及时调回境内，按照市场汇率卖给外汇指定银行。

（2）汇率并轨，实行以市场供求为基础的、单一的、有管理的浮动汇率制度。1994年1月1日，人民币官方汇率与市场汇率并轨，实行以市场供求为基础的、单一的、有管理的浮动汇率制，并轨时的人民币汇率为1美元合8.70元人民币。人民币汇率由市场供求形成，中国人民银行公布每日汇率，外汇买卖允许在一定幅度内浮动。

（3）建立统一的、规范化的、有效率的外汇市场。从1994年1月1日起，中资企业退出外汇调剂中心，外汇指定银行成为外汇交易的主体。1994年4月1日银行间外汇市场——中国外汇交易中心在上海成立，连通全国所有分中心，4月4日起中国外汇交易中心系统正式运营，采用会员制、实行撮合成交集中清算制度，并体现价格优先，时间优先原则。中国人民银行根据宏观经济政策目标，对外汇市场进行必要的干预，以调节市场供求，保持人民币汇率的稳定。

（4）对外商投资企业外汇管理政策保持不变。为体现国家政策的连续性，

1994年在对境内机构实行银行结售汇制度时，对外商投资企业的外汇收支仍维持原来办法，准许保留外汇，外商投资企业的外汇买卖仍须委托外汇指定银行通过当地外汇调剂中心办理，统一按照银行间外汇市场的汇率结算。

(5) 禁止在境内外币计价、结算和流通。1994年1月1日，中国重申取消境内外币计价结算，禁止外币境内流通和私自买卖外汇，停止发行外汇兑换券。对于市场流通的外汇兑换券，允许继续使用到1994年12月31日，并于1995年6月30日前可以到中国银行兑换美元或结汇成人民币。

通过上述各项改革，1994年中国顺利地实现了人民币经常项目有条件可兑换。

2.1996年取消经常项目下尚存的其他汇兑限制，12月1日宣布实现人民币经常项目可兑换

(1) 将外商投资企业外汇买卖纳入银行结售汇体系。1996年7月1日起，外商投资企业外汇买卖纳入银行结售汇体系，同时外商投资企业的外汇账户区分为用于经常项目的外汇结算账户和用于资本项目的外汇专用账户。外汇局核定外汇结算账户的最高金额，外商投资企业在核定的限额内保留经常项下的外汇收入，超过部分必须结汇。外商投资企业经常项目下的对外支付，凭规定的有效凭证可直接到外汇指定银行办理，同时，继续保留外汇调剂中心为外商投资企业外汇买卖服务。1998年12月1日外汇调剂中心关闭以后，外商投资企业外汇买卖全部在银行结售汇体系进行。

(2) 提高居民用汇标准，扩大供汇范围。1996年7月1日，大幅提高居民因私兑换外汇的标准，扩大了供汇范围。

(3) 取消尚存的经常性用汇的限制。1996年，中国还取消了出入境展览、招商等非贸易非经营性用汇的限制，并允许驻华机构及来华人员在境内购买的自用物品、设备、用具等出售后所得人民币款项可以兑换外汇汇出。

经过上述改革后，中国取消了所有经常性国际支付和转移的限制，达到了国际货币基金组织协定第八条款的要求。1996年12月1日，中国正式宣布接受第八条款，实现人民币经常项目完全可兑换。至此，中国实行了人民币经常项目可兑换、对资本项目外汇进行严格管理、初步建立了适应社会主义市场经济的外汇管理体制，并不断得到完善和巩固。如1997年再次大幅提高居民个人因私用汇供汇标准，允许部分中资企业保留一定限额经常项目外汇收入，开展远期银行结售汇试点，等等。1998年以来，在亚洲金融危机影响蔓延深化的背景下，针对逃、套、骗汇和外汇非法交易活动比较突出的情况，在坚持改革开放和人民币经常项目可兑换的前提下，完善外汇管理法规，加

大外汇执法力度，保证守法经营，打击非法资金流动，维护了人民币汇率稳定和正常的外汇收支秩序，为创造公平、清洁、健康的经营环境，保护企业、个人和外国投资者的长远利益做出积极努力。

（四）入世后外汇管理体制的主要变化

2001年加入世界贸易组织以来，中国对外经济迅速发展，国际收支持续较大顺差，改革开放进入了一个新阶段。外汇管理主动顺应加入世贸组织和融入经济全球化的挑战，进一步深化改革，继续完善经常项目可兑换，稳步推进资本项目可兑换，推进贸易便利化。主要措施有：

(1) 大幅减少行政性审批，提高行政许可效率。根据国务院行政审批改革的要求，2001年以来，外汇管理部门分三批共取消34项行政许可项目，取消的项目占原有行政审批项目的46.5%。按照《行政许可法》的要求，对保留的39项行政许可项目进行了全面清理，对这些项目办理和操作程序予以明确规定和规范，提高行政许可效率。

(2) 进一步完善经常项目外汇管理，促进贸易投资便利化。允许所有中资企业与外商投资企业一样，开立经常项目外汇账户，几次提高企业可保留现汇的比例并延长超限额结汇时间。多次提高境内居民个人购汇指导性限额并简化相关手续。简化进出口核销手续，建立逐笔核销、批量核销和总量核销三种监管模式，尝试出口核销分类管理；推广使用"出口收汇核报系统"，提高出口核销业务的准确性、及时性。实行符合跨国公司经营特点的经常项目外汇管理政策，便利中外资跨国企业资金全球统一运作。

(3) 稳步推进资本项目可兑换，拓宽资金流出入渠道。放宽境外投资外汇管理限制，将境外投资外汇管理改革试点推广到全国，提高分局审核权限和对外投资购汇额度，改进融资性对外担保管理办法，大力实施"走出去"战略。允许部分保险外汇资金投资境外证券市场，允许个人对外资产转移。实行合格境外机构投资者制度，提高投资额度，引进国际开发机构在中国境内发行人民币债券，促进证券市场对外开放。允许跨国公司在集团内部开展外汇资金运营，集合或调剂区域、全球外汇资金。出台外资并购的外汇管理政策，规范境内居民跨国并购和外国投资者并购境内企业的行为。规范境内居民通过境外特殊目的公司开展股权融资和返程投资的行为。

(4) 积极培育和发展外汇市场，完善有管理的浮动汇率制。2005年7月21日汇率改革以前，积极发展外汇市场：改外汇单向交易为双向交易，积极试行小币种"做市商"制度；扩大远期结售汇业务的银行范围，批准中国外汇交易中心开办外币对外币的买卖。7月21日，改革人民币汇率形成机制，实行以市场供求为基础、参考一篮子货币进行调节、有管理的浮动汇率制度。配合这次改革，在人民银行的统一领导和部署下，外汇管理部门及时出台一系列政策促进外汇市场发展，包括：增加交易主体，允许符合条件的非金融企业和非银行金融机构进入即期银行间外汇市场；引进美元“做市商”制度，在银行间市场引进询价交易机制；将银行对客户远期结售汇业务扩大到所有银行，引进人民币对外币掉期业务；增加银行间市场交易品种，开办远期和掉期外汇交易；实行银行结售汇综合头寸管理，增加银行体系的总限额；调整银行汇价管理办法，扩大银行间市场非美元货币波幅，取消银行对客户非美元货币挂牌汇率浮动区间限制，扩大美元现汇与现钞买卖差价，允许一日多价等。

(5) 加强资金流入管理，积极防范金融风险。调整短期外债口径。对外资银行外债实行总量控制，外资银行向境内机构发放的外汇贷款按照国内外汇贷款管理。实行支付结汇制，严控资本项目资金结汇。将外商投资企业短期外债余额和中长期外债累计发生额严格控制在“投注差”内，明确规定外商投资企业的境外借款不可以结汇用于偿还国内人民币贷款。以强化真实性审核为基础，加强对出口预收货款和进口延期付款的管理。将境内机构 180 天（含）以上、等值 20 万美元（含）以上延期付款纳入外债管理，同时规范了特殊类外商投资企业的外债管理，并将境内贷款项下境外担保按履约额纳入外债管理，由债务人逐笔登记改为债权人定期登记。加强对居民和非居民个人结汇管理。

(6) 强化国际收支统计监测，加大外汇市场整顿和反洗钱力度。加快国际收支统计监测预警体系建设，初步建立高频债务监测系统和市场预期调查系统，不断提高预警分析水平。加大外汇查处力度，整顿外汇市场秩序，积极推进外汇市场信用体系建设，初步建立起了以事后监管和间接管理为主的信用管理模式。建立和完善外汇反洗钱工作机制，2003 年起正式实施大额和可疑外汇资金交易报告制度，加强反洗钱信息分析工作。

现阶段，根据内外经济协调均衡发展的要求，外汇管理部门正在加快建立健全调节国际收支的市场机制和管理体制，促进国际收支基本平衡。一是改变“宽进严出”的管理模式，实行资金流入流出均衡管理，逐步使资金双向流动的条件和环境趋于一致；二是调整“内紧外松”的管理格局，逐步减少对内资、外资的区别待遇，创造公平竞争的市场环境；三是转变“重公轻私”的管理观念，规范居民个人和非居民个人外汇收支；四是减少行政管制，外汇管理逐步从直接管理转向主要监管金融机构的间接管理，从主要进行事前审批转向主要依靠事后监督管理。

（五）中国现行的外汇管理框架

1. 人民币经常项目可兑换

1996年我国正式接受国际货币基金组织协定第八条款，实现了人民币经常项目可兑换。为了区分经常项目和资本项目交易，防止无交易背景的逃骗汇及洗钱等违法犯罪行为，我国经常项目外汇管理仍然实行真实性审核（包括指导性限额管理）。根据国际惯例，这并不构成对经常项目可兑换的限制。

（1）经常项目外汇收入实行限额结汇制度。除国家另有规定外，经常项目下的外汇收入都须及时调回境内。凡经国家外汇管理局及其分支局批准开立经常项目外汇账户的境内机构（包括外商投资企业），可在核定的最高金额内保留经常项目外汇收入，超过限额部分按市场汇率卖给外汇指定银行，超过核定金额部分最长可保留90天。

（2）境内机构经常项目用汇，除个别项目须经外汇局进行真实性审核外，可以直接按照市场汇率凭相应的有效凭证用人民币向外汇指定银行购汇或从其外汇账户上对外支付。

（3）实行进出口收付汇核销制度。货物出口后，由外汇局对相应的出口收汇进行核销；进口货款支付后，由外汇局对相应的到货进行核销。以出口收汇率为主要考核指标，对出口企业收汇情况分等级进行评定，根据等级采取相应的奖惩措施，扶优限劣，并督促企业足额、及时收汇。建立了逐笔核销、批量核销和总量核销三种监管模式，尝试出口核销分类管理；目前正在设计、开发和推广使用“出口收汇核报系统”。

2. 资本项目部分管制

按照“循序渐进、统筹规划、先易后难、留有余地”的改革原则，中国逐步推进资本项目可兑换。2004年底，按照国际货币基金组织确定的43项资本项目交易中，我国有11项实现可兑换，11项较少限制，15项较多限制，严格管制的仅有6项。

目前，除国务院另有规定外，资本项目外汇收入均需调回境内。境内机构（包括外商投资企业）的资本项目下外汇收入均应向注册所在地外汇局申请在外汇指定银行开立外汇专用账户进行保留。外商投资项下外汇资本金结汇可持相应材料直接到外汇局授权的外汇指定银行办理，其他资本项下外汇收入经外汇管理部门批准后才能卖给外汇指定银行。除外汇指定银行部分项目外，资本项目下的购汇和对外支付，均需经过外汇管理部门的核准，持核准件方可在银行办理售付汇。

（1）直接投资

我国对外商直接投资外汇管理一直比较宽松。近几年，不断放宽境内企业对外直接投资外汇管理，支持企业“走出去”。

外商直接投资管理：外商投资企业的资本金、投资资金等需开立专项账户保留；外商投资项下外汇资本金结汇可持相应材料直接到外汇局授权的外汇指定银行办理，其他资本项下外汇收入经外汇局批准后可以结汇；外商投资企业资本项下支出经批准后可以从其外汇账户中汇出或者购汇汇出；为进行监督和管理，对外商投资企业实行外汇登记和年检制度。

境外投资管理：国家外汇管理局是境外投资的外汇管理机关。境内机构进行境外投资，需购汇及汇出外汇的，须事先报所辖地外汇分局（外汇管理部）进行投资外汇资金来源审查；全部以实物投资项目、援外项目和经国务院批准的战略性投资项目免除该项审查；境外投资项目获得批准后，境内投资者应到外汇管理部门办理境外投资外汇登记和投资外汇资金购汇汇出核准手续。国家对境外投资实行联合年检制度。

（2）证券投资

在证券资金流入环节，境外投资者可直接进入境内B股市场，无需审批；境外资本可以通过合格境外机构投资者（QFII）间接投资境内A股市场，买卖股票、债券等，但合格境外机构投资者的境内证券投资必须在批准的额度内；境内企业经批准可以通过境外上市（H股），或者发行债券，到境外募集资金调回使用。

证券资金流出管理严格，渠道有限。除外汇指定银行可以买卖境外非股票类证券、经批准的保险公司的外汇资金可以自身资金开展境外运用外，其他境内机构和个人不允许投资境外资本市场。目前，已批准个别保险公司外汇资金境外运用，投资境外证券市场。另外，批准中国国际金融有限公司进行金融创新试点，开办外汇资产管理业务，允许其通过专用账户受托管理其境内客户的外汇资产并进行境外运作，国际开发机构在中国境内发行人民币债券也已开始试点。

（3）其他投资

外债管理：中国对外债实行计划管理，金融机构和中资企业借用1年期以上的中长期外债需纳入国家利用外资计划。1年期以内（含1年）的短期外债由国家外汇管理局管理。外商投资企业借用国际商业贷款不需事先批准，但其短期外债余额和中长期外债累计发生额之和要严格控制在其投资总额与注册资本额的差额内。所有的境内机构（包括外商投资企业）借用外债后，均需及时到外汇局定期或者逐笔办理外债登记。实行逐笔登记的外债，其还本付息都需经外汇局核准（银行除外）。地方政府不得对外举债。境内机构发行商业票据由国家外汇管理局审批，并占用其短贷指标。

另外，境内机构180天（含）以上、等值20万美元（含）以上延期付款纳入外债登记管理；境内注册的跨国公司进行资金集中运营的，其吸收的境外关联公司资金如在岸使用，纳入外债管理；境内贷款项下境外担保按履约额纳入外债管理，并且企业中长期外债累计发生额、短期外债余额以及境外机构和个人担保履约额之和，不得超过其投资总额与注册资本的差额。

对外担保管理：对外担保属于或有债务，其管理参照外债管理，仅限于经批准有权经营对外担保业务的金融机构和具有代位清偿债务能力的非金融企业法人可以提供。除经国务院批准为使用外国政府贷款或者国际金融组织贷款进行转贷外，国家机关和事业单位不得对外出具担保。除财政部出具担保和外汇指定银行出具非融资项下对外担保外，外汇指定银行出具融资项下担保实行年度余额管理，其他境内机构出具对外担保须经外汇局逐笔审批。对外担保须向外汇局登记，对外担保履约时需经外汇局核准。

此外，目前已批准中国银行进行全球授信的试点，为境外企业发展提供后续融资支持；允许境内居民（包括法人和自然人）以特殊目的公司的形式设立境外融资平台，通过反向并购、股权置换、可转债等资本运作方式在国际资本市场上从事各类股权融资活动；允许跨国公司在集团内部开展外汇资金运营；允许个人合法财产对外转移。

3. 加强对金融机构外汇业务的监督和管理

目前，经常项目的外汇收支基本上直接到外汇指定银行办理；资本项目的外汇收支经外汇管理部门批准或核准后，也在外汇指定银行办理。银行在办理结售汇业务中，必须严格按照规定审核有关凭证，防止资本项目下的外汇收支混入经常项目结售汇，防止不法分子通过结售汇渠道骗购外汇。近年来，通过加大外汇查处力度，整顿外汇市场秩序，积极推进外汇市场信用体系建设，初步建立起了以事后监管和间接管理为主的信用管理模式。

4. 不断改进的人民币汇率形成机制

人民币汇率形成机制改革坚持主动性、可控性、渐进性的原则。自2005年7月21日起，我国开始实行以市场供求为基础、参考一篮子货币进行调节、有管理的浮动汇率制度。人民币汇率不再盯住单一美元，而是按照我国对外经济发展的实际情况，选择若干种主要货币，赋予相应的权重，组成一个货币篮子。同时，根据国内外经济金融形势，以市场供求为基础，参考一篮子货币计算人民币多边汇率指数的变化，对人民币汇率进行管理和调节，维护人民币汇率在合理均衡水平上的基本稳定。参考一篮子表明外币之间的汇率变化会影响人民币汇率，但参考一篮子不等于盯住一篮子货币，它还需要将市场供求关系作为另一重要依据，据此形成有管理的浮动汇率。

人民币汇价的管理：中国人民银行于每个工作日闭市后，公布当日银行间外汇市场美元等交易货币对人民币汇率的收盘价，作为下一个工作日该货币对人民币交易的中间价格。银行间外汇市场人民币对美元买卖价在中国人民银行公布的市场交易中间价上下0.3%的幅度内浮动，欧元、日元、港币等非美元货币对人民币交易价浮动幅度为上下3%。外汇指定银行在规定的浮动范围内确定挂牌汇率，对客户买卖外汇。银行对客户美元挂牌汇价实行价差幅度管理，美元现汇卖出价与买入价之差不得超过交易中间价的1%，现钞卖出价与买入价之差不得超过交易中间价的4%，银行可在规定价差幅度内自行调整当日美元挂牌价格。银行可自行制定非美元对人民币价格。银行可与客户议定所有挂牌货币的现汇和现钞买卖价格。

5. 不断发展的外汇市场

从交易主体看，除银行金融机构之外，符合条件的非金融企业和非银行金融机构都可以进入即期银行间外汇市场，并扩大远期结售汇业务的试点银行范围；从交易机制看，改外汇单向交易为双向交易，引进美元“做市商”制度，并在银行间市场引进询价交易机制；从业务品种和范围看，批准中国外汇交易中心开办外币对外币的买卖，引进人民币对外币掉期业务，增加银行间市场交易品种，开办远期和掉期外汇交易；从汇价管理看，扩大银行间市场非美元货币波幅，取消银行对客户非美元货币挂牌汇率浮动区间限制，扩大美元现汇与现钞买卖差价，允许一日多价等；从结售汇头寸管理看，实行银行结售汇综合头寸管理，大幅增加银行体系的总限额，统一中外资银行管理政策和限额核定标准。

6. 不断完善的国际收支监测体系

完善银行结售汇统计，启动银行结售汇统计报表改造工作，重新设计和开发了新版银行结售汇统计系统；升级国际收支统计监测系统，加强对跨境资金流动的监测；加快建设国际收支统计监测预警体系，初步建立高频债务监测系统和市场预期调查系统，不断提高预警分析水平。

提高国际收支统计数据透明度。我国编制并对外公布国际收支平衡表，通过金融机构进行国际收支间接申报。自2005年起，外汇局每半年发布一次《中国国际收支报告》。

7. 健全和完善外汇管理信息化系统

外汇局现有的电子监管系统有：出口核报系统、进口核销系统、居民个人因私购汇系统、外汇账户管理信息系统、外债统计监测系统、银行结售汇统计系统、国际收支统计监测系统、反洗钱信息系统等。目前，正在进一步升级和完善上述系统，并根据外汇管理的需要，开发和设计新的电子系统，提高数据采集的及时性、准确性和完整性，完善系统的查询、分析、监测等综合功能，加强和改善非现场监管水平。

8. 逐步建立科学有效的外汇管理法规体系

1980 年 12 月，中国颁布了《中华人民共和国外汇管理暂行条例》。1996 年 2 月颁布了《中华人民共和国外汇管理条例》，1996 年底实现人民币经常项目下可兑换后，对该《条例》进行了修订。近年来，对建国以来的各项外汇管理法规进行了全面清理和修订，重新制定和公布。总之，根据国情和外汇管理工作实践，通过不断充实、完善外汇管理法规，逐步建立起“科学、合理、有效”的外汇管理法规体系。

下一阶段，外汇管理将建立健全调节国际收支的市场机制和管理体制，努力实现国际收支基本平衡，促进国内经济和对外经济的均衡协调发展。一是加大制度创新力度，积极推进贸易便利化。二是有序可控地拓宽资本流出入渠道，逐步实现人民币资本项目可兑换。三是积极培育和发展外汇市场，进一步完善有管理的浮动汇率制度。四是规范和引导境外人民币流通使用，促进人民币区域化。五是完善跨境资金流动的监测管理，防范风险，维护国家金融、经济安全。六是坚持依法行政，进一步整顿和规范外汇市场秩序。

习 题 二

一、判断题

1. 外汇管制就是限制外汇流出。 (　　)

2. 只有实现了资本项目下的货币兑换，该国货币才能被称为可兑换货币。 (　　)

3. 国际收支巨额顺差的发达国家对资本输出入无限制。 (　　)

4. 中国银行是我国经营外汇业务的唯一指定银行。 (　　)

5. 境外投资者可直接进入境内 B 股市场，无需审批； (　　)

二、选择题

1. 我国外汇管理的主要负责机构是（　　）。
   A. 银监会　　B. 国家外汇管理局
   C. 财政部　　D. 中国银行
2. 我国实行经常项目下人民币可自由兑换，符合国际货币基金组织（　　）
   A. 第五会员国规定　　B. 第十四会员国规定
   C. 第八会员国规定　　D. 第十二会员国规定
3. 我国境内外资企业与国内企业买卖商品时，应以（　　）计价结算。
   A. 人民币　　B. 外资企业母国货币
   C. 第三国货币　　D. 双方协定货币
4. 目前人民币汇率形成机制是盯住（　　）。
   A. 单一美元　B. 单一欧元　C. 一篮子货币　D. 全世界所有货币
5. 中国企业可经国家外汇管理局批准，在核定的最高金额内保留经常项目外汇收入，超过限额部分按市场汇率卖给外汇指定银行，超过核定金额部分最长可保留期限为（　　）。
   A. 30 天　B. 50 天　C. 60 天　D. 90 天

三、简答题

1. 人民币有无可能在未来实现区域国际化？
2. 实行外汇管制对中国有哪些好处？
3. 入世后外汇管理体制主要有哪些变化？
4. 经常项目可兑换包括哪些内容？
5. 外汇管制的常见措施有哪些？

四、案例题

万科携手 GIC 绕过管制　上演曲线融资好戏

2005 年 12 月 20 日，万科对外宣布，将万科永达 51％股权和无锡万科 40％股权以接近 3 亿元的价格转让给 RZP（Reco Ziyang Pte Ltd），股权转让涉及万科位于沈阳的长白项目和位于无锡的魅力之城项目。具体来讲，万科的全资附属公司永达中国将持有的沈阳万科永达房地产开发有限公司（简称“万科永达”）51%股权转让给RZP，作价9 923万元，另一笔交易是万科的全资子公司上海万科将其持有的无锡万科房地产有限公司（下称“无锡万科”）40%股权出售，交易价格为19 260万元。

对于这两笔交易万科方面的解释是为了加快资产的周转，但是不超过3亿元的转让款和并不是很高的溢价，对于国内最大房地产企业来讲，看不出出售资产对于加快资产周转的更大意义。

值得关注的是，RZP是新加坡政府产业投资有限公司（GICRE）附属公司，于1997年在新加坡注册成立，是一家地道的投资公司，资金实力雄厚，万科也肯定了合作伙伴在这方面的优势，双方的融资方面的合作应该是双方今后合作的重点。

“这是我们与GIC战略合作的一部分，根据万科的战略调整，5年以上投资周期的项目都被列在被调整的范围内。”万科（000002）董事会秘书肖莉向《证券市场周刊》解释。

又一次曲线融资？

早在2004年7月，万科进行首次“曲线融资”的尝试，当时，万科与德国银行Hypo Real Estate Bank International（下称“HI”）达成合作协议，由后者提供不超过3 500万美元的资金，双方共同在中山完成“万科城市风景花园”项目。

具体的操作是，2004年6月17日，HI出资960万美元成立合资公司佳益，用于后者收购中山万科80%的股权，而后2004年8月12日—2005年3月21日HI分5次向中山万科提供1 780万美元的长期贷款。

在协议中，万科直接和间接持有中山万科的权益只有48%，从形式上看，HI取得了中山项目的控股权，实际上，虽然HI拥有中山项目52%的股权，但并不拥有实际的控制权，也不分享项目的利润。

根据双方的合同约定，在项目回款之后，万科将以LIBOR（伦敦银行同业拆借利率）再加几个点的利息赎回股权。也就是说，这实际上是一笔商业贷款。

而由于商业贷款属于资本项目，直接的境外信贷显然有违目前的外汇管制，因而才不得不“曲线融资”，以外国直接投资之名，行商业贷款之实。这个融资安排，相当巧妙。

这次与RZP的合作是否也是这种安排呢？

“与RZP的股权转让和一年前我们与HI的合作不同，这次的合作更加稳定，是一种双方的战略性合作，而HI的合作更多的是一种债务方面的安排。”万科董事会秘书肖莉向《证券市场周刊》解释。

肖莉进一步说明，RZP和万科在沈阳和无锡的项目中，是按照双方的权益进行利润分成的，而在沈阳长白项目中RZP更是拥有控股权，万科负责项目的运作。（资料来源：http：//finance. sina. com. cn/stock/s/20060104/16252248140. shtml）

问题：

（1）该公司是如何绕过外汇监管的？

（2）从该案例中你有什么样的启示？

第三章　外汇业务和外币使用

学习目标

通过学习，掌握外汇市场基本知识，掌握各种外汇交易方式的概念及内容，了解衍生外汇交易的内容。重点掌握远期汇率的报价方法及计算，领会远期汇率与利率的关系，掌握汇率折算及其进出口报价。

重点难点

远期汇率的报价方法及计算；远期汇率与利率的关系；汇率折算；进出口报价。

第一节　外汇市场

一、外汇市场的概念

外汇市场是指外汇交易或外汇买卖的场所。国际贸易中进出口商之间贸易关系和债权债务关系的结算清算，国际间银行进行的外汇头寸轧抵对冲交易，以及各国中央银行的入市干预等活动，都需要通过在外汇市场上外汇买卖活动来实现。

二、外汇市场的作用

在经济生活中外汇市场主要充当以下角色，发挥重要作用。

（1）外汇买卖的中介。如同任何商品市场一样，外汇市场为外汇这一特殊商品提供一个集中买卖的场所。如果缺乏此类场所，外汇买卖的任一方要寻找另一方就需要花费多得多的时间和精力，外汇交易的效率将大大下降。

（2）平衡外汇供求。外汇市场不仅充当了外汇买（需方）卖（供方）双方中介人的作用，而且通过汇率的变动对外汇的供求起着平衡作用。同其他商品一样，一种外汇的供求不平衡导致其价格（汇率）的相应变动，而价格

（汇率）的变动又反过来会影响外汇供求的变动，进而使外汇供求趋于平衡。

(3) 干预的渠道。外汇市场是当今各国政府，特别是发达国家政府调节国际收支乃至整个国民经济的重要渠道，各国政府通过各种手段影响外汇市场供求和外汇汇率的变动，进而达到调节国际收支乃至宏观经济供求和货币供应的目的。

(4) 保值及投机场所。外汇市场的另一个功能是为试图避免外汇风险的国际交易者提供一条保值渠道。他们在外汇市场上可从事套期保值，掉期交易等外汇交易以避免外汇风险。同样，外汇市场也为那些期望从汇率波动中获取好处的投机活动提供了可能。

三、外汇市场的构成

在外汇市场上参与活动的当事人是多种多样的，既有政府、企业等机构投资者，也有个人投资者。仅就金融机构而言，参加的就有商业银行、养老基金、保险公司、投资基金等不同形式的金融组织。其中最主要的参与者包括以下几类：

（一）外汇银行

外汇银行包括专营或兼营外汇业务的本国商业银行、设在本国的外国商业银行的分支机构和其他金融机构。外汇市场上大多数外汇交易是通过外汇银行进行的，因而外汇银行是外汇市场的主要参与者，是外汇市场的主体。

在外汇市场上，外汇银行主要从事两类外汇交易。一方面，它在外汇市场上起到了外汇交易中介人的作用，即从出售外汇的顾客手中购入外汇，再转手出售给需要购买外汇的顾客，从中获取差价。另一方面，它为了调控外汇头寸，也自主地买进或卖出外汇。在外汇市场上，通常只有外汇银行才是外汇价格的制定者和提供者。

在外汇市场上参与外汇交易并提供报价的外汇银行数目众多，因此各银行只有提供富有竞争力的报价才能吸引和维持住客户，这使得银行所报的外汇价格一般能够符合外汇市场的供求状况。不过在每个国家的外汇市场上，总有一些实力雄厚的大银行具有举足轻重的地位，这些银行往往被视为外汇市场的领导者或维持者。这些银行的数目通常都是有限的，例如在美国，按1973年美国国会通过的法律，需向美国财政部按期报告其外汇活动状况的银行多达100家以上，但够资格称为“市场领导者”的还不到50家。此类银行一般拥有雄厚的资本，在世界各主要外汇市场上设有分支机构或拥有联系行，并在这些分支机构或联系行内设有相当金额的各种外币账户（可随时维持超过二至三百亿美元的外汇头寸），从而可以满足客户的各种币种、各种金额的外汇交易要求。其外汇交易部门拥有大量的、富有经验且技术高超的优秀外汇交易人员，并配备有大量的、先进的通讯设备和信息传递、处理系统，而且和一百家以上的各国银行保持着经常的外汇交易往来。

其他银行限于自身的实力，一般交易规模较小，多数交易的金额在一百万美元以下，客户多为中小企业。自身持有的外汇头寸（外汇资产和外汇负债的差额）也很小，若是某种外币有多余或短缺，则迅速和前述的大银行进行交易以轧平头寸。也有的银行和其他银行合作将小额外汇合并凑成大额的外汇同大银行进行交易，以争取更有利的价格。

一般说来，银行越是能凭自身力量满足客户的外汇交易需求，或是有实力维持金额较大的外汇头寸，就越不需要向其他银行买卖外汇以轧平头寸，则其外汇业务的获利水平就越高，这是因为交易的中介费用会大大减少。

（二）外汇经纪人

外汇经纪人是指媒介于外汇银行之间或外汇银行与客户之间，为买卖双方接洽外汇业务并收取佣金的中介人。外汇经纪人并不以自有资金在外汇市场上从事外汇买卖，而是凭借与各外汇银行和客户的密切联系，利用现代化通讯工具及其对外汇行市的灵敏信息，促成买卖双方成交，从中收取佣金，不承担任何风险。

外汇交易量十分庞大而且瞬息万变，要求外汇交易者能随时掌握最新消息，迅速达成交易，这对业务广泛的外汇银行来说也是难以做到的，因而外汇银行之间的外汇交易往往会通过外汇经纪人达成。外汇经纪人在世界许多外汇市场上都设有分支机构，通过他们，银行可以更加迅速地达成交易。不过，随着现代通讯网络的发展以及银行间竞争的加剧，银行在国外主要外汇市场上进行买卖时一般不通过经纪人，而是直接同其他银行打交道。

（三）客户

客户是指参与外汇交易的公司和个人等，如进出口商、投资者、留学生、旅游者、投机商等，他们出于交易、保值或投机的目的通过外汇银行进行买卖，以期获得或出售外汇，其中以进出口商为主。他们是外汇市场的最终供应者和需求者，外汇市场说到底是为他们服务的，外汇市场的供求趋势和汇率走势最终也是由他们决定的。但客户通常并不能提出自己的外汇报价，而只能接受银行提出的外汇报价，并按照报价和银行进行外汇交易。他们不是价格的提供者和维持者，而是价格的接受者。

（四）中央银行

在外汇市场上，各国中央银行也是重要的参加者。它主要代表政府对外汇市场进行干预。具体地说主要是充当两个角色：一是充当外汇市场的管理者，通过制定和运用法规、条例等，对外汇市场进行监督、控制和引导，使外汇市场上的交易有序进行，并能最大限度地符合本国经济政策的需要。二是直接参与外汇市场上的交易活动，主要是根据国家政策需要买进或卖出外汇，以影响外汇汇率走向。中央银行的这种外汇买卖活动，实际上充当了外汇市场最后交易者的角色，即因汇率不能充分调整（即达不到市场均衡汇率的水平）而导致的外汇供求差额会由中央银行买进或售出外汇的方法来平衡。

由于外汇市场上的参与者有以上四类，因而外汇市场上的交易按主体划分，就由三个层次：①外汇银行与顾客之间，这一层次的市场被称为“零售市场”，该市场上每笔交易金额一般较小。②外汇银行同业之间的交易，这一层次的市场是“批发市场”，其每笔交易金额通常较大。这两个市场是密切相关的一个整体。其中银行间市场是外汇市场的基础，它决定了零售市场上的外汇来源及其价格。③外汇银行与中央银行之间的交易。

四、外汇市场的类型

根据不同标准或不同研究目的，外汇市场可以有很多分类。但主要的分类有以下几种。

（一）按交易方式划分

按外汇交易方式划分，外汇市场可以划分为场内外汇交易市场和场外交易市场。

（1）场内外汇交易市场：是指外汇交易所，是一个有形的外汇交易市场。即有特定的外汇交易场所，并有固定的交易时间。参加交易的有关各方，按照规定的时间，在交易所内进行集中性的外汇交易。这样的外汇市场大都位于世界各国的金融中心所在地。

（2）场外外汇交易市场：是指无特定交易场所、无形的外汇交易市场。参加交易的有关各方主要是通过电话、电报、电传等通信工具进行交易。

有形的外汇市场是早期外汇市场的主要形态，但其功能有限，仅能做部分当地现货交易。随着金融一体化和现代通讯技术的发展，无形的外汇市场迅速扩大，已经成为当今外汇市场的主要形态。目前，除了个别欧洲大陆国家（如法国等）的一部分外汇交易还在外汇交易所进行外，世界各国的外汇交易均通过现代通讯网络进行。

（二）按业务种类划分

根据业务种类性质的不同，外汇市场可以划分为即期外汇交易和远期外汇交易市场。

（1）即期外汇市场是从事现汇买卖活动的场所。即在1－2个营业日内进行交割的外汇交易市场。参与者主要是通过现代化的通信设施在不同外汇市场或同一外汇市场的不同银行之间进行交易。

（2）远期外汇市场是从事期汇买卖活动的场所。即参与者通过约定时间或期限，并约定价格进行外汇交易的场所。远期外汇交易主要是通过经纪人居间办理接洽。其交易的参与者主要是在国际贸易和国际资本流动过程中的进出口商和投资者，其交易的目的主要是为了规避汇率风险或进行外汇保值增值。

（三）按交易主体划分

根据不同的外汇交易主体，外汇市场可以分为银行间外汇交易市场，以及银行与客户间的外汇交易市场。

（1）银行间的外汇交易市场：是指以金融性外汇交易为主的市场。参与者主要是各类银行，其交易的目的主要是为了轧平资金头寸或通过外汇投机而盈利。这一市场的交易量占外汇交易的绝大部分。

头寸（Position），为银行业务术语，是银行对营运资金的称谓。银行头寸当天要进行轧差。当收入款项大于支出款项时，称为“多头寸”；反之，称为“缺头寸”。轧头寸是指银行对其营运资金进行调整，使其收入和支出达到平衡的行为。

在外汇买卖中，当外汇买入大于外汇卖出时，称为“长头寸”，长头寸持有者要承担汇率下跌的风险。因为，如果未来汇率下跌，则长头寸持有者将遭受买贵的损失。反之，称为“短头寸”，短头寸持有者要承担汇率上升的风险。因为，如果未来汇率上升，则短头寸持有者将承担卖贱的风险。轧平外汇头寸是指外汇银行对外汇买卖业务进行调整，使其买卖数额达到大致平衡的行为，即所谓抛长补短，将长头寸卖出，短头寸买进。为了保证其资金安全，银行必须保持外汇买卖在数额上的大体平衡。

（2）银行与客户之间的外汇交易市场：是指以商业性外汇交易为主的市场。交易主要是在银行与跨国公司、地方进出口商、政府和个人之间进行。其交易的目的主要是为了债权债务关系的结算清算、进行外汇保值避险、干预外汇市场，以及从事外汇投资、投机等。

此外，根据地理分布来划分，目前世界上交易量大并具有国际重要影响的外汇市场或交易中心主要分布在纽约、伦敦、法兰克福、巴黎、苏黎世、东京、米兰、阿姆斯特丹、蒙特利尔等地。

由于现代通讯设施的发展，遍及全世界的电话、电报、电传、互联网等线路已经形成了庞大的网络，使全球各地区的外汇市场能够按世界时区的差异相互衔接，出现了全球性的、星期一至星期五 24 小时不间断的外汇交易。比如，从北京时间早晨 5 点起，新西兰、澳大利亚汇市开市，然后新加坡、香港地区、东京等相继开市；下午 3 点起，欧洲的巴黎、法兰克福、伦敦也相继开市；至晚上 8 点，北美的纽约、温哥华也开市运转，直到第二天凌晨 4 点北美收市。伦敦等西欧的外汇市场每日营业开市和香港地区、新加坡等亚洲市场的尾市相接，其开盘价格都参照香港地区和新加坡外汇市场的价格来确定。几个小时后，纽约市场便开市。伦敦市场与纽约市场同时营业的几个小时是一天中外汇交易的高峰。东京市场又在美国最后一个外汇市场——旧金山市场闭市前一个小时开始营业。世界外汇市场已经出现了一体化的趋势。

第二节　外汇业务

一、即期外汇交易

（一）概念

即期外汇业务又称现汇交易，是指买卖双方成交后，在两个营业日内办理交割的外汇交易。即期外汇交易是外汇市场上最常见、最普遍的交易方式，约占外汇交易总额的 2/3。即期外汇交易的汇率（即期汇率）构成了所有外汇汇率的基础，其他外汇交易的汇率都在此基础上计算出来的。

为了更好地理解即期外汇交易，必须明确以下几点：

1. 成交与交割

在外汇交易中，成交是指确定外汇买卖协议，该协议规定了外汇交易的买方、卖方，外汇买卖的币种、数量和价格以及交割标准。成交仅指确定买卖关系，并不发生实际收付行为。交割是指成交后，买卖双方实际收付货币的行为，交易双方分别按照对方的要求将卖出的货币解入对方指定的银行账户。交割发生的那一天称为“交割日”。即期外汇交易的交割日根据不同的市场习惯不同，主要又以下三种类型：

（1）标准日交割：指在成交日之后的第二个营业日交割。目前大多数的即期外汇交易都采用这种类型，尤以欧美市场为典型。

(2) 隔日交割：指在成交日之后的第一个营业日交割。采用这种类型的主要是亚洲的一些国家，如日本、新加坡等。

(3) 当日交割：指在成交当日进行交割。如以前在香港市场美元与港元的交易可在成交当日进行交割，1989 年其改为标准日交割。

2. 交割时间的确定

在国际外汇市场上，即期外汇的交割日是两个营业日，遇到节假日顺延。如星期一成交的，一般在星期三交割，而在星期四、星期五成交的，必须等到下星期一、星期二才能成交。

当一笔即期外汇买卖成交后，相应的交易币种、金额、价格就已经确定。之所以在成交后的两个营业日才交割，是因为全球外汇市场 24 小时运作，不同地区存在时差问题，导致工作日的不同。一笔外汇交易从成交到交割清算完成，可能需要占用不同的工作日，因此对于身处不同时区的交易双方来说，应给予两个工作日的时间进行业务处理，完成交易所需的货币转账和清算程序。但随着先进的网络通信技术不断应用于外汇交易，即期外汇业务清算所规定的两个营业日的做法和惯例，从时间上看已经过长，但这已经成为传统的做法。

成交后，遇到周末或节假日，交割日也需要顺延。除了周末外，在圣诞节和新年期间，有些国家常常有不同的银行休假安排，一笔即期交易的交割日可能长达四五天以适用于两个国家同时满足两个营业日的要求；如果在此期间恰逢周末，则时间可能更长。有些中东国家的银行星期五关门，但星期六营业，而其他国家星期六则不营业。

目前国际外汇市场上大多数的即期外汇交易是在成交后的第二个营业日交割。“第二个营业日”是如何确定的呢？一般应在两个国家的银行都营业的日子，如果遇到任何一方银行非营业日，则向后顺延至下一个营业日，遇周末则顺延至下周，但顺延不能跨月。例如，某年 6 月 6 日在伦敦外汇市场成交了一笔英镑对美元的标准日交割的即期外汇交易，则其交割日应为 6 月 8 日，若 6 月 8 日恰逢英国或美国银行的非营业日，则向后顺延，直到两国银行的同时营业日。如果双方是 6 月 28 日（星期四）成交，则交割日应为 6 月 30 日（星期六），6 月 30 日为非营业日，但交割日不能顺延至 7 月，而应往前推到 6 月 29 日（星期五）。

（二）即期外汇交易的结算方式

即期外汇交易的结算方式有信汇、票汇和电汇三种，与之相对应的汇率称为信汇汇率、票汇汇率和电汇汇率。银行同业之间的交易都采用电汇的方式，即通过电报、电传通知账户行借记本行账户、贷记对方账户来办理。银行与客户之间的交易可根据客户的要求采用电汇、信汇或票汇的方式，即通过电报、信函或汇票等通知国外账户行借记本行账户来办理。一般来说，采用信汇和票汇较少，大部分交易都采用电汇的方式。

1977 年 9 月，国际金融电讯协会（SWIFT）正式启用，这是一个国际间的计算和联络网，专门用来处理国际间银行转账和结算。目前大多数国际性大银行都已加入该系统，这使得国际间银行的转账极其迅速和安全。银行同业间各种货币的结算是利用 SWIFT 电讯系统，通过交易双方的代理行或分支行进行的，最终都是以有关交易货币的银行存款增减或划拨为标志的。

1. 电报方式

是银行应汇款人的请求，用电报或电传通知汇入银行向收款人解付汇款的方式。其传导凭证为加注密码的电报付款委托书。为防止意外或证实来电真伪，一般在建立代理行关系的银行间都要互相交换电报密码，通过译码来辨别真伪。如图 3－1 所示：

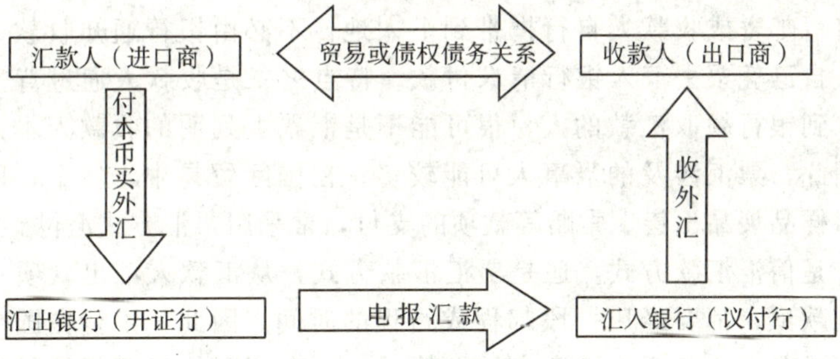

图 3－1　电汇汇款方式传导过程

从其传导过程即可以看出，电汇汇款方式实际上就是汇款人到汇出银行或开证行用本币购买或兑换外汇，然后委托银行将其所购外汇用电传方式汇出的过程。

由于用电汇方式收付外汇的时间短，一定程度上可以减少汇率风险，所以目前大多数外汇交易都以这种方式进行结算，从而使电汇汇率称为外汇市场上的基本汇率。同时正是由于电汇时间短，银行不能利用这笔客户资金，再加上电报、电传的费用高，因而电汇汇率比信汇汇率和票汇汇率都要高。

在国际贸易中，出口商常要求进口商开出带有电报索汇条款的信用证，即开证行允许议付行在议付后，以电报通知开证行，说明单证一致；开证行在接到上述电报后有义务立即将货款用电汇划拨给议付行。这种方式能使出口商尽快收回货款，加速资金周转，减少外汇风险。这就是电汇在出口结算中的具体应用。此外，商业银行在平衡外汇买卖、调拨外汇时，投机者在进行外汇投机时，也都使用电汇。

2. 信汇方式

是银行应汇款人的委托，以邮寄信汇委托书授权汇入银行向收款人解付汇款的方式。其传导凭证是信汇付款委托书，不必加注密码。其传导方向及过程与电汇方式相同，但其传导方式是通过邮政部门邮寄到汇入银行。由于邮程的原因，所以其收付款时间较慢。

在国际贸易实务中，如果合同中规定凭商业汇票“见票即付”，则由议付行把商业汇票和各种单据用信函寄往国外收款，进口方银行见票后，用信汇方式向议付行拨付外汇，这就是信汇方式在进出口结算中的具体应用。

3. 票汇方式

是汇出银行应汇款人的要求，开立以汇入银行为付款人的银行汇票，由汇入银行向收款人解付汇款的方式。其传导凭证为银行汇票，特点之一是由汇款人自行邮寄或收款人自行携带到汇入地，不必由银行通知收款人，而是由收款人自己凭票去汇入银行请求付款。特点之二是收款人通过背书可以转让汇票，到银行领取汇款的人，很可能不是汇票上列明的收款人本人，而是他人。因此，票汇涉及的当事人可能较多。在国际贸易中，佣金、回扣、寄售货款、样品展品出售、索赔等款项的支付，常采用票汇方式汇付。

无论是信汇汇款方式，还是票汇汇款方式，从汇款人汇出款项一直到收款人收到款项，都要经历一段邮程或路程的时间。因此，银行在国内为客户办理信汇或票汇业务而收进客户的汇款后，一直到国外代理行解付汇款前的这段时间里，可以利用客户这部分信汇或票汇的资金进行营运并带来收益。因此，这就是信汇汇率和票汇汇率为什么比电汇汇率低的一个原因。其间的差额，相当于银行在这一段邮程或路程的时间里利用这部分客户资金进行营运所获取收益的一部分。

二、远期外汇业务

（一）概念

远期外汇交易又称期汇交易，是指买卖双方预先签订远期合约，规定交割的币种、金额、汇率、时间和地点等条件，然后按约定的汇率和时间（成交后两个营业日以上）进行交割的外汇交易。由此可知，凡交割日在成交后两个营业日以上的外汇交易都属于远期外汇交易。远期外汇交易的交割期限有的短至几天，有的长达几年，但通常为1个月、2个月、3个月、6个月和1年。超过1年以上的交易称为超远期外汇交易。远期外汇交易所使用的汇率就是各种不同交割期限的远期汇率，期限越长，远期汇率的买卖差价就越大。

关于远期外汇交易，还要注意远期外汇交易与即期外汇交易的区别：

(1) 交割日期不同。这是区分即期和远期的最主要标准。即期外汇交易的交割日期为成交后两个营业日以内，远期外汇交易的交割日期为成交后两个营业日以上。

(2) 使用汇率不同。即期汇率是成交当时的汇率，它受各种因素的影响而随时发生变化；远期汇率是签订合同时事先确定的汇率，一旦签订合同，汇率就固定下来，不随其他条件的变化而变化，又称合同或协定汇率。

(3) 主要作用不同。即期外汇交易的主要作用是为了满足交易性的需要，而远期外汇交易的主要作用是为了回避外汇风险和保值。

(4) 交割方式不同。即期外汇交易交割时必须足额交割，远期外汇交易交割时不一定要足额交割，可以进行差额交割。

(二) 远期外汇交易的目的

远期外汇交易的特点是在合约签订后并不马上进行实际交割，而只需约定交割的时间和交割的价格，到期后再进行实际交割。由于远期汇率是签约时商定的，所以到期后无论汇率有何变动，协议双方都必须以合同中规定的汇率进行交割或办理实际收付。因而，远期外汇交易的主要作用是变浮动汇率为固定汇率，以防避汇率风险。

但不同的交易参与者，依据其不同的目的进行远期外汇交易。

(1) 对出口商或债权人而言，是采取先行出售期汇的做法，其目的是为了防备外汇汇率下跌而使其收入减少，因此提前卖出其到期才能收回的外汇。

例如，出口商将在3个月后才能收到以外币计价结算的货款，由于担心3个月后该币种的市场汇率会下跌，所以出口商就在远期外汇市场上，按这笔外币货款先行卖出该币种同期限外汇，以锁定汇率。到期后，如果该币种市场汇率真与预期一致而出现下跌，则出口商或债权人就能以高于市场汇率的约定汇率，来交割自己卖出的期货，收到出售期汇的款项，避免了汇率下跌、收益减少的风险。

(2) 对进口商或债务人而言，是采取先行买进期汇的做法。其目的是为了防备外汇汇率上升而使其购汇成本增加，因此提前买进到期才需要支付的外汇。

例如：进口商与出口商约定在3个月后以外币支付货款，或债务人和债权人约定在3个月后将偿还某种外币欠款。由于担心该币种的市场汇率在3个月后有可能上升，所以进口商或债务人就在远期外汇市场上，按这笔外币货款或欠款的数额先行买进该币种同期限外汇，以锁定汇率。到期后，如果该币种市场汇率真与预期一致而出现上升，则进口商或债务人就能以低于市场汇率的约定汇率，来交割自己买进的合约外汇，并用以支付货款或欠款，避免了汇率上升购汇成本增加的风险。

(3) 对投机者而言，由于其目的是通过贱买贵卖来赚取利润，所以一般采取看涨买进、看跌卖出的做法。即预期未来汇率出现上涨趋势，则先行买进远期外汇，等将来预期真的实现，汇率上涨后，再行卖出，以赚取差价。相反地，如果预期未来汇率将出现下跌趋势，则先行卖出远期外汇，等将来预期真的实现，汇率下跌后，再到现汇市场以低价买进外汇，用以交割支付合约所卖外汇，赚取其差价。

(4) 对银行或外汇业务经营者而言，由于其目的是为了保证其资金安全和轧平头寸而进行期汇买卖业务，所以可以通过掉期交易，即在买进或卖出即期外汇的同时，以卖出或买进其远期外汇的方法来轧平头寸，从而避免其营运资金的汇率风险，保证其资金的安全。

(三) 远期汇率的标价方式

远期汇率确定的前提是对外汇汇率走势的预期。升水意味着外汇汇率看涨，远期汇率大于即期汇率，其差价为升水；贴水意味着外汇汇率下跌，远期汇率小于即期汇率，其差价为贴水；平价意味着外汇币值稳定，远期汇率等于即期汇率，但这种情况很少。

远期汇率的标价方式主要有两种，一种是直接标出远期外汇的牌价；一种是用升水或贴水标出远期汇率和即期汇率的差价。而公布升水或贴水时，一般用点数，即用小数点后的4位数来表示。例如：3个月远期外汇买入价与卖出价报为：35～38或35/38，实际上是表示外汇汇率上升了0.0035～0.0038个单位。而远期外汇牌价，例如GBP1＝USD1.6012～1.6025，也可以用简化的方式标出，即GBP1＝USD1.6012/25。

由于汇率的标价方法不同，按即期汇率加减远期差价求出远期汇率的方法也不同，所表示的含义也不同。

在直接标价法下，由于使用若干数额的本币来表示外币的价格，因而本币数额越大，表示外币的价格越高，本币的数额减小，表示外币的价格降低，所以当远期差价为升水，表示远期汇率比即期汇率高，就要用即期汇率加升水来求出远期汇率；当远期差价为贴水，表示远期汇率比即期汇率低时，就要用即期汇率减贴水来求出远期汇率。用公式表示为：

远期汇率＝即期汇率＋升水

远期汇率＝即期汇率—贴水

例如：纽约外汇市场上美元对英镑采取直接标价法。某日即期汇率为GBP1＝USD1.6012—1.6025，3个月远期英镑升水200/300点，则3个月远期英镑汇率为

买入汇率＝1.6012＋0.0200＝1.6212

卖出汇率＝1.6025＋0.0300＝1.6325

若上例英镑贴水300/200点，则3个月远期英镑的实际汇率为：

买入汇率＝1.6012－0.0300＝1.5712

卖出汇率＝1.6025－0.0200＝1.5825

在间接标价法下，由于是用若干单位外国货币来表示本币的价格，因而外币的数额越大，表示外汇价格越便宜；外币的数额越小，表示外汇越贵。所以，当远期差价为升水，表明远期外汇比即期外汇贵时，就要用即期汇率减去升水数来求出远期汇率；当远期差价为贴水，表明远期汇率比即期汇率便宜时，就要用即期汇率加上贴水数来求出远期外汇汇率。用公式表示为：

远期汇率＝即期汇率－升水

远期汇率＝即期汇率＋贴水

例如：伦敦外汇市场上英镑对美元采取间接标价法。某日即期汇率为GBP1＝USD1.6012—1.6025，3个月远期美元升水300/200点，则3个月远期美元汇率为

卖出汇率＝1.6012－0.0300＝1.5712

买入汇率＝1.6025－0.0200＝1.5825

若上例美元贴水200/300点，则3个月远期美元的实际汇率为：

卖出汇率＝1.6012＋0.0200＝1.6212

买入汇率＝1.6025＋0.0300＝1.6325

从以上的例子中可以发现一条重要规律，即不论在哪种标价法下，也不论哪种货币的升水或贴水，凡是远期差价（升贴水数）为前小后大，就用“即期汇率加上远期差价”的公式计算出远期汇率；凡是远期差价（升贴水数）为前大后小，就用“即期汇率减去远期差价”的公式计算出远期汇率。

同学们可以检验通过远期差价计算出来的远期汇率是否正确，可以看看结果是否符合“期汇的买卖差价大于现汇的买卖差价”这一原则。

（四）远期汇率与利率的关系

造成远期汇率升水、贴水的因素很多，但主要是由相关的两个国家的利率高低决定的。在正常的市场条件下，主要取决于两国货币短期市场利率的差异，并大致和利率差保持一致，两国利差是构成升水或贴水的基础。在一般情况下，利率较高的货币远期汇率表现为贴水，利率较低的货币的远期汇率表现为升水。例如，美国某商业银行卖出远期美元较多，即超卖，不能平衡，为了避免汇率波动的风险，它要用英镑买进即期美元，存放于纽约。如果纽约的利率低于伦敦，则该银行将在利息上蒙受损失。因此该银行要把由于远期外汇业务所引起的利息损失，转嫁给远期美元的购买者，那么客户购买远期美元的汇率就会高于即期美元的汇率。发生升水或贴水的数额原则上等于两种货币的利率差异。若两国利差发生变化，则远期差价也会相应的变动。计算远期差价，即升贴水的公式为：

升水或贴水＝即期汇率×两国利差×月数/12

例如：假定即期汇率 USD/JPY：106.8500

美元年利率 6％

日元年利率 4％。求出 3 个月远期汇率是多少？

根据定理，美元远期将贴水，日元将升水。

假设美元为外汇，则贴水＝106.8500×（6％－4％）×（3/12）＝0.534

所以 3 个月美元远期汇率为 106.8500－0.534＝106.316

或假设日元为外汇，则日元升水＝106.8500×（6％－4％）×（3/12）＝0.534

所以间接法下，日元升水，3 个月远期汇率＝106.8500－0.534＝106.316

总之，利率较高的货币，其远期汇率表现为贴水，利率较低的货币其远期汇率表现为升水。

另外，在远期汇率的经济分析中，还常常使用到升（贴）水年率的概念，即将远期差价折成年百分率来表示，其计算公式为：

升（贴）水年率＝（远期汇率－即期汇率）/即期汇率×（12/月数）×100％

在直接标价法下，该年率正数为升水年率，负数为贴水年率。

三、套汇业务

（一）概念

套汇是指套汇者利用外汇市场上某些货币存在的汇率差异进行贱买贵卖，从中获取利润的行为。

关于套汇的几点说明：

（1）套汇交易是伴随着固定利率制的崩溃、浮动利率制的出现而产生的。套汇交易存在的条件之一就是外汇市场间存在汇率的较大差异。在固定汇率制下，由于汇率被规定在很小的范围内波动，因而不存在套汇的可能。但在浮动汇率制下，由于各外汇市场的资金供求状况不同，就有可能出现同一货币在不同的市场，或同一货币在同一市场的不同时间出现较大的汇率差异，这就在客观上为套汇交易创造了条件。

（2）进行套汇需具备以下条件：①外汇市场的汇率存在较大差异，这种差异足以弥补套汇成本，如电传、佣金等套汇费用；②套汇者必须拥有一定数量的资金，且在主要外汇市场上拥有分支机构或代理行；③套汇者必须具备一定的技术和经验，能够准确判断各外汇市场的汇率变动及其趋势，并根据预测采取行动。

（3）套汇交易的结果使低汇率的货币需求增加，供给减少，汇率上升；同时使高汇率的货币需求减少，供给增加，汇率下降，最终使不同外汇市场的汇率趋于一致。加之现代通讯设备的迅速发展与完善，各外汇市场的汇率通过电传、电话、电视等传递，很快趋于一致。因此，地点套汇的机会几乎不存在，现实中的套汇基本上都是时间套汇。

（二）类型及案例

套汇分为地点套汇和时间套汇两种。虽然地点套汇发生的可能性较小，但操作相对简单，而且操作原理和时间套汇相同，因此，下面将逐一介绍。

1. 地点套汇

地点套汇是指套汇者利用不同地点的外汇市场之间存在的汇率差异，同时在不同的地点进行外汇买卖以赚取利润的行为。地点套汇又分为直接套汇和间接套汇两种。

（1）直接套汇

又称两角套汇，是指套汇者利用两个不同地点的外汇市场上两种货币之间存在的汇率差异，在一个市场低价买进，在另一个市场上高价卖出从中获利的行为。

例如，某日在伦敦外汇市场上，GBP/USD＝1.6260/70，在纽约外汇市场上，GBP/USD＝1.6280/90。如何进行两角套汇？

套汇操作：

由已知条件可知，同一时间，英镑在伦敦市场上的价格比在纽约市场上的价格低，根据贱买贵卖的原则，套汇者在伦敦市场上以GBP/USD＝1.6270的汇率买入英镑卖出美元，同时在纽约市场以GBP/USD＝1.6280的汇率卖出英镑买入美元。这样，套汇者在进行两地套汇买卖以后，每1英镑可以赚取0.001美元的利润（不计算套汇成本）。

套汇的结果是：伦敦外汇市场上的英镑汇率上升，美元汇率下跌；纽约外汇市场上的英镑汇率下降，美元汇率上升。最终两个市场的汇率趋于一致，套汇自动终止。

（2）间接套汇

又称三角套汇，是指套汇者利用三个不同地点的外汇市场上的三种货币之间的汇率差异，同时在三个市场上贱买贵卖从中赚取利润的行为。

由于三个外汇市场涉及三种不同的货币的套算率，计算差额也比较复杂，进行三角套汇时，首先应判断三种货币汇率之间是否存在汇率差异，若有汇率差异，可赚取套汇利润；若无汇率差异，套汇无利可图，就无套汇机会。

【例1】 纽约外汇市场：USD1＝CHF2.0000		1/2
东京外汇市场：USD1＝JPY200		200
苏黎世外汇市场：JPY10 000＝CHF100		0.01

简单算一下，用10万美元套汇，无利可图，说明这三种汇率无差异，即均衡汇率，没有套汇机会。

在间接套汇之前，首先要判断三个市场是否存在差异，判断方法有两种：

①第一种判断汇差的方法：首先将各市场汇率折算称同一标价法，并用同一数量单位。其次，把这一比率连乘，其积等于1，说明汇率不存在差异，没有套汇机会；积数不等于1，则有汇率差异，套汇有利可图。

因纽约外汇市场为间接标价法，所以将其改成直接标价法CHF1＝USD1/2。

1/2×200×0.01＝1，积数等于1，无套汇机会。

②第二种判断汇差的办法：比较直接汇率和间接汇率。只要直接汇率不等于通过套算的间接汇率，间接汇率就可以获利。

如例1中，纽约外汇市场美元直接汇率USD1＝CHF2.0000，东京外汇市场上美元的间接汇率USD1＝CHF（200×0.01）＝2。直接汇率和间接汇率相等，该例无套汇机会。

进行间接套汇时，如果某一种货币的直接汇率比间接汇率低，就在该货币直接汇率的市场上首先买进这种货币，低买高卖就可获利；如果某一种货币的直接汇率比间接汇率高，就在该货币直接汇率的市场上首先卖出这种货币，然后依次周转，最后在第三个市场再买进这种货币，这样高卖低买也可获利。

【例2】 某一时刻，纽约、东京、苏黎世三个市场的即期汇率报价如下：

纽约外汇市场：USD1＝CHF1.8000

东京外汇市场：USD1＝JPY142

苏黎世外汇市场：JPY10 000＝CHF125

问：若一投资者有100万美元，他该如何操作？

想了解100万美元套汇能否获利，首先判断三个市场是否存在汇率差异，下面将用两种方法分别计算。

①第一种方法：$1/1.8000\times142\times0.0125\neq1$，套汇有利。

②第二种方法：纽约的美元直接汇率为USD1＝CHF1.8000，东京美元的间接汇率为USD1＝（142×0.0125）＝CHF1.7750。比较纽约和东京市场美元的直接汇率和间接汇率不相等，所以存在套汇机会。

套汇者的具体操作方法如下：

第一步，首先在纽约市场卖出美元100万，获得瑞士法郎180万；

第二步，将瑞士法郎180万电汇到苏黎世卖出，获得14 400万日元（180万÷0.0125）；

第三步，将14 400万日元电汇至东京市场卖出，获得101.4085万美元。

这样，套汇者用100万美元套汇，获得1.4085万美元的收益。

进行间接套汇，使各个外汇供求状况发生变化，直接汇率和间接汇率趋于一致，从而使套汇者不再有利可图，套汇机会消失。

在现实的套汇交易中，汇率均表现为买入汇率和卖出汇率的形式，比上述例题要复杂得多。在操作中也有两种方式：

第一种方式可以采取汇率的中间价连乘，判断有无机会，如果有机会，就采取例2的方式计算。

另一种方式可以采取同一标价法下买价连乘积来判断有无套汇机会。若买价的连乘积大于1，就从三个同一标价法下的市场的等式左边开始进行寻找，手中有什么货币就从这个货币的市场开始进行买卖操作。相反，若小于1，就从三个同一标价法下的市场的等式的右边开始寻找，手中有什么货币就从这个货币的市场开始进行买卖操作。然后在不同的市场进行买卖操作，得出套汇的收益，最终收益满足下列公式：

套汇收益为：

当买价连乘积大于1时，收益＝手中货币×（买价连乘积－1）

当买价连乘积小于1时，收益＝手中货币×（卖价倒数连乘积－1）。

【例3】 假定某日香港外汇市场USD/HKD：7.8123—7.8514

纽约外汇市场GBP/USD：1.3320—1.3387

伦敦外汇市场GBP/HKD：10.6146—10.7211

假如香港某一套汇者欲用1亿港币进行套汇，套汇是否有利？

①第一种方式全部转化为中间价计算，参照例2。

②第二种方式：

第一步：判断同一标价法下的买价连乘积：7.8123×1.3320×（1/10.7211）＝0.9706≠1所以有套汇的机会。

第二步：买价连乘积小于1，从同一标价法下的等式右边开始找，手中有什么货币就从该货币的市场开始，所以从香港市场上，先卖出港币，换取美元，再到纽约市场，用美元换取英镑，最后到伦敦市场卖英镑换港币，完成套汇。

第三步：

套汇收益＝1亿（HKD）×［（1/7.8514）×（1/1.3387）×10.6146－1］

＝1亿×0.0099

＝990 000港币

2. 时间套汇

时间套汇时是用不同外汇市场的交割期限所造成的汇率差异而进行的套汇活动，实际上就是掉期交易，关于掉期业务的详细内容将在下一内容详述。这里简单介绍时间套汇的操作。

(1) 即期——远期

某日，香港外汇市场外汇行情为：

即期汇率：EUR1＝HKD8.2070/90

1个月远期汇率：EUR1＝HKD7.2050/70

套汇操作：因为欧元的远期汇率小于即期汇率，所以买入欧元远期，卖出港币远期（买入1欧元需卖出7.2070港币）；卖出欧元即期，买入港币即期（卖出1欧元即期可获得8.2070港币）。经过套汇，每7.2070港币净赚1港币。

(2) 远期——远期

某日，香港外汇市场外汇行情为：

1 个月远期汇率：EUR1＝HKD8.2070/90

2 个月远期汇率：EUR1＝HKD7.2050/70

套汇操作：因为欧元的 2 个月远期汇率小于 1 个月的远期汇率，所以买入欧元 2 个月远期，卖出欧元 1 个月远期。经过套汇，每 7.2070 港币净赚 1 港币。

四、掉期交易

(一) 概念

掉期交易是指将货币相同、金额相等，而方向相反、交割期限不同的两笔或两笔以上的外汇交易结合起来进行，也就是在买进某种外汇时，同时卖出金额相同的这种货币，但买进和卖出的交割日期不同。在掉期交易中，一种货币在买入（或卖出）的同时即被卖出（或买入），并且买卖的货币在金额上是相等的，因而，掉期交易不会改变交易者的外汇持有额，交易的结果只是交易者所持有的货币的期限发生了变化，这正是“掉期”的含义所在。掉期交易实际上是由两笔外汇交易组成的，一笔为即期外汇交易，另一笔为远期外汇交易；也可以两笔都是远期相结合，或是把即期卖出与远期买进相结合，两笔交易买卖数额相同，买卖方向相反，交割期不同。

进行掉期交易，是为了调整外汇资金头寸，规避风险，以达到保值的目的，并非纯粹为了盈利。当然也可以利用有利的汇率机会套期图利。因此，掉期交易一方面可以避免大部分外汇风险，另一方面可以利用不同交割期的汇率差异，通过贱买贵卖赚取利润。

掉期的种类较多，期限比远期交易长，可以长达 5 年或 5 年以上。掉期业务很普遍，还形成了掉期市场，由专业人员从事掉期。这一业务为金融市场增添了新的保值工具。

(二) 掉期交易的类型

掉期交易按照期限划分，可以分为三种类型：

(1) 一日掉期。指两笔数额相同、交割日相差一天、方向相反的外汇掉期。分三种可能的安排：其一，今日对次日掉期，即把第一个交割日安排在成交的当天，并将第二个反向交割日安排在次日。其二，是较为常见的明日对后日掉期，即把第一个交割日安排在明天，第二个反向交割日安排在后天。其三，即期对次日掉期，即把第一个交割日安排在即期交割日（后天），第二个交割日安排在即期交割日的次日。

一日掉期主要用于银行同业的隔夜资金拆借，其目的在于避免进行短期资金拆借时因剩余头寸或短缺头寸的存在而遭受汇率变动的风险。

(2) 即期对远期掉期。是指在买进一笔即期外汇的同时，卖出同一笔远期外汇，或是在卖出即期外汇的同时，买进同一笔远期外汇。也就是同时进行即期和远期的同种外汇买卖，数额相同，但两者方向相反。这是最常见的掉期交易形式，它主要用于避免外汇资产到期时外币即期汇率有所下降，或外币负债到期时即期汇率有所上升可能给人们带来的损失，也可用于货币的转换、外汇资金头寸的调整。

例如，我国某公司在5月底筹措到一笔50亿日元的资金，期限三年。该公司预测日元会坚挺，美元将疲软，而该公司用汇和创汇都是美元，如果还款时，日元升值，该公司必将承受巨大的汇率损失，增加额外的成本。于是该公司跟银行做掉期交易，即期卖出50亿日元，换成美元，买进50亿的远期日元，把50亿日元债务换成美元债务。

(3) 远期对远期掉期。是指在买进交割期限较短的远期外汇的同时卖出同等数量的交割期限较长的同种远期外汇，即“买短卖长”；或是在卖出交割期限较短的远期外汇的同时，买进同一笔交割期限较长的远期外汇，即“卖短买长”。也就是同时进行货币相同、数额相等而交割期限不同的两笔远期外汇交易。它既可以用于套期保值，也可以用于套期图利和投机。

【例4】 已知新加坡某进口商根据合同进口一批货物，一个月后需支付货款10万美元，他将这批货物转口外销，预计3个月后收回以美元计价结算的货款。

新加坡市场美元行市如下：

1个月美元远期汇率 USD1＝SGD1.8213～1.8243

3个月美元远期汇率 USD1＝SGD1.8123～1.8163

为了避免美元汇率波动的风险，该商人做以下掉期：

第一步，买进1个月远期美元10万，应支付18.243万新加坡元。

第二步，卖出3个月远期美元10万，收取18.123万新加坡元。付出掉期成本18.243－18.123＝0.12万新加坡元。此后无论美元如何变动，该商人均无汇率风险，还可以根据美元的有利行情，具体操作而获利。

进出口商经常出现不同期限的外汇应收款和应付款并存的情况，他们通常利用掉期业务进行套期保值。

【例5】 某公司2个月后将收到100万英镑的应收款，同时4个月后应向外支付 100 万英镑。该公司为了固定成本，避免外汇风险，并利用有利的汇率机会套期图利，而从事掉期业务。

假定市场汇率行情如下：

2 个月期 GBP1＝USD1.6500～1.6550

4 个月期 GBP1＝USD1.6000～1.6050

该公司做如下的掉期业务："买长卖短"，即买入 4 个月远期英镑 100 万，付出 160.5 万美元；卖出 2 个月远期英镑，获得 165.00 万美元，盈利 4.5 万美元。通过掉期交易，该公司既盈利 4.5 万美元，又避免了英镑的汇率的风险。

五、套利业务

（一）概念

套利是指套利者利用两国短期利率的差异，将资金从低利率国家转移到高利率国家，从中赚取利息差额的行为。

关于套利的几点说明：

（1）套利是以存在利差的两国货币的兑换和资金的流动不加任何限制为前提的。如果两国货币不可自由兑换或资金流动受到限制，套利都无法进行。

（2）两国的利率差异是对同一种类的货币市场工具而言的，如都是 3 个月、6 个月的定期存款等，否则不具有可比性。

（3）套利行为都是短期的，其投资期限一般都不超过一年。

（4）由于目前各外汇市场联系十分紧密，而且短期资金流动非常频繁和规模巨大，一有套利机会，大银行或大公司便会迅速投入大量资金，很快使货币远期升（贴）水率与两国利差相等，使套利无利可图。因此，套利的机会也是很小的，但是，套利活动使各国的利率和汇率形成了一种有机的联系，两者相互影响和制约，推动了国际金融市场的一体化。

（二）类型

套利按套利者套利时是否反向做一笔远期交易，可分为以下两种类型：

1. 非抛补套利

是指套利者在将资金从低利率国向高利率国转移时，不同时做一笔反向的远期交易以回避风险的行为。这种套利行为具有投机性，投机者要承担高利率货币贬值的风险。

【例 6】 某一时期，美国金融市场上的 6 个月定期存款为年率 8%，英国金融市场上的 6 个月定期存款利率为年率 6%。一英国套利者以年利率 6%

借入 100 万英镑，打算到美国进行 6 个月的投资。若汇率为 GBP1＝USD1.6245/65，试计算到期时汇率分别为不变、GBP1＝USD1.6545/65 和 GBP1＝USD1.6145/65 时，该套利者的收益。

案例解答：

首先，该英国投资者在现汇市场上将 100 万英镑换成美元，可换取 162.45 万美元，然后投资于美国货币市场。6 个月后，可获取本利和为 162.45 万×（1＋8%×6/12）＝168.95 万美元。

若 6 个月后现汇汇率不变，该套利者将 168.95 万美元可兑换成 103.87（168.95/1.6265）万英镑，扣除借款成本 100 万×（1＋6%×6/12）＝103 万英镑，净赚8 700英镑。

若到期时现汇汇率为 GBP1＝USD1.6545/65，则该套利者将 168.95 万美元可兑换成 101.99（168.95/1.6565）万英镑，扣除借款成本 103 万英镑，套利者净赔 1.01 万英镑。

若到期时现汇汇率为 GBP1＝USD1.6145/65，则该套利者将 168.95 万美元可兑换成 104.52（168.95/1.6165）万英镑，扣除借款成本 103 万英镑，套利者净赚 1.52 万英镑。其中，8 700英镑是利差收益，6 500（15 200－8 700）英镑来自汇率变动的收益。

由此可知，非抛补套利的结果是不确定的，这主要依赖于投资到期时的现汇汇率。在本例中，如果到期时的现汇汇率上升大于 1.6403（168.95/103），则非抛补套利者不仅无利可图，甚至可能收不到原投资数额的货币；如果到期时的现汇汇率下降小于 1.6265，则套利者不仅获得利差收益，而且还可获得一笔汇率变动的收益。

本例中的投资资金是借来的，如果是自有资金，在计算套利收益时也要扣除自有资金的利息收益，因为这部分资金不用于国外投资，在本国投资也可以赚取利息，这部分利息在经济学中称作机会成本。

2. 抛补套利

是指套利者在将资金从低利率国向高利率国转移的同时，在外汇市场上做一笔反方向的远期交易（即卖出高利率货币的远期）以避免风险的行为。抛补套利实际上是一种掉期交易，因此是无风险获利。

关于抛补套利的几点注意：

（1）抛补套利的条件

根据利率平价理论，当两国利率存在差异时（忽略交易成本），抛补套利会引起高利率货币即期汇率上升，远期汇率下降；低利率货币即期汇率下降，远期上升。即高利率货币远期贴水，低利率货币远期升水。当高利率货币的远期贴水率（或低利率货币的远期升水率）等于两国利差时，套利终止。因此，抛补套利的条件是两国利差大于高利率货币年贴水率或低利率货币年升水率。

(2) 货币的升（贴）水与远期汇率和两国利差的关系

如果忽略交易成本，则当抛补套利停止时的条件是：升（贴）水率等于两国利差，即

升（贴）水率＝升（贴）水/即期汇率

＝（远期汇率－即期汇率）/即期汇率

＝两国利差

转换成年率表示如下：

年升（贴）水率＝（远期汇率－即期汇率）/即期汇率×12/月数×100％

＝升（贴）水/即期汇率×12/月数×100％

＝两国年利差

只有当两国利差大于高利率货币年贴水率或低利率货币年升水率，套利活动才能进行。

上述非抛补套利例题中，为了回避汇率波动的风险，套利者在套利时，通常要做一笔反向的远期交易（即卖出高利率货币的远期）。

如在上例中，英国投资者在现汇市场上卖出100万英镑买入美元的同时，卖出6个月期的美元期汇，这样，无论以后美元汇率如何变动，该套利者都可以确保赚到一定的利差收益。假设6个月的远期报价为10/20，则远期汇率为GBP1＝USD1.6255/85（英镑的年升水率＝升水/即期汇率×12/月数×100％＝0.0020/1.6265×12/6×100％＝0.246％＜2％，忽略交易成本，套利条件成立）。该英国套利者在投资初期以汇率1.6285卖出远期美元后，到期时可稳定收回168.95/1.6285＝103.75万英镑，扣除借款成本103万英镑，净赚7 500英镑。

六、金融衍生工具业务

（一）外汇期货业务

1. 概念

外汇期货交易是指交易双方在有组织的交易市场上通过公开竞价的方式，买卖在未来某一日期以既定的汇率交割一定数额货币的标准化期货合约的外汇交易。在不同的交易所，交易的货币种类不同，有的都是外币（如新加坡

国际货币交易所，The Singapore International Monetary Market ，SIMEX)，有的既有外币，也有本币（如伦敦国际金融期货交易所，The London International Financial Futures Exchange ，LIFFE)，因此，外汇期货交易也称外币期货交易或货币期货交易。

世界上第一张外汇期货合约是 1972 年 5 月 16 日由美国芝加哥商业交易所的分部——国际货币市场（International Monetary Market，IMM）推出的。自 IMM 推出第一份外汇期货合约后，这项新型衍生工具的交易便迅猛发展起来。目前，世界上主要的金融中心都相继引进了外汇期货交易，全世界共有数十个金融期货市场，其中比较著名和成功的除了 IMM、LIFFE 和 SIMEX 外，还有东京国际金融期货交易所、法国国际期货交易所等。

2. 外汇期货业务的特点

（1）外汇期货业务交易是一种场内交易

外汇期货交易都是在固定场所即期货交易所内进行的，也称场内交易。场内交易有两种形式，一种是在固定营业时间内在交易场所内进行交易；一种是采用自动交易系统进行交易，即电子交易，这种交易可以全天 24 小时进行。目前，许多交易所开始与其他交易所进行全球性的联网交易。通过电脑撮合，使交易所会员可以在本交易所直接交易对方交易所交易的货币。

（2）外汇期货交易必须委托会员经纪商进行交易

期货交易所实行会员制，即只有期货交易所的会员才可以在交易所内直接交易，非交易所会员（如客户）必须以订单的形式委托和授权交易所会员（如会员经纪商）进行交易，会员经纪商代理客户达成交易后要收取一定的佣金。一般来说，一个完整的外汇期货市场主要由交易所、结算所、经纪商和客户四部分组成。结算所是为外汇期货提供结算服务的机构。

（3）外汇期货合约是一种标准化合约

期货合约的标准化，使其易于转让和流通。外汇期货合约的具体内容包括交易币种、交易单位、报价方法、最小变动单位、购买数量限制、交易时间、交割月份、最后交易日、交割地点等。芝加哥商品交易所的国际货币市场（IMM）约占全球外汇期货交易量的 90%以上，下面我们列出 IMM 的部分标外汇期货合约。

表 3-1　美国国际货币市场 IMM 部分外汇期货合约

	英镑	瑞士法郎	日元	加拿大元
交易单位	GBP25 000	CHF125 000	JP¥12 500 000	CAD100 000
报价方法	美分/英镑	美分/瑞士法郎	美分/日元	美分/加元
最小变动单位	0.0005	0.0001	0.000001	0.0001
最小变动值	12.5 美元	12.5 美元	12.5 美元	10 美元
每日涨跌幅	无限制	无限制	无限制	无限制
购买数量限制	6 000 张	6 000 张	6 000 张	6 000 张
保证金				
初始保证金	USD2 800	USD2 000	USD2 100	USD900
维持保证金	USD2 000	USD1 500	USD1 700	USD70
交易时间（美国中部标准时间）	7：30AM—1：24PM	7：30AM—1：16PM	7：30AM—1：30PM	7：30AM—1：22PM
交割月份	3 月、6 月、9 月、12 月			
最后交易日	交割月份的第三个星期三之前的第二个营业日的上午 9：16			
交割日期	交割月份的第三个星期三			
交割地点	结算所指定的货币发行国银行			

资料来源：刘玉操编著《国际金融实务》，第 101 页

①交易单位：是交易所对每一份期货合约所规定的最小交易数量。如 IMM 规定，每一份英镑期货合约的交易单位是25 000英镑。由于每一份合约的交易单位是固定的，因此，人们对各货币的买卖只能以交易单位或其整数倍进行，即买卖多少份期货合约。

②报价方法：外汇期货实行美元报价法，即以每一单位的外币（日元为每 100 日元）兑换多少美元来报价。但 IMM 规定，以美分/外币来报价。

③最小变动单位和变动值：最小变动单位是指期货价格变动的最小幅度，期货价格的每次变动必须是最小变动单位的整数倍，它通常用点来表示。日元的 1 点为 0.000001，其他货币的 1 点为 0.0001。IMM 规定，瑞士法郎、日元和加元的最小变动单位为 1 点，英镑为 5 点。最小变动单位与交易单位的乘积称为最小变动值，它表示期货合约价格变动的最小数额。如英镑的最小变动单位是 5 点（即每英镑 0.0005 美元），交易单位是25 000英镑，因此最小

变动值就为 12.5（25 000×0.0005）美元。

④每日涨跌幅：是交易所对每日期货合约价格允许波动的最大幅度，即规定每日期货合约的成交价格不能高于或低于合约上以交易日结算价的一定幅度。其目的在于防止期货价格在短期内发生剧烈波动给交易者带来过大的损失以及对交易市场造成较大的冲击。

⑤购买数量限制：是交易所会员或客户购买或持有期货合约的数量的限制。目的是为了防止期货合约大量集中于少数人手里操纵市场的行为，分散市场风险。

⑥交易时间：是指交易所规定的各种合约在每一交易日可以交易的具体时间。每一交易所对其交易的各种合约都规定具体的交割时间，不同的交易所由不同的交易时间，即使是同一交易所，不同的合约也有不同的交易时间。

⑦交割月份：是指期货合约到期交割的月份，绝大多数的期货合约的交割月份为每年的 3 月、6 月、9 月和 12 月。

⑧最后交易日：是指期货合约停止买卖的最后截止日期，每种期货合约都有一定的截止日期，过了该日期，就要停止合约的买卖，准备进行实物交割。IMM 规定最后交易日为交割月份第三个星期三前的第二个营业日。

⑨交割时间和地点：是指交易所规定的各种期货合约的具体交割时间和地点。外汇期货合约绝大多数是通过对冲的方式结清的，但如果交易者到最后交易日以后还持有期货合约，那么他就必须要按交易所规定的交割时间和地点进行实物交割。IMM 规定，交割时间为交割月份的第三个星期三，交割地点为结算所指定的货币发行国银行。

⑩保证金：见（5）

（4）外汇期货交易的价格是通过公开竞价的方式形成的

期货合约规定了许多内容，唯有价格由合约双方议定。外汇期货价格是由交易双方在交易市场上通过公开竞价的方式形成的。买方报买价，卖方报卖价。与场内交易的两种形式对应，期货市场的公开竞价方式也有两种：一种是在期货交易所内通过场内经纪人公开叫价达成，另一种是由电脑自动撮合成交。在每日交易中，期货交割都有开盘价、最高价、最低价和收盘价。期货交易结算所根据全天的交易情况确定每日结算价，用以确定合约价值和需要结算的差额。

（5）外汇期货交易实行保证金制和逐日盯市制

外汇交易通常存在信用风险，若买卖双方直接达成外汇期货合约，即约定以未来某一汇率在未来交割某种货币，届时如果市场汇率不等于当初约定的汇率，而合约又缺乏约束力，则受损的一方就有可能选择违约。期货市场上的保证金制和逐日盯市制可以很好地预防违约行为的发生。

①保证金制是交易双方在订立期货合约时，并不立即支付全部合约价格，而是按照合约价格的一定比例向结算所交纳少量资金，作为履行期货合约的财力担保的一种制度。所交纳的资金就是期货保证金。又分为结算准备金和交易保证金两类。结算保证金一般由会员单位按固定标准向交易所缴纳，为交易所结算预先准备的资金。交易保证金是会员单位或客户在期货交易中因持有期货合约而实际支付的保证金，它又分为初始保证金、维持保证金和追加保证金。

初始保证金是交易者在订立期货合约时按规定必须存入保证金账户的那部分资金，不同交易所和合约对初始保证金有不同的要求，国际上初始保证金比例一般为5%～10%。初始保证金比率较少意味着交易者用较少的资金就可以从事大额的期货交易，如果价格变动对交易者有利，则交易者可能获得高额的收益，如果价格变动对交易者不利，则可能受到巨大的损失。因此，外汇期货交易具有较大的杠杆作用。

交易者在持仓过程中，会因为市场行情的不断变化而产生浮动盈亏，因而保证金账户中实际可用于弥补亏损和提供担保的资金就随时发生增减。交易所和经纪人都不会听任交易者的保证金无限制地下降，甚至成为负数。保证金账户必须维持的最低余额叫维持保证金，即初始保证金被允许下降的最低水平。不同交易所和合约对维持保证金有不同的要求，维持保证金一般为初始保证金的75%。

当保证金账面余额高于初始保证金时，高出的部分可以随时提走；但当账面余额低于维持保证金时，交易者会接到催交保证金的通知，要求在固定的时间内将保证金补足至初始保证金水平，否则，他的经纪人或交易所有权在目前的市场价格下强行平仓，损失部分将在客户的保证金中扣除。这部分需要新补充的保证金就是追加保证金。即当保证金账户余额低于维持保证金时所要补足至初始保证金水平的差额。

②逐日盯市制。逐日盯市制又称每日结算制，是指每日闭市后，结算所对会员（或会员经纪人对客户）的保证金账户余额进行计算和检查，通过适当发出追加保证金通知，使保证金余额维持在一定水平上，防止负债现象发生的结算制度。

3. 外汇期货交易的作用和实际操作

外汇期货交易主要是为了回避汇率风险，或者是投机目的。

①买入套期保值

假设在IMM市场上，某年4月12日，一美国进口商从英国进口价值50万英镑的货物，两个月后付款。签约时的汇率为GBP1＝USD1.6080，若两个月后（6月12日）汇率变为GBP1＝USD1.6180。问：

Ⅰ.若美国进口商不采取保值措施，两个月后支付货款损失多少美元？

Ⅱ.美国进口商如何利用期货市场进行套期保值？

解答：

Ⅰ.进口商不采取保值措施，两个月后应支付货款为：50万×1.6180＝80.9万美元，若按签约日的汇率计算应支付：50×1.6080＝80.4万美元。所以美国进口商损失了5000美元。

Ⅱ.美国进口商可以利用期货市场进行套期保值，具体操作如下：

为了防止现货市场上英镑未来汇率上升，4月12日美进口商在IMM期货市场买入20份（因为每份合约的交易单位为25 000英镑）6月期英镑期货合约，价格为GBP/USD＝1.6100（表示0.6046美元等于1瑞士法朗），再于6月12日以价格1.6200将20份合约卖出。期货市场盈利：（1.6200－1.6100）×50万＝5 000美元，完全弥补了现货市场的亏损5 000美元。

几点说明：

第一，在实际交易中，两个市场的交易金额不一定相等。因为期货市场的交易金额是标准化的，因此现货市场的交易金额不一定正好为期货合约金额的整数倍。

第二，两个市场的价格走势一样，但差额不一定相等。

第三，当预测错误时，则由现货市场的盈利弥补期货市场的亏损。

②卖出套期保值

某年2月5日，美国一公司预计1个月后将收到20万瑞士法郎，到时需将瑞士法郎换成美元。该公司担心1个月后瑞士法郎贬值，问该美国公司如何利用期货市场进行套期保值？

解答：

该美国公司可于2月5日在IMM市场上卖出2份（总计25万）3月期瑞士法郎期货合约，价格为USD0.6046/CHF（表示0.6046美元等于1瑞士法郎），再于3月5日以价格USD0.5992/CHF将2份瑞士法郎期货合约买入。若2月5日的汇率为USD/CHF＝1.6510，3月5日的汇率为USD/CHF＝1.6650，则两个市场的盈亏如下：

现货市场亏损：（1/1.6510－1/1.6650）×20万＝1 020美元

期货市场盈利：（0.6046－0.5992）×25 万＝1 350美元，完全弥补了现货市场的亏损，还有盈余。

③投机

A. 多头（买空）：投机者预测期货价格上升，先买后卖

某年 4 月 3 日，期货价格为 USD0.6277/CAD，费用为 USD0.02/CAD，某投机者预测 2 个月后加元上升，于是买入 10 份（每份合约 10 万加元）6 月期加元期货合约，若某日价格变为 USD0.6890/CAD，则将 10 份合约卖出。获利：10×10 万×（0.6890－0.6277－0.02×2）＝21 300美元。

B. 空头（卖空）：投机者预测期货价格下降，先卖后卖

某年 4 月 3 日，期货价格为 USD0.689/CAD，费用为 USD0.02/CAD，某投机者预测 2 个月后加元下降，于是卖出 10 份 6 月期加元期货合约，若某日价格变为 USD0.6277/CAD，则再买入 10 份 6 月期合约，获利：10×10 万×（0.6890－0.6277－0.02×2）＝21 300美元。

以上所举的都是投机者赚钱的案例，如果投机者预测错误，则要赔钱。

4. 外汇期货交易与远期外汇交易的异同

（1）不同点

①合约标准化程度不同。期货交易是一种标准化程度很高的合约，除价格外，其他方面都有明确的规定；而远期外汇交易无固定规格，一切均由交易双方自由协定。

②交易方式不同。期货交易买卖双方不直接进行交易，而是通过经纪商代理买卖，而远期外汇交易通常有买卖双方直接交易。

③到期日不同。期货交易有固定的交易日，而远期外汇交易则可以在任何工作日到期。

④定价方式不同。期货交易以公开竞价成交，买方只报买价，卖方只报卖价；而远期外汇交易价格则是由银行以买价和卖价双向报价报出。

⑤交易场所不同。期货交易是一种场内交易，有规定的交易时间；而远期外汇交易是一种场外交易，无交易时间的限制。

⑥保证金和佣金制度不同。期货交易的买卖双方要缴纳保证金，并向经纪商支付佣金；而远期外汇交易一般不缴纳保证金，只有当银行对客户信用不了解时，会要求客户存入合约总值 10%～50%的资金作为履约的保证；与银行交易时不需支付佣金，只是通过经纪商时才支付佣金。

⑦最终交割不同。期货交易主要用于对冲和投机，到期之前大都被转让，进行实际交割的很少；而远期外汇交易大部分合约都需要实际交割。也即远

期交易是一次性协议，期货交易是重复性协议。

⑧参与对象不同。期货交易信用风险较小，只要缴纳保证金，就可委托会员进行交易，不受资格限制，因而交易者可以是大银行、大公司，也可以是广大中小公司和投资者；而远期外汇交易因为风险较大，参与者大多为信誉较好和关系较好的大银行和大公司等。

（2）相同点

①客体相同。两者交易的对象都是货币（包括本币和外币）。

②原理相同。两者都属于远期交易，都以合同形式约定未来某一特定日期以事先确定的价格成交。

③目的相同。两者的主要目的都是为了保值和投机。

（二）外汇期权业务

1. 概念

外汇期权业务是赋予期权合约的买方在合约到期日或之前，以约定的价格买进或卖出一定数量的某种货币资产的权利而非义务的外汇交易，也称货币期权交易。买方为获得这一权利，必须缴纳一定的费用，这笔费用称作“期权费”（保险费、权利金等）。约定价格称作履约价格（合同价格、协定价格等）。

期权又称为选择权，它赋予买方未来买入或卖出某种货币的权利。当合同汇率对买方有利时，他有权按合同汇率买入或卖出某种货币（这是我们称他执行了期权），而卖方有义务应买方的要求按约定汇率卖出或买入这种货币。反之，如果未来市场汇率对买方不利（即合同汇率对买方不利），则买方可以不执行期权（或称放弃期权），让其到期自动作废，但要损失期权费。

外汇期权交易最早由美国费城证券交易所于1982年12月推出。

2. 特点

（1）期权即可在场内交易，也可在场外交易。场内期权交易的方式与期货交易基本一致。期权卖方必须缴纳一定的保证金，期权买方只需缴纳期权费，不必缴纳保证金。期权场外交易的比例较大，它没有合约标准和保证金要求，在合约开始时，场外交易期权的卖方不必支付保证金，而期权买方则通常必须支付全部的期权费。

（2）期权费不能收回。无论是执行期权还是放弃期权，期权买方所交付的期权费均不能收回。

（3）灵活性强。买方根据市场行情的变化，可以选择执行或不执行期权，较具灵活性。

(4) 买卖双方享有的权利和义务不一样。买方享有履约的权利，卖方享有履约的义务。

3. 类型

(1) 根据买方对价格的预测划分，可分为买权（买入期权）和卖权（卖出期权）

买权（Call Option）也称作看涨期权，是指买方将来有权买入某种货币资产的期权。卖权（Put Option）也称作看跌期权，是指买方将来有权卖出某种货币资产的期权。无论是卖权还是买权，都有买方和卖方。

表 3-2 买权与卖权的区别

	买权（看涨期权）	卖权（看跌期权）
买方	有权按约定价格买入某种货币资产	有权按约定价格卖出某种货币资产
卖方	有义务应买方要求卖出某种货币资产	有义务应买方要求买入某种货币资产

对一种货币的买进就意味着对另一种货币的卖出。例如一项期权的内容是 USD. CALL GBP PUT，称为美元买权，英镑卖权，表明期权的买方有权从卖方处买入美元，同时卖出英镑。

(2) 根据执行权利的日期划分，可分为欧式期权和美式期权

欧式期权是指只能在到期日行使的期权。美式期权是指可以在到期日或之前的任何一天行使的期权。

美式期权与欧式期权最早根源于美洲和欧洲的期权交易所不同的交易方式。现在地理位置已经不相关了，但名称却保留下来。美式期权比欧式期权灵活，所以费用也较高。不同的交易所和合约类型有不同的规定，同一合约往往同时存在美式期权和欧式期权，所以确认是哪种期权是很重要的。一般而言，许多场内交易期权都是美式期权，大部分场外交易期权是欧式期权。

(3) 根据组织形式划分，可分为场内期权和场外期权

场内期权是指在交易所内进行交易的期权，其合约标准化并通过结算所进行结算，与期货交易类似。场外期权是指在交易所外由交易双方协商交易的期权，其合约费标准化，交易金额、期限等均由交易双方根据需要商定，较为灵活。场外期权交易的卖方通常是大银行或大证券商，买方通常是要求防范风险或做投机买卖的一般客户。

(4) 根据交易标的划分，可分为现货期权和期货期权

现货期权赋予合同的买方以确定价格买卖某种货币现货的权利。期货期

权是期货和期权的一种组合，它赋予合同的买方以确定价格买卖某种期货合同的权利。

3. 外汇期权交易的作用及案例

外汇期权主要具有回避风险和投机两种功能。

(1) 买入看涨期权（主要适用于进口商或借款人）

美国某进口商需在6个月后支付62.5万瑞士法郎，担心6个月后瑞士法郎升值，于是，美国进口商以协定价格USD0.6057/CHF买入10份（每份6.25万）瑞士法郎的看涨期权，期权费为USD0.02/CHF。试说明当6个月后市场汇率分别为大于、小于和等于合同汇率时，美国进口商的具体操作和成本。

案例解答：

若在6个月后市场汇率大于合同汇率0.6057，则执行期权。总费用为62.5万×（0.6057＋0.02）＝39.1万美元。若6个月后市场汇率小于合同汇率，比如为0.6021，则放弃期权，总费用为62.5万×（0.6021＋0.02）＝38.88万美元。若6个月后市场汇率等于合同汇率0.6057，则随意（可执行期权也可不执行期权）。总费用为62.5万×（0.6057＋0.02）＝39.1万美元。

通过期权交易，美国进口商将最大成本锁定在39.1万美元。当市场汇率下降时，进口商最大亏损为期权费；当市场汇率上升时，进口商可获得执行期权的收益。

(2) 买入看跌期权（主要适用于出口商或贷款人）

日本某公司将于3个月后收回一项贷款，金额为100万美元，担心3个月后美元贬值。于是买入美元的看跌期权。协定价格为USD1＝JPY130，期权费为USD1＝JPY0.03。试计算：

①盈亏保本点和执行期权的收益；

②当市场汇率分别为130、140、110和129.98时该公司的盈亏状况。

案例解答：

①盈亏平衡点＝合同汇率－期权费＝130－0.03＝129.97。

②执行期权的收益＝100万×（130－市场汇率－0.03）

当市场汇率＝130时，可以执行也可以不执行期权。卖出100万美元的总收入为：100万×（130－0.03）＝12997万日元。

当市场汇率＝140大于合同汇率130时，不执行期权，按市场汇率卖出100万美元的总收入为：100万×（140－0.03）＝13997万日元。

当市场汇率＝110小于合同汇率130时，执行期权。总收入为12997万日元。执行期权收益为：100万×（130－110－0.03）＝1997万日元。

当市场汇率＝129.98＞129.97 且＜130 时，执行期权。由于是在盈亏平衡点以上，期权收益仍不足以弥补期权费支出，有部分亏损。

4. 与期货交易的区别

（1）不同点

①标的物不同。期货交易的标的物是代表具体形态的金融资产的合约；而期权交易的标的物只是一种选择权。

②买卖双方的权利和义务不同。期货交易的买卖双方的权利和义务是对等的，到期必须交割；而期权交易的买方具有履约的权利而无义务，期权的卖方有履约的业务而无权利，到期是否交割依买方意愿。

③交易场所不同。期货交易一般都属于场内交易，而期权交易既可在场内交易，也可在场外交易，且大部分在场外交易。

④费用不同。如在场内交易，期货和期权都需要缴纳保证金，如在场外交易，期权不用缴纳保证金，无论场内还是场外，期权买方都要缴纳期权费，而期货不用。

⑤损益不同。期货交易买卖双方的损失和收益都可能是无限的，具体情况随市场行情变化而变化；而期权交易中，买方的收益无限而亏损有限，卖方的收益有限而亏损无限。因而期权交易是一种“零和游戏”，而期货交易是一种“非零和游戏”。

（2）相同点

①客体相同，都是以货币为标的物的交易。

②目的相同，都是为了回避风险或投机。

③原理相同，都是一种远期合约。

（三）互换交易业务

1. 概念

互换交易（Swap）是指交易双方在一定时期内按约定的条件互换一系列现金流的金融交易。主要有货币互换和利率互换两种。互换交易很早就有，但是直到 20 世纪 80 年代，互换才开始受到重视并广为使用。

2. 特点

（1）场外交易。互换是一种单独磋商的场外交易，等价于一系列具有同样价格的远期合约。

（2）中长期交易。互换的期限可按需要任意安排，最普遍的期限长达 10 年，长的期限相对于只有较短到期日的期货、期权合约来说，具有明显的优势。

(3) 流动性小。互换的合约非标准化，因而不能用于其他的金融目的，即不能交易。

(4) 风险较大。互换交易存在较大的信用风险，如果一方在支付利息方面违约，相关的参与者仍需支付作为互换基础的相关借款的利息。而期货和场内期权合约由清算所来保障它们的交易。

3. 作用

(1) 降低融资成本。互换是用一个市场参与者在一个市场上的优势与另一个市场参与者在另一个市场上的优势相交换，最终对互换双方都有利。互换还可以提供给市场参与者一些正常条件下无法获得的市场渠道，如以本国利率借入外国货币。

(2) 防范汇率或利率风险。互换交易是一种中长期交易，互换双方将汇率或利率在互换初期就事先确定下来。避免了未来汇率或利率变动所带来的风险。

4. 种类

(1) 货币互换

货币互换是指交易双方同意在未来的一段时间内，按照约定的条件互换币种不同、期限相同、计息方式相同或不同的货币，并负责对方到期应付的借款本金和利息的外汇交易。它包括期初本金互换、期中利息互换、期末本金互换等。一般来说，双方互换的货币的名义本金按互换开始时的即期汇率折算应相等。货币互换适用于借贷场合，双方具有相同的身份（即都为借款人或都为贷款人）。

首次货币互换发生在1981年，当时世界银行希望筹集到西德马克和瑞士法郎资金，而同时国际商用机器公司（IBM）需要筹集一笔巨额的美元资金，双方的筹资成本都较高。世界银行能够从市场上筹集到最优惠的美元借款，而IBM公司也可以运用自身的优势筹集到优惠的西德马克和瑞士法郎资金。于是，在所罗门兄弟投资公司的安排下，世界银行与IBM公司达成了一笔2.9亿美元对西德马克和瑞士法郎的互换。

下面我们列举一个案例具体说明：

假设A、B两家公司，A公司想借英镑，B公司想借美元，他们的美元与英镑的借款成本如下：

	美元	英镑
A公司	5%	8%
B公司	7%	6%

显然，A公司在美元借款上具有优势，B公司在英镑借款上具有优势。经协商，A、B公司达成一项货币互换交易：A以5%的利率借入美元150万，B以6%的利率借入英镑100万（假设当时的汇率为GBP1＝USD1.5），然后进行货币互换（期限为5年，每半年进行一次利息互换，期末进行本金互换）。经过互换交易，双方各节约借贷成本2%；因期初和期末名义本金不变，回避了汇率风险。

几点说明：

①若A、B两家公司有一家公司在两种货币的借款上都具有绝对优势，则按两家公司具有的比较优势进行借款。

②货币互换通常需要通过中介机构进行，这样互换双方将损失一部分收益作为中介费。

③双方借款的利率不一定都是固定利率，也可以是固定利率与浮动利率或浮动利率与浮动利率。

（2）利率互换

利率互换是指交易双方同意在未来的一段时间内，按照约定的条件互换币种一致、名义本金相同、期限相同的不同计息方式，并负责对方到期应付的借款利息的金融交易。它不涉及本金互换，只是利息互换，利息支付以差额计算；可以是固定利率对浮动利率的互换，也可以是一种浮动利率对另一种浮动利率的互换。

首次利率互换发生在1982年8月。当时德意志银行发行了3亿美元的7年期固定利率欧洲债券，并与三家银行进行互换，换成以伦敦银行同业拆放利率为基准的浮动利率。在这次互换中，德意志银行和其他三家银行都得到了比自己筹集成本要低的优惠利率。

下面我们列举一个案例具体说明：

假设A、B两家公司，都想借入期限为5年的100万美元。但是A想借浮动利率，B想借固定利率。由于A、B的信用等级不同，它们在固定利率和浮动利率市场上的借款成本如下：

	固定利率	浮动利率
A公司	12%	3个月LIBOR＋2%
B公司	14%	3个月LIBOR＋1%

显然，根据双方的优势，A、B两家公司达成一笔利率互换交易：A公司以12%的固定利率借入100万美元，B公司以LIBOR＋1%的浮动利率借入100万美元，然后进行互换。

第三节 汇率折算与进出口报价

在外汇交易中要进行不同货币之间的兑换与货币汇率的折算，而在对外贸易支付结算中，同样要进行货币的兑换与汇率的折算，汇率折算不仅是国际金融实务操作的基本内容，同时也是国际贸易实务中进出口报价首先要面临的问题。掌握汇率折算的方法及一般规则是国际金融与国际贸易实务操作的最基本要求。

一、合理运用汇率的买入价与卖出价

由于出口商在出口报价时，不但需要精确计算货币与本币的比例关系，而且经常会遇到进口商要求改变计价结算货币的情况，所以出口商经常面临汇率折算问题。在运用汇率的买入价和卖出价进行折算报价时，由于涉及不同币种之间价格的比例关系及其转换，所以必须明确市场所采用的汇率标价方法是直接标价法还是间接标价法，弄清买入价和卖出价的前后位置；同时了解折算货币与外汇市场所在地的隶属关系，即明确折算货币是本币还是外币。

为了避免在汇率折算的环节遭受损失，出口商在进行汇率折算和报价时，需要遵循以下一些基本原则。这些原则在即期汇率和远期汇率折算中都适用。

1. 本币折外币时应用买入价

如果出口商底价为本币，而需要改为外币报价时，则以买入价进行折算。因为出口商原为收取本币，现改为收取外币，所以，收到货款后需将外币卖给银行换回本币。而在出口商卖出外汇时，银行为买入外汇，因此用买入价进行折算。

例如，设港商出口产品底价为100 000港元，应客户要求改为以美元报价，则应以买入价折算该出口商品的美元报价。

如果交易当天香港外汇市场美元/港元的比价为：

USD1＝HKD7.7970～7.8160

则该出口商品的美元报价为100 000÷7.7970＝12 825.45美元

否则，以卖出价折算为100 000÷7.8160＝12 794.27美元，出口商的出口收入将遭受损失。

2. 外币折本币时应用卖出价

如果出口商品底价为外币，而要改成本币报价时，则应用卖价来计算。因为，出口商原为收取外币，现改为收取本币，所以收到货款时，需将本币卖给银行换回外币，而出口商以本币换外汇的过程即为银行卖出外汇的交易过程，因此用卖出价。

例如，设港商出口产品底价为100美元，应客户要求改为港元报价，则应以卖出价折算该出口商的港元报价。

如果交易当天香港外汇市场美元/港元的比价为：

USD1＝HKD7.7970～7.8160

则该出口商品的港元报价为7.8160×7.8160＝781.6港元

否则，以买入价折算为：7.7970×100＝779.7港元，出口商的出口收入将受到损失。

3. 按市场牌价进行汇率折算时视外汇市场所在地货币为本币

在不同标价法条件下，无论买入价和卖出价的位置如何排列，遇到两种外币互相折算时，都应视外汇市场所在地的货币为本币。然后，按照以上原则，本币折外币用买入价，外币折本币用卖出价。

例如，假设港商出口产品底价为100美元，应客户要求改为以英镑报价。如果按照纽约外汇市场的外汇牌价折算时，应视美元为本币。而如果按照伦敦外汇市场外汇牌价折算时，则应视英镑为本币。然后，按照本币折外币用买入价、外币折本币用卖出价的原则进行折算。无论按照哪个外汇市场的外汇牌价进行折算，同一笔交易都会出现大致相同的结果。

（1）假设当时纽约外汇市场外汇牌价为：GBP1＝USD1.6532～1.6558

在纽约外汇市场上，英镑/美元的比价采用直接标价法，买入价在前，卖出价在后。按此牌价计算该出口商品的英镑报价，本币折外币应用买入价，即

报价为：USD100÷1.6532＝GBP60.49

（2）假设同日伦敦外汇市场外汇牌价为：GBP1＝USD1.6532～1.6558

而在伦敦外汇市场上，英镑/美元的比价采用间接标价法，卖出价在前，买入价在后，按此牌价计算该出口商品的英镑报价，外币折本币应用卖出价，即

报价为：USD100÷1.6532＝GBP60.49

在例题中，假设当时伦敦外汇市场外汇牌价与纽约一致，这种做法是为了使问题简单明了，而且也与当今世界电子通信技术高度发达，国际市场外

汇价格趋于统一的实际相符。

从以上的计算中，我们可以总结出两条报价的原则，一是“本币报价折成外币时用买入价，外币报价折成本币时用卖出价，折算后进出口商所得收益不变”，二是“为确保所得收益不变，则在报价中遵循乘大除小”的原则。

上述原则之所以主要是针对出口商而言，是由于在国际贸易中，出口商是站在出口报价的角度，以某币种报出出口商品的底价，或应进口商要求改变报价货币的币种，因而在出口报价时要面对不同币种之间比较复杂的汇率折算问题。

而进口商则主要是站在询盘问价的角度，或直接接受出口商报出的底价，或要求出口商进行改变。而在进口商认可和接受报价后，只需按照双方约定的货币进行支付。如果约定的结算货币为本币，则直接用本币支付，一般不必涉及汇率折算问题。如果约定的结算货币为外汇，则用购买合同约定的外汇来支付货款。当进口商在为满足支付货款的需要而购买外汇时，是银行在卖出外汇，因而用卖出价。所以，尽管进口商也需要掌握汇率折算关系，但所遇到的问题相对于出口商所面对的问题而言就比较简单。而且，由于进出口商双方所持立场是相对的，所以进口商也可以站在相反的立场上运用上述原则，或视具体情况的不同而采取相应的方法。

二、即期汇率下的外币折算与报价

世界上除了英国、美国等少数国家外，大多数国家或地区的外汇市场都采用直接标价法或美元标价法挂牌公布即期汇率，即以单位外币或单位美元作为标准折合成若干本币，而不采用以本币作为标准折合成若干外币的方法来报价。另外，在许多外汇市场上公布的主要是发达国家货币与本币的比价，而其他一些国家的货币与本币的比价并未公布，需要进行汇率的套算。因此，了解和掌握直接标价法和间接标价法之间的换算关系是进行即期汇率折算和进出口报价的基础。

（一）外币/本币到本币/外币的折算与报价

1. 外币/本币到本币/外币的中间价折算

由外币/本币到本币/外币的中间价折算，是指由直接标价法转变到间接标价法的中间汇率的折算。在对外贸易中出口商可能被要求在报出出口商品本币价格的同时报出其外币价格。因此，需要进行由直接标价法到间接标价法的折算。

假设是在香港外汇市场上，采用直接标价法挂牌公布汇率。某日美元对港元的汇率为：USD1＝HKD7.7970。港商出口商品的本币报价单价为5港元。若进口商要求报出其美元价格时，首先就需要进行汇率折算，然后进行报价。

(1) 汇率折算：把以单位外币作标准的汇率转化成以单位本币为标准的汇率，即将以单位美元作标准的汇率转换成单位港元作标准的汇率。

将：USD1＝HKD7.7970 折算为：HKD1＝USD1/7.7970＝USD0.1283

(2) 出口报价：把本币折算成外币报价，即将港元报价折算为美元报价。

根据折算出的本币对外币的汇率，一件出口商品的本币价格为5港元，折成美元为0.1283×5＝0.6415美元，则该出口商品的报价为0.6415美元。

2. 由外币/本币到本币/外币的买入价和卖出价的折算与报价

由外币/本币到本币/外币的买入价和卖出价的折算与报价，是指由直接标价法到间接标价法的买入汇率与卖出汇率折算与报价。汇率的中间价是买入汇率与卖出汇率的平均数。而银行对非银行客户的外汇买卖要使用买入汇率与卖出汇率进行结算。因此，在处理银行对非银行客户的外汇买卖关系时，就需要进行由直接标价法到间接标价法的折算，即算出单位本币折合成外币买入价和卖出价的数额。其计算方法为：折算后的汇率为已知汇率买卖价颠倒以后的倒数。

仍假设在香港外汇市场上，采用直接标价法挂牌公布汇率。某日，美元/港元的汇率为：USD1＝HKD7.7970～7.8160。如果要求银行报出单位港元的美元价格，就要进行汇率的折算，即折算出单位港元的美元价格：

HKD1＝USD1/7.8160～1/7.7970＝USD0.1279～0.1283

从折算结果来看，在直接标价法条件下，买入价在前，卖出价在后，而在间接标价法下，卖出价在前，买入价在后。但无论是直接标价法下，还是间接标价法下，其数字的排列都是前一个数字数额小，后一个数字数额大。这样才能保证银行经营外汇买卖的正常利润。

(二) 交叉汇率的折算

在实际业务中，并不是所有外汇都挂牌公布相互汇率，这样的情况，就需要利用已知的汇率进行折算。

计算交叉汇率的方法有三种：一种是两种货币都采用直接标价法，二是两种货币都采用间接标价法，三是一种货币采用直接标价法，另一种货币采用间接标价法。

1. 两种货币都采用直接标价法——两种汇率必须交叉相除

USD/CHF	2.1130—2.1140　　(1)
USD/HKD	7.7875—7.7895　　(2)
交叉相除	
交叉汇率 CHF/HKD	7.7875/2.1140—7.7895/2.1130 即 3.6838—3.6864

解题思路：

求 CHF/HKD 中 CHF 的买入价即求买入 1CHF 需要多少 HKD，站在银行角度做如思考：

(1) 式中买入 CHF 的价格为卖出美元的价格，即

USD1＝CHF2.1140

(2) 式中卖出 HKD 的价格即买入美元的价格，即

USD1＝HKD7.7875

所以，CHF2.1140＝HKD7.7875

CHF1＝HKD（7.7875/2.1140）

求 CHF/HKD 中 CHF 的卖出价即求卖出 1CHF 可买入多少 HKD，站在银行角度做如下思考：

(1) 式中卖出 CHF 的价格即买入美元的价格，即

USD1＝CHF2.1130

(2) 式中买入 HKD 的价格即卖出美元的价格，即

USD1＝HKD7.7895

所以，CHF2.1130＝HKD7.7895

CHF1＝HKD（7.7895/2.1130）

2. 两种货币都采用间接标价法——两种汇率必须交叉相除

EUR/USD	0.9326—0.9336　　(1)
AUD/USD	0.7814—0.7824　　(2)
交叉相除	
交叉汇率 EUR/AUD	0.9326/0.7824—0.9336/0.7814 即 1.1920—1.1948

解题思路：

求 EUR/AUD 的买价即买入 1EUR 需卖出多少 AUD，站在银行角度做如下思考：

（1）式中买入 EUR 的价格为卖出 USD 的价格，即

EUR1＝USD0.9326　　USD1＝1/0.9326EUR

（2）式中卖出 AUD 的价格即买入 USD 的价格，即

AUD1＝USD0.7824　　USD1＝1/0.7824AUD

所以，1/0.9326EUR＝1/0.7824AUD

　　EUR＝AUD（0.9326/0.7824）

求 EUR/AUD 的卖出价即求卖出 1EUR 可买入多少 AUD，站在银行角度做如下思考：

（1）式中卖出 EUR 的价格即买入 USD 的价格，即

EUR1＝USD0.9936　　USD1＝1/0.9336EUR

（2）式中买入 AUD 的价格即卖出 USD 的价格，即

AUD1＝USD0.7814　　USD1＝1/0.7814AUD

所以，1/0.9336EUR＝1/0.7814AUD

　　EUR1＝AUD（0.9336/0.7814）

3. 一种货币采用直接标价法，另一种货币采用间接标价法——两种汇率必须垂直相乘

GBP/USD	1.5570—1.5580　(1)
USD/JPY	118.80—118.90　(2)
垂直相乘	
交叉汇率 GBP/JPY	1.5570×118.80—1.5580×118.90 即 184.97—185.25

解题思路：

求 GBP/JPY 的买价即买入 1GBP 需卖出多少 JPY，站在银行角度做如下思考：

（1）式中买入 GBP 的价格为：（因为是直接标价法，GBP 为外汇）

GBP1＝USD1.5570

（2）式中卖出 JPY 的价格为：（因为是间接标价法，JPY 为外汇）

USD1＝JPY118.80

所以，GBP1＝JPY（1.5570×118.80）

求 GBP/JPY 的卖出价即求卖出 1GBP 可买入多少 JPY，站在银行角度做如下思考：

（1）式中卖出 GBP 的价格为：（因为是直接标价法，GBP 为外汇）

GBP1＝USD1.5580

（2）式中买入 AUD 的价格为：（因为是间接标价法，JPY 为外汇）

USD1＝JPY118.90

所以，GBP1＝JPY＝（1.5580×118.90）

（三）即期汇率是确定出口报价是否合理或进口报价是否可接受的主要依据

用即期汇率进行折算，是进口商用来判断出口商报价是否合理，或该出口报价是否可以接受的一个非常有用而简便的方法。

假设我国某企业进口手表，每只手表单价有瑞士法郎和美元两种报价，为 CHF100 或 USD66。则进口商可用即期汇率进行折算，以判断用哪种报价进口更合算。

假设交易当天我国公布的外汇牌价上，瑞士法郎和美元的对人民币的即期汇率分别为：

CHF1＝CNY2.9784～2.9933

USD1＝CNY4.7103～4.7339

则可以用该即期汇率进行折算，以判断出用哪种报价更合理，折算可以用以下两种方法：

1. 把两币种报价统一折算成本币报价进行比较

把两种报价都折成人民币，就可以非常直观的看出比较结果，依据原则，外币折成本币报价用卖出价进行折算，则：

瑞士法郎报价折算为：100×2.9933＝299.33 人民币

美元报价折算为：66×4.7339＝312.44 人民币

从这两个结果对比中不难看出，以瑞士法郎报价我国进口商更愿意接受。

2. 把不同币种报价折算为同一币种进行比较

把两种报价都折算成美元，或都折算成瑞士法郎进行比较，也可以非常直观地看出结果。

首先计算美元与瑞士法郎的交叉汇率，依据前面的交叉汇率套算原则，可得：

USD1 ＝CHF4.7103/2.9933—4.7339/2.9784

＝CHF1.5736—1.5894

原报价 100 瑞士法郎，改报美元则为 100÷1.5736＝63.55，与美元报价比较，则接受瑞士法郎报价。

或将原报价 66 美元改成瑞士法郎报价，为 66×1.5894＝104.9，与瑞士法郎报价比较，则接受瑞士法郎报价。

三、远期汇率下的外汇折算与报价

在国际贸易买方市场形成以来，大量的进出口贸易都采取延期支付货款的方式进行。而在世界各国普遍采取浮动汇率制的条件下，延期付款方式在一定程度上对进出口商双方都存在汇率风险。远期汇率作为固定汇率则不仅可以用来为进出口商的交易结算保值避险，而且是延期付款方式中进出口报价折算的基本依据。

（一）远期汇率的折算

1. 远期汇率的计算问题

根据前面章节的内容，这里简单总结远期汇率的计算：

（1）根据远期升贴水点数和即期汇率计算远期汇率。

一条重要规律，即不论在哪种标价法下，也不论中哪种货币的升水或贴水，凡是远期差价（升贴水数）为前小后大，就用“即期汇率加上远期差价”的公式计算出远期汇率；凡是远期差价（升贴水数）为前大后小，就用“即期汇率减去远期差价”的公式计算出远期汇率。

（2）根据两种货币的利率差异，计算远期汇率

根据汇率与利率的关系，利率高的货币远期将贴水，利率低的货币远期将升水。

升水或贴水＝即期汇率×两国利差×月数/12

货币的远期报价为即期报价±升水或贴水。

（3）远期外汇交叉汇率的计算

远期外汇交叉汇率的计算方法，大体与即期汇率相同，只不过是在计算远期交叉汇率时，首先要分别计算出远期汇率，然后才能按照即期汇率交叉汇率的计算方法来计算远期交叉汇率，即同一标价法交叉相除，不同标价法垂直相乘。

（二）软币远期贴水是出口商延期收款的报价标准

软币是指预期未来汇率呈下跌走势的货币，硬币则反之。按照国际贸易的一般游戏规则，出口商收款时，尤其是延期收款时，更愿意收硬币，但为了达成出口交易，有时不得不妥协而收软币。当出口收汇不得不收取软币时，

出口商就要以软币的远期贴水作为商品加价的标准。目的是为了减少软币报价的损失。而汇率标价中软币远期贴水点数或贴水年率都可作为出口商延期收款报价中商品加价的标准。

1. 用软币的远期贴水点数作为商品加价数额的标准

用软币的远期贴水点数作为出口商延期收款报价中商品加价数额的标准，目的是要分析软币收款的出口商品的加价数额。即出口商延期收款不得不收软币时，则出口商可以用软币的远期贴水点数作为加价的数额标准。

例如，假设某企业出口产品，原来以美元报价，单价为2 000美元，3个月后付款。现应进口商要求，改为瑞士法郎报价。而3个月期的瑞士法郎远期汇率为贴水。则出口商在出口商品报价时，就应把瑞士法郎远期贴水点数加在货价上。

又假设交易当日纽约外汇市场美元/瑞士法郎的即期汇率标价为：USD1＝CHF1.6030～1.6040，3个月远期贴水点数为：135～140。（注意：在纽约外汇市场上，美元为本币，瑞士法郎为外汇。而从远期点数135～140的数字排列上，应能够判断出瑞士法郎远期汇率下跌。）

改为瑞士法郎报价后，出口商将瑞士法郎远期贴水点数加到出口商品货价上，则出口商品单价计算为：

远期汇率为：USD1＝CHF（1.6030＋0.0135）－（1.6040＋0.0140）

＝CHF1.6165－1.6180

因这个报价市场为纽约，美元为本币，报价依据“本币折成外币用买价”的原则，而纽约市场报价为间接标价法，所以报价为2 000×1.6180＝3 236瑞士法郎。

2. 用软币的贴水年率作为商品加价幅度的标准。

用软币的贴水年率作为出口商延期收款报价中商品加价的标准，目的是要分析以软币收款的出口商品的加价幅度。即出口延期付款不得不收取软币时，则可以用软币的远期贴水年率作为加价幅度的标准。

（1）升贴水年率的计算

升（贴）水年率＝（远期汇率－即期汇率）/ 即期汇率×（12/月数）×100%

（2）案例

例如，假设某企业出口商品，原以英镑报价，每吨单价GBP1150。6个月后付款，应进口商的要求，改为港元报价，当日伦敦外汇市场英镑/港元的即期汇率标价为：GBP1＝HKD9.4545～9.4575，6个月远期点数为412～586。

用港元远期贴水年率作加价，计算出口商品的港元报价需要分两步：

第一步：用英镑/港元的中间汇率计算出时间（t）为6个月期的港元贴水利率。

即期汇率＝（9.4545＋9.4575）÷2＝9.4560（中间汇率）

远期汇率＝［（9.4545＋0.0412）＋（9.4575＋0.0586）］÷2＝9.5059（中间汇率）

6个月期的港元贴水年率＝（9.5059－9.4560）/9.4560×（12/6）×100％＝1.055％

第二步：用英镑/港元的买入价加上6个月期的港元贴水年率折算出该商品的港元报价：

因为在伦敦市场，原报价为本币报价，改为外币报价，依据原则，用买入价，而伦敦市场是间接标价法，所以买入价为9.4575。所以改报价为：

HKD9.4575×［1＋1.055％×（6/12）］×1150＝HKD10933.50

比较起来，如果不加价，该商品的港元报价为：

HKD9.4575×1150＝HKD10876.13

则出口商将受到损失。

贴水年率的方法主要适用于在远期报价中未告诉你远期升贴水数，仅告诉你升贴水年率的折算。本题因为举例需要，将所有条件全部列举。

（三）远期汇率是进口商延期付款时接受进口报价软币加价幅度的根据

对进口商来讲，进口用软币付汇时的加价幅度要以远期汇率为准。即以软币报价的加价幅度不能超过期远期汇率。其目的时防止以软币计价的进口商品加价过度，而带来进口成本增加的损失。

例如，假设某企业进口商品原以瑞士法郎报价，每只单价为CHF100，3个月后付款。与出口商协商后，可以改用美元支付货款。但由于3个月远期美元贴水，因而用美元支付必须加价。交易当天苏黎世外汇市场美元/瑞士法郎即期汇率USD1＝CHF1.6130～1.6140，3个月远期贴水点数为：135～125。

则计算出口商品的美元报价要分两个步骤：

第一步：折算远期汇率

远期汇率为：USD1＝CHF（1.6130－0.0135）～（1.6140－0.0125）

＝CHF1.5995～1.6015

第二步：改报价

苏黎世市场的远期报价，原报价为瑞士法郎，改报美元，即本币改报外币，用买入价，又因为这是直接标价法，所以1.5995为买入价。

改报为：100/1.5995=62.52 美元

62.52 美元的进口报价，比未加价前的报价 62 美元（100/1.6130）多出 0.0052 美元。所以，该商品的进口报价最高限为 62.52 美元；如果，超过这一数额，则进口商宁肯用硬币报价。因此，进口商用软币付汇时的商品加价幅度不能超过其远期汇率。

习 题 三

一、判断题

1. 全球范围来看，外汇市场已经成为一个 24 小时全天候运作的市场。（ ）

2. 由于通讯技术的迅速发展和不断完善，套汇机会越来越多。（ ）

3. 将各个外汇市场上的汇率都变成直接标价法，然后将每个市场的汇率进行连乘，若乘积小于 1，则无法套汇。（ ）

4. 掉期交易可以由一笔即期交易和一笔远期交易构成，但是不可以由两笔期限不同的远期交易构成。（ ）

5. 在期货交易中，清算所既充当期货合同购买方的卖方，又充当期货合同出售方的买方。（ ）

6. 外汇期货交易属于远期外汇交易的一种。（ ）

7. 抛补型套利，是指套利者在把资金从利率低的国家调往利率高的国家的同时，还通过在外汇市场上买入远期高利率的货币，以防范汇率风险。（ ）

二、选择题

1. 同业市场是指（ ）。

A. 银行和工商业客户之间的市场　B. 中央银行与商业银行之间的市场
C. 银行间市场　D. 商业市场

2. 外汇市场的实际操纵者是（ ）

A. 外汇银行　B. 外汇经纪人
C. 中央银行　D. 客户

3. 如果外汇的买卖双方在 5 月 10 日达成了合同，当天是星期五，那么应在（ ）结束之前完成交割。

A. 11 日　　B. 12 日

C. 13 日　　D. 14 日

4. 某日在纽约外汇市场上，瑞士法郎的即期汇率是：USD/CHF1.6540～1.6560，1 个月的远期法郎贴水 35～30，则法郎的远期汇率买入价为（　　）。

A. 1.6570　　B. 1.6605

C. 1.6505　　D. 1.6530

5. 两种货币的利差是决定它们远期汇率的基础，利率低的货币，其远期汇率会（　　）。

A. 升水　　B. 贴水

C. 平价　　D. 不变

6. 套利者把短期资金从利率较低的市场调到利率较高的市场，从而谋取利息的差额收入，在此过程中该投资者没有采取相应的远期外汇交易进行保护，这属于（　　）。

A. 直接套汇　　B. 间接套汇

C. 抛补套利　　D. 非抛补套利

7. 已知：某日香港外汇市场牌价为：1 美元＝7.7850～7.7890 港元，求 1 港元＝（　　）美元。

A. 0.1282～0.1283　　B. 0.1283～0.1282

C. 0.1284～0.1285　　D. 0.1285～0.1284

8. 外币报价改报为本币报价时，应按（　　）。

A. 买入价　　B. 卖出价

C. 中间价　　D. 美元价

9. 只能在到期日那天才能行使权利的外汇期权是（　　）。

A. 美式期权　　B. 欧式期权

C. 固定交割日的期权　　D. 选择交割日的期权

三、简答题

1. 直接标价法与间接标价法有什么区别？

2. 外汇市场有哪些作用？

3. 金融衍生工具业务包括哪些？

四、计算题

1. 假定某日外汇市场上几种西方货币的报价如下：

GBP/USD1.4800/10

USD/CHF1.6790/00

USD/JPY154.30/40

(1) 请指出 USD/JPY 的美元买入价

(2) 请指出 USD/CHF 的瑞士法郎的卖出价

(3) 假如你是银行的一位外汇交易员，一客户要求卖给你即期英镑而买走你的瑞士法郎，你应该如何套算和报价？

(4) 假定你是某银行的外汇交易员，有一客户要求即期用瑞士法郎买日元，你应该如何套算和报价？

(5) 请根据资料中的 USD/CHF 报价写出 CHF/USD 的报价？

2. 现有如下汇率行情：

USD/CAD

即期：1.3060/78

远期：一个月 16/22，二个月 39/52，六个月 134/152

(1) 请计算出远期报价的汇率？

(2) 请指出加元的远期升（贴）水率如何（以中间价计算）？

3. 设某日外汇市场行情如下：

美国纽约：GBP1＝USD1.4900/10

瑞士苏黎世：USD1＝CHF1.7200/10

英国伦敦：GBP1＝CHF2.2510/20

假设你有 100 万英镑，问：

a) 请计算该市场中是否存在套汇机会？

b) 如果有套汇机会，应该如何操作，套汇收益是多少？

4. 我公司向美国出口机床，如即期付款2 000USD/台，现美国进口商要求我公司以 CHF 报价，并于货物发运后 3 个月后付款。

已知当日纽约外汇市场汇价：即期USD1＝CHF1.6030/40

3 个月　140/135

问：我公司应报多少 CHF？

5. 某日我国某公司从瑞士进口小仪表，以瑞士法郎报价为 200CHF/个，以美元报价为 80USD/个，当天我国外汇牌价为：

CHF1＝CNY3.1100～3.1120

USD1＝CNY7.8900～7.8920

问哪一个报价可以接受?

6. 已知伦敦外汇市场的外汇牌价为，即期汇率 1 英镑＝1.5800～1.5820 美元，三个月远期 70～90，

问：(1) 美元三个月远期汇率是多少?

(2) 某商人若卖出 3 个月远期美元10 000，届时可换回多少英镑?

(3) 如按上述汇率，我机械公司出口一批机床，原报价每台18 000英镑，现英商要求改用美元报价，问应报多少美元?

7. 升（贴）水率与远期汇率、利率的互算

已知即期汇率为 EUR1＝USD1.0528，美元年利率为 6%，欧元年利率为 9%，问欧元 6 个月远期升（贴）水为多少? 远期汇率为多少?

8. 已知一年期市场利率纽约为 8%，伦敦为 10%，某日现汇汇率为：GBP1＝USD2，一套利者用 100 万美元于该日进行套利，若一年后市场汇率变为 GBP1＝USD1.9。试计算其非抛补套利的获利情况。若英镑一年远期贴水 200 点，试计算其抛补套利的获利情况。

第四章 外汇风险管理

学习目标

通过学习，了解外汇风险的概念及种类，掌握防范外汇风险的方法。初步理解汇率预测的方法。

重点难点

外汇风险的概念，企业防范交易风险的方法。

第一节 外汇风险的概念与构成要素

一、外汇风险的概念和种类

（一）外汇风险的概念

外汇风险（Foreign Exchange Exposure），是指一个组织、经济实体或个人在一定时期内对外经济、贸易、金融活动中，以外币表示的资产或负债因未预料的外汇汇率的变动而引起的价值的增加或减少的可能性。这种变动可能是损失，也可能是额外的利益。广义的外汇风险是指既有损失可能性又有盈利可能性的风险；狭义的外汇风险仅指给经济主体带来损失可能性的风险。本章将从广义上的概念讨论外汇风险。

一般认为，外汇风险产生于不同货币之间的兑换，只要有币种之间的兑换，就不可避免地会有外汇风险。当以外币计值的资产负债转换为本币时，由于汇率的波动就会产生外汇风险。实际上，一些以本币计值的预期未来现金流量也可能遭受外汇风险。比如，一个在本国市场上销售汽车的日本公司同一家美国公司竞争，在这种情况下，如果美元兑换的比率发生变化，汇率的变化自然会通过两国的生产成本和销售价格的变化影响到两公司预期现金流量的现值，从而提高或降低日本公司同美国公司竞争的地位。

一般来说，预测到的汇率变化会被企业决策者事先考虑并加以处理，只有预料之外的汇率变动会产生外汇风险。可以看出，外汇风险有以下几个特点：①起因于未曾预料的汇率变动；②发生在折算或货币兑换的场合；③造成企业预期现金流量的变化；④可能带来损失或利益。大多数外汇风险是具有两面性的，一方的损失即为交易对方的盈余，但在外汇期权交易中，也会出现单面性的特点。

（二）外汇风险的分类

以风险的来源及其最终的影响程度为依据分为交易风险、经济风险和会计风险。

1. 交易风险

交易风险是指一个经济实体或个人在以外币计价的国际经济活动中，由于外汇汇率波动而引起的应收资产与应付债务价值变化，从而蒙受实际损失的可能性。交易风险与结算某一笔具体交易有关，其交易包括已完成交易和未完成交易。已完成交易已列入资产负债表项目，如以外币表示的应收账款和应付账款；未完成交易则主要为表外项目，如外币表示的将来的采购额、销售额、租金以及预期发生的收支等。

凡是涉及外币计算或收付的任何商业活动或投资行为都会产生交易风险。下面以案例来说明交易风险的主要表现。

（1）对外贸易风险

例如中国某汽车制造商因生产需要，每个月要从欧盟进口价值 1 千万欧元的汽车零配件。2006 年 1 月，1 欧元仅兑换 1.15 人民币。到 2007 年 7 月，1 欧元兑换 1.45 人民币。对此，该企业未采取防范汇率风险的措施，使该企业 2007 年 7 月要比多支付 300 万人民币（10 000 000×0.3＝3 000 000 元）。

由于该企业是进口商，在未来时间要支付欧元，当支付欧元时，欧元兑人民币汇率上升，使该企业要用较多的本币买入外汇，买入外汇成本增加，从而蒙受经济损失。

（2）国际借贷风险

例如 1979 年我国政府开始利用日本政府贷款，根据双方协议，日元贷款每年支付一定数额，不是一次性支付，利率因年而异，一批贷款分若干年付清，还款时还日元。当时由于人民币盯住美元，日元对美元不断升值，对日元贷款的偿还极为不利，单单利息上的损失就达 3.91 亿美元。

由于我国向日本借款日元，属于债务人，当还款时，日元兑美元升值，由于人民币盯住美元，日元兑人民币也相应升值．导致我国支付更多的人民币，从而蒙受经济损失。

（3）国际筹资风险

例如中国某金融机构某年1月在日本东京发行一笔债券，债券货币单位为日元，发行总额为100亿日元，年利率为8.7%，期限12年，到期还本付息总额204.4亿日元。根据当时的外汇管理体制和其他情况，该金融机构到期清偿日元时需用美元购买日元，发行日元债券时美元兑日元汇率为1∶222.22，清偿时美元兑日元汇率下跌为1∶109.89，日元兑美元汇率上涨幅度高达102%，从而使中国某金融机构蒙受了102%（以美元计）的经济损失。

由于中国该金融机构在国际金融市场发行日元债券，是一种筹资行为，实际上属于债务人，当清偿时，日元兑美元汇率上涨，导致该金融机构支付更多的美元从而蒙受经济损失。

（4）国际投资风险

例如中国某公司于某年9月向澳大利亚进行直接投资，所使用的实物资本和货币资本以澳大利亚元计值为4 000万澳元。投资后的第一年获税后利润700万澳元，这些利润全部以美元汇回本国。澳大利亚元兑美元的即期汇率在投资日为0.8456，到1年后的利润收回日，澳大利亚元兑美元下跌为0.6765，下跌幅度20%［（0.6756－0.8456）/0.8456］，导致该公司蒙受20%（以美元计）的经济损失。

由于中国公司向澳大利亚进行直接投资是一种投资行为，实际上属于债权人，以澳大利亚元计值，当投资者要将第一年税后利润700万澳元兑换美元汇回本国时，按照投资日的即期汇率计算，可以收入519.92万美元，而按照收回日的即期汇率办理，由于澳大利亚元对美元汇率下跌，则仅收473.55万美元，从而蒙受20%的经济损失。

（5）外汇买卖风险

例如日本某银行在某年某日分别买入1月期10万美元和卖出同样期限的8万美元，当时美元兑日元汇率为1∶100。若1个月后美元兑日元汇率为1∶90，该银行承担了什么风险？

由于该银行处于美元的多头，银行要平衡头寸，卖出同样期限美元的多头的部分，若该银行不采取应对措施，1个月后美元兑日元汇率下跌，卖出美元时，获得的日元数额相对少，则蒙受经济损失。该银行承担了交易风险。

交易风险具有静态性和客观性特点。因为交易风险产生于经营过程中，其风险衡量的时间是在过去已发生的交易的某一时点上；其造成的损失是真实的，损失结果可用一个明确的数字来表示。

表 4-1 交易风险主要表现

	交易方	计价货币升值	计价货币贬值
进口方	应付方	受损（换汇成本增加）	受益（换汇成本减少）
非贸易付汇方			
债务方			
空头	银行需买入此种外汇		
出口方	应收方	受益（换汇成本减少）	受损（换汇成本增加）
非贸易收汇方			
债权方			
多头	银行需卖出此种外汇		

2. 经济风险

经济风险是指由于非预期外汇汇率发生波动，而引起的国际企业未来一定时间内以本币衡量的收益减少的潜在性风险。它对企业影响最大，企业最重视这种汇率风险。

经济风险着眼于对企业经营结果的分析，是从企业整体上进行预测、规划和进行经济分析，涉及资金、营销、采购和生产等的各个层面；经济风险的分析在很大程度上取决于该公司预测能力，特别是预测汇率变动的能力，带有一定的动态性和主观性；经济风险直接影响海外企业在融资、销售、经营目标与生产等方面的战略决策。经济风险所造成的损失比会计风险或交易风险更具重要性和严重性。

3. 会计风险

会计风险又称转移风险、记账风险、折算风险、换算风险、账面风险。它是指经济实体在将各种外币资产负债转换成记账货币的会计处理业务中，由于汇率变化而引起资产负债表中某些外汇项目金额变化，出现账面损失的可能性的风险。

一般来说，企业的外币资产、负债、收益、支出等都必须按一定的会计规则，把外币变成本国货币（记账货币）来表示，这一过程叫"折算"或"转换"。当汇率变化时，即使企业的外币资产或负债的数额没有发生变化，但在会计账目，记账货币数目也会发生相应变化，给企业带来会计账目上的损失。这种账面损失会影响到企业向股东和社会公开营业报告书的结果，这可能导致企业股票价格的变动，因而对企业经营管理、企业效益的评估、税收等会产生影响。因而会计风险也引起了企业决策和管理者的重视。

会计风险是一种会计行为，多发生在跨国公司母公司与子公司之间。跨国企业需要根据某些会计准则，将以外币表示的资产和负债换算成以母国货币表示的资产和负债，以编制企业财务报表。

例如某跨国电脑公司，在美国有一子公司，2007 年 5 月 5 日，该子公司在美国购入一批零件，货款为 20 万美元，以支票支付，全部入库，当日汇率 1 美元兑 8.27 人民币。该年 12 月 31 日是会计结算日，这批零件未出库使用。到会计结算日（12 月 31 日），美元兑人民币的汇率为 1 美元兑 7.9 人民币，这批零件在账面上的人民币折算损失 7.4 万元［（8.27－7.9）×20 万］人民币。

会计风险产生于经营活动后，它是从母公司的角度来衡量其受损程度；造成的损失不是实际交割时的真实损失，只是账面上的损失。

以上三种汇率风险的区别如表 4－2：

表 4－2　三种汇率风险的区别

区别点	经济风险	交易风险	会计风险
发生的时间	预测企业未来收益	经营过程中	经营结果
造成的损益真实性	潜在的	真实的	账面的
衡量损益的角度	企业整体	单笔的交易	母公司
衡量风险的时间	长期的	一次性的	一次性的
损益表现的形式	动态性和主观性	客观性	客观性

交易风险是本章论述的重点。经济风险是国际投资研究的范畴，不作为我们论述的重点。会计风险受不同国家的会计制度与税收制度所制约，有不同的折算方法，折算损益的金额及处理也不同，也不作为本章论述的重点。

二、外汇风险的构成因素及相互关系

一个国际企业在它的经营活动中所发生的外币收付，如应收账款、货币资本的借入或贷出等，均需与本币进行折算，以便结清债权债务并考核其经营活动成果。本币是衡量一个企业经济效果的共同指标，从交易达成后到应收账款的最后收进、应付账款的最后付出、借贷本息的最后偿付均有一个期限。这个期限就是时间因素。在确定的时间内，外币与本币的折合比率可能发生变化，从而产生外汇风险。可见，凡是外汇风险一般包括三个因素：本币、外币与时间。

如果一个国际企业在某笔对外交易中未使用外币而使用本币计价收付，这笔交易就不存在外汇风险，因为它不牵涉外币与本币的折算问题，从而不存在汇率波动的风险。一笔应收或应付外币账款的时间结构对外汇风险的大小具有直接的影响。时间越长，则在此期间汇率波动的可能性就大，外汇风险相对较大；时间越短，在此期间汇率波动的可能性就小，外汇风险相对较小。

从时间结构越长、外汇风险越大这个角度来分析，外汇风险包括时间风险与价值风险两大部分。改变时间结构，如缩短一笔外币债务的收取或偿付时间，可以减缓外汇风险，但不能消除价值风险，因本币与外币折算所存在的汇率波动风险仍然存在。

一个企业，90 天后有一笔外汇收入。这里，既存在时间风险，又存在价值风险。现该企业借人一笔外汇贷款，其金额与未来的外汇收入相等，并将这笔贷款的偿付时间也规定在 90 天后，即以 90 天后的外汇收入来偿还这笔外汇贷款。这样，把将来的时间风险转移到现在。从而消除了时间风险，但受汇率波动影响的价值风险仍然存在。如欲消除该价值风险尚须采取措施，即将外币借款卖成本币，然后以本币进行投资，借以获得一定的投资利润。这样，才能消除全部风险（参阅本章第二节）。

第二节　外汇风险的管理方法

一、防范交易风险的方法

（一）做好货币选择，优化货币组合

在对外经济交易中选择何种货币签订合同，作为计价结算的货币或计值清偿的货币，直接关系到交易主体是否将承担汇率风险。在选择合同货币时可以遵循以下基本原则：

1. 本币计价法

进出口贸易中进口方和出口方有三种计价货币的选择方式：①以进口方本国货币计价；②以出口方本国货币计价；③以“第三国”货币计价。一般而言，进出口商均争取以本国货币计价，因为以本币计价结算、计值清偿时，

不会发生本币与外币或不同币别的外币之间的兑换交易，从而不存在因兑换所遵循的汇率发生变动而蒙受损失问题

2. 出口选硬币，进口选软币

当出口（或构成债权）时，应尽量争取使用硬货币，即汇率呈上浮趋势的货币。如果计价结算或计值清偿时使用软币，汇率下跌，出口商或债权人所兑换的本币或其他外币就会较发生时减少，这就相当于降低了出口价格或贷款利率。

例如美国出口商向日本出口一批商品，计价1 500 000日元，即期汇率为USD1＝JPY150，到期应收回10 000美元，然而到期支付时，汇率变成USDI＝JPYI25,美出口商到期可收回12 000美元（1 500 000÷125＝12 000），比合同签订时，多收入2 000美元。

同样，当进口或（构成债务）时，应尽量采用软货币，即汇率呈下浮趋势的货币。如果计价结算或计值清偿时使用硬币，则汇率上升，进口商或债务人兑换同额硬币所付出的本币或其他外币就会较发生时多，这就相当于提高了进口价格或借款利率。

例如2006年德国某公司进口10 000英镑商品，即期汇率为GBP1＝EUR1.20，但三个月后实际付款时，汇率为GBP1＝EUR1.10，此时该公司购买10 000英镑只需要支付11 000马克，节省1 000欧元。

遵循这一原则，其实质在于将汇率风险的损失转嫁给交易对方。在实际业务中，货币选择对交易双方来说是对立的，选择何种货币并非一厢情愿，双方往往各持己见，所以，采用这种方法只有在对方处于被动（或劣势）的交易情况之下进行，否则难以成交。

3. 软、硬货币搭配法

各种货币的“软”与“硬”是相对的，而且具有时间性，这一段时间是硬币，过一段时间可能成为软币。在进出口贸易中，如果要求确定某一种货币计价付款，使交易双方中的一方单独承担汇率风险，一般是难以接受的，可以使用两种以上软硬搭配的货币，由交易双方共担风险，共受损失，共享收益。

当前，有些金额较大的进出口合同，采用四种货币计价，两种硬币/两种软币，使不同货币的急升急降风险，缓冲抵消。这样就可防止使用单一货币计价时因汇率的突然骤变，使买卖双方遭受重大损失。

（二）采取保值措施，订好保值条款

如果在进出口贸易合同中，由于传统的商业习惯或其他原因，选用可能

有下降趋势的软币计价，进出口商也可以在贸易合同中订入保值条款，其债权金额以某种比较稳定的货币或综合货币单位保值，支付时按支付货币对保值货币的当时汇率加以调整。

1. 黄金保值条款

签订合同时将计价货币折算成黄金，货款结算时将黄金折回计价货币。例如某出口商签订出口合同，货款100万美元，假设此时，1美元的含金量=1g纯金，100万美元折成黄金100万g，货款结算时，1美元的含金量=0.95g，100万g黄金折成美元105.26万，故进口商应支付105.26万美元。黄金保值条款只用行于固定汇率时期，现在由于黄金非货币化，黄金价格不稳定，此方法不再采用。

2. 外汇保值条款

外汇保值条款虽然都以硬币保值，以软币支付，但有三种类型，根据业务具体情况，选择一种使用。这三种形式：

(1) 计价用硬币，支付用软币，支付时按计价货币兑支付货币的现行牌价进行支付，以保证收入不至于减少。

(2) 计价与支付都用软币，但签订合同时明确该货币与另一硬币的比价，如支付时这一比价发生变化，则原货价按这一比价的变动幅度加以调整。

(3) 确定一个软币与硬币的商定汇率，如支付时软币与硬币的比价超过商定汇率一定幅度时，才对原货价进行调整。

第三种类型是前两种类型的灵活运用，适用于素有交往的客户之间，以推进和发展双方长期往来的经济合作关系。

3. 综合货币单位保值条款

与外汇保值的性质、形式相同，但不是以硬币保值，而是以综合货币单位保值，如以特别提款权来保值。由于这些综合货币单位是由一定比例的硬币与软币搭配而成，故其价值较为稳定，以它保值，可以减缓风险。

4. 物价指数保值条款

即以某种商品的价格指数或消费物价指数来保值，进出口商品货价根据价格指数的变动相应调整。

5. 滑动价格保值条款

在签订贸易合同时，买卖商品的部分价格暂不确定，根据履行合同时市场价格或生产费用的变化，加以调整。

在签订贸易合同时，买卖双方应确定滑动公式的主要问题，如：①滑动部分占货价的比例，不滑动部分（管理费等）所占比例；②滑动价格的组成及比例：主要由原材料费和工资两大部分组成；③材料价格指数和工资指数的依据与资料来源等等。

（三）提前收付或拖延收付法

提前滞后收付法（Leads and lags）是指根据汇率预测及相关利率，有意加速或拖延应收款或应付款。通常的规则是：企业应该加速软币的应收账的收进，推迟软币应付账的付出；相反，企业应该提前硬币应付账的付出，推迟硬币应收账的收进。

例如，一家美国企业拥有欧元应付款，而欧元近期可望升值。马上支付这笔债务使该公司免除了由于欧元升值带来的意外成本（以美元计算）。由于提前付款可能需要借人当地货币进行兑换外币，所以应当保证借贷利息不超过预计的汇率变动。

提前滞后法与公司内部交易同时使用时更为有效。双方的合作使公司能够充分发挥这一技巧的优势。公司内部的提前滞后法完全取决于哪一方能够更好地使用资金。

这种技术是对弱的外币加快收进应收款，拖延支付应付款。从事进出口业务的公司，则要对软币的出口收入加快托收，推迟支付以软币进口的货款。处于软币国的跨国公司更愿意从当地借款，提前支付债务，防止软币贬值损失，尤其是当它不能够通过内部资金提前支付应付款，或不能够推迟托收硬币应收款时，会用这个办法。通过各种途径，扩大软币的借方余额，或增硬币的贷方余额。当然，运用提前推后技术要付出一定的成本，需要计算计价货币价值的转变、外汇得失、应收和应付款的利息得失、借款成本以及做税收调整。提前偿付的成本是实际利息成本减去所赚或节约的利息。或者根据这个支付所用资金的机会成本，减去这个支付所节约或赚取的利息。由于当事国或公司不允许超常规的提早或推迟支付，运用这种技术应着眼于货币的长期趋势，使之成为持续的措施而不是突然的行为。并且运用货币政策和定价政策相结合。

由于提前滞后收付法是一种很明显地将风险转嫁给对方的行为，各国政府都对提前滞后收付作出限制性的规定。

（四）平衡法和组对法

1. 平衡法

平衡法（Matching）是指在同一时期内，创造一个与存在风险相同货币、相同金额、相同期限的资金反方向流动。例如：某公司在 3 个月后有 100 000 美元的应付货款，该公司应设法出口同等美元金额的货物，使 3 个月后有一笔同等数额的美元应收货款，借以抵消 3 个月后的美元应付货款，从而消除外汇风险。

在一般情况下，一个国际企业取得每笔交易的应收应付货币“完全平衡”（perfect matching）是难以实现的。一个国际公司采用平衡法，有赖于公司领导下的采购部门、销售部门与财务部门的密切配合。在金额较大的、存在着一次性外汇风险的贸易，可以采用平衡法。

2. 组对法

某公司具有某种货币的外汇风险，它可以制造一个与该货币相联系的另一种货币的反方向流动来消除某种货币的外汇风险：另一种货币与某种货币流动方向相反，但金额相当、时间相同。平衡法与组对法的区别在于：作为组对的货币是第三国货币，它与具有外汇风险的货币反方向流动。具有外汇风险的货币对本币升值或贬值时，作为组对的第三国货币也随之升值或贬值。可见，组对法的实现条件是：作为组对的两种货币，其汇率常常呈现高度正相关关系。

（五）多种货币组合法

多种货币组合法也称一揽子货币计价法，是指在进出口合同中使用两种以上的货币来计价以消除外汇汇率波动的风险。当公司进口或出口货物时，假如其中一种货币发生升值或贬值，而其他货币的价值不变，则该货币价值的改变不会给公司带来很大的外汇风险，或者说因分散了风险而使企业负担减轻；若计价货币中几种货币升值，另外几种货币贬值，则升值的货币所带来的收益可以抵补贬值货币贬值带来的损失，从而减轻外汇风险的程度或消除外汇风险。另外，也可以用特别提款权或其他联合货币来进行保值，这些联合货币由一定比重的硬币与软币搭配组成，其价值较为稳定，用他们保值可以减少外汇风险。

（六）利用外汇交易，防范外汇风险

1. 即期外汇交易法

指具有近期外汇债权或债务的公司与外汇银行签订出卖或购买外汇的即期合同，以消除外汇风险的方法。即期交易防范外汇风险需要实现资金的反向流动。企业若在近期预定时间有出口收汇，就应卖出手中相应的外汇头寸；企业若在近期预定的时间有进口付汇，则应买入相应的即期外汇

例如，美国 A 公司在两天内要支付进口货款10 000英镑，该公司可立即进行英镑的即期买进，即期汇率为 GBP1＝USD1.5206/16，两天后交割时公司付银行美元，银行付公司英镑，公司把英镑付给出口商。

A 公司以 USD 15 216购进 GBP10 000，实现了外汇资金的反向流动，消除了两天内的汇率风险。

2. 远期外汇交易法

指具有外汇债权或债务的公司与银行签订卖出或买进远期外汇的合同，以消除外汇风险的方法。具体做法是出口商在签订贸易合同后，按当时的远期汇率预先卖出合同金额和币别的远期，在收到货款时再按原订汇率办理交割。进口商则预先买进所需外汇的远期，到期支付货款时按原定汇率进行交割。

这种方法的优点在于：一方面将防范外汇风险的成本固定在一定的范围内；另一方面，将不确定的汇率变动因素转化为可计算的因素，有利于成本核算。该法能在规定的时间内实现两种货币的风险冲销，能同时消除时间风险和价值风险。

例如美国一公司向英国出口一批货物，双方商定以英镑计价并结算，价格为 10 万英镑。贸易合同签订时的汇率为 1 英镑＝1.60 美元，这笔货款折合 16 万美元，美国出口商担心 6 个月后英镑贬值，为此，该出口商按照 1 英镑＝1.55 美元的 6 个月远期汇率，把 10 万英镑卖给银行，到期可收到 15.5 万美元，比签订合同时少收5 000美元，这5 000美元就是该公司利用远期交易、防范外汇风险的成本。

再例如美国另一公司从日本进口一批货物，以日元计价结算，价格为 1 亿日元，货款将在 3 个月后支付。现在的即期汇率为 1 美元＝100 日元，3 个月的远期汇率为 1 美元＝95 日元，该公司为防止日元的大幅度升值，决定用1 052 631.57美元买进 1 亿远期日元。与签订合同时相比，该公司多付出52 631.51日元，这就是该公司做远期交易的成本。3 个月后，不管汇率如何变化，该公司都不用担心成本的增加。

3. 掉期交易法

掉期交易法是指进出口商通过与外汇银行之间签订掉期交易合同的方式来防范外汇风险的方法。它要求进出口商同时进行两笔金额相同、方向相反的不同交割期限的外汇交易，它是国际信贷与国际贸易业务中典型的套期保值手段。

例如我国某公司将在 1 个月后收到货款 100 万美元，3 个月后，又将支出 100 万美元，则该公司可与外汇银行签订一个掉期交易合同，卖掉 1 个月期的 100 万美元，买入 3 个月期的 100 万美元。假设：1 个月期的远期汇率为：＄1＝￥8.3670/90；3 个月期的远期汇率为：＄1＝￥8.2670/90。则该公司在防范风险的同时，还获得了掉期收益：

100 万×8.3670÷8.2690−100 万=1.1851 万元

4. 外汇期货交易法

外汇期货交易是在有形的交易市场，根据成交单位、货币种类、货币数量标准化的原则，按固定价格购买与卖出远期外汇的一种业务。外汇期货交易和远期外汇交易极其相似。二者都是通过合同形式把购买或出卖外汇的汇率固定下来，而且都是一定时期以后才交割，而不是即时交割，因而企业或个人可通过外汇期货交易防范汇率风险。

如美国向英国出口货物，价格为 10 万英镑。美国出口商为防止 6 个月后英镑汇率下跌所带来的损失，可到外汇期货市场卖出 6 个月期英镑期货，到 6 个月后，如果外汇市场的英镑现汇汇率下跌，期货市场上的英镑价格也会下跌，这样该企业可以以低价买回英镑期货合约，用期货上的盈利（高价卖英镑期货与低价买英镑期货的差额）抵消出口货款的损失。

5. 外汇期权交易法

用外汇期权交易同样可以防范汇率风险。期权交易是指期权的买方在交纳一定的保险费后，获取买卖一定外汇的权利。以上例为例，美国出口商在付出一定的期权费后，可以以 1 英镑=1.55 美元的协定汇率买进一个 10 万英镑的卖出期权。到合约到期日，如果英镑汇率下跌到 1.55 美元以下，该企业可执行合约，如果英镑汇率上涨到 1.55 美元以上，该企业可放弃合约，直接到外汇市场出售英镑，企业所付出的成本就是期权费。

（七）借款法与投资法

1. 借款法

借款法是指有远期外汇收入的经济实体，通过借入一笔与远期外汇收入相同币种、相同期限、相等金额的资金，改变时间结构，防范汇率风险的一种方法。

例如英国某公司有为期半年的 1 000 万日元的应收账款，如果在半年内日元汇率下降，它将蒙受风险损失。为防范这种汇率风险，该公司可借入为期半年的 1 000 万日元，并立即将其卖出得到相应数量的英镑。在半年后，该公司用日元应收账款归还日元借款。

借款法可以使外币债权人将计划的未来外汇交易提前进行，从而可以避免风险。同时也提前得到相当于应收账款的资金，但也付出了一定的防范汇率风险代价即借款利息。

2. 投资法

投资法是指有远期外汇支付的经济实体，通过投资一笔与远期外汇支出金额、期限和币种都相同的资金，改变时间结构，防范汇率风险的一种方法。

例如日本某公司有为期半年的10万英镑的应付账款，如果在半年内英镑汇率上升，它将蒙受风险损失。在汇率风险管理中它可使用投资法，即按当时的汇率将10万英镑进行为期半年的投资；半年后用收回的英镑投资偿付应付账款。

投资法和借款法虽然都能改变时间结构，防范汇率风险，但借款法是将未来的外汇收入转移到现在。而投资法是将未来的外汇支付转移到现在。

（八）BSI法

BSI是Borrowing－Spot－Investing的缩写，即借款—即期外汇交易—投资法。它是指具有外汇应收账款或应付账款的经济实体，通过借款、即期外汇交易和投资的程序，争取消除汇率风险的管理方法。具体做法如下：

（1）具有应收账款的企业，为了防止汇率变动，先借入与应收外汇等值的外币，以此消除时间风险，同时，通过即期交易把外币兑换成本币，以此消除价值风险，然后，将本币存入银行或进行投资，以投资收益来贴补借款利息和其他费用。应收款到期时，就以收入的外汇归还银行贷款。

例如英国某公司有1 000万日元的应收账款，在汇率风险管理中，它可借入1 000万日元，通过即期外汇交易将其换成英镑，并用该英镑进行投资。在收回投资时，它用英镑投资利息偿付日元借款利息；如果前者不足以偿付后者，则它为避免汇率风险付出了一定代价。

（2）具有应付账款的企业，在签订贸易合同后，借入相应数量的本币，同时以此购买结算时的外币，消除了价值风险。然后以这笔外币在国际金融市场上做相应期限的短期投资，改变了时间风险。付款期限到期时，该企业收回外币投资，并向出口商支付货款。

上述消除应收账款和应付账款汇率风险的操作程序，虽然都是借款、即期外汇交易、投资三步曲，使收入和支出的外币完全抵消。但币种操作顺序不同。前者借款是借外币，投资用本币；后者借款是借本币，投资用外币。

BSI法与借款法的主要区别在于操作中它多出一道投资程序，从而既能提前利用资金，也可以投资收益完全或部分抵补承担借款利息的代价。

（九）LSI法

LSI法是Lead－Spot－Investing的缩写，即提前收付—即期外汇交易—投资法。它是指具有应收账款或应付账款的经济实体，在征得债务方或债权方的同意后，通过提前或延期收付货款、即期外汇交易和投资的程序，争取消除汇率风险的管理方法。具体作法如下：

(1) 具有应收账款的企业，在征得债务方同意后，以一定折扣为条件，请其提前支付货款，以消除时间风险；紧接着通过即期交易，将收取的外汇兑换成本币，从而消除价值风险。最后，将换回的本币进行投资，所获得的收益可完全或部分抵补因提前收汇造成的折扣损失。

例如德国某公司在 90 天后从美国公司有一笔50 000美元的应收货款，为防止汇率波动，该公司征得美国公司的同意，在给其一定折扣的情况下，要求其在 2 天内付清这笔货款（暂不考虑折扣具体数额）。该公司取得这笔50 000美元货款后，立即通过即期交易换成本币，并投资于德国货币市场。由于提前收款，消除了时间风险，由于换成本币，又消除了价值风险。

在此与 BSI 法的应收账款做法基本相似，但不同的是 BSI 的首先是从银行借款，以借款利息为成本；而 LSI 是请付款方提前支付货款，以给其一定的折扣为或本。

(2) 具有应付账款的企业，先从银行借入本币，按即期汇率兑换成应付外汇，紧接着提前付账款，从债权人那里获得一定的折扣。其所获得的折扣可完全或部分抵补借款利息的损失。

上述消除外汇应收账款和应付账款的汇率风险的操作程序都是三步曲，其收入和支出的外币完全抵消，付出的成本以投资收益可完全或部分抵补。两者区别在于前者是请付款方提前支付货款，将外币换本币，用本币投资：后者是借本币，将本币换外币，提前支付账款。

二、防范会计风险的方法

涉外企业对会计风险的防范，通常是实行资产负债表保值法，这种方法要求在资产负债表上各种功能货币表示的受险资产与受险负债的数额相等，以使其会计风险头寸（受险资产与受险负债之间的差额）为零。只有这样，汇率变动才不致带来任何折算上的损失。

实行资产负债表保值，首先要弄清资产负债表中各账户、各科目上各种外币的规模，并明确综合折算风险头寸的大小。其次，根据风险头寸的性质确定受险资产与受险负债的调整方向。如果以某种外币表示的受险资产大于受险负债，就需要减少受险资产，或增加受险负债，或者双管齐下。反之，如果以某种外币表示的受险资产小于受险负债，就需要增加受险资产，或减少受险负债。最后在明确调整方向和规模后，需进一步确定对哪些账户、哪些科目进行调整。有些账户或科目的调整虽然能消除或减轻折算风险，但却以其他账户或科目调整的风险增加为代价。

在外汇风险的管理中，交易风险的防范要求与折算头寸的防范要求可能会发生冲突，从而加深风险管理的难度。譬如，对于跨国公司来说，最容易防范折算风险的办法，是要求所有在国外的分支机构都使用母国货币进行日常核算，使其受险资产额和受险负债额都保持为零，以避免编制综合财务报表时的折算风险。但各分支机构便会面临更多的交易风险，因为各分支机构日常使用最多的通常是东道国货币，当使用母国货币作为核算货币时，便不可避免地会面临交易风险。同样的，假定各分支机构要避免交易风险，那又会面临折算风险。

三、防范经济风险的方法

防范经济风险的方法通常有经营多样化与财务多样化，它是预测意料的汇率变动对未来现金流量的影响，并相应采取必要的措施。

（一）经营多样化

经营多样化是指在国际范围内将企业产品的原料来源、生产、销售地进行分散化，使企业能够在汇率变动时，以某些市场的竞争优势抵消另一些市场的竞争劣势，从而消除经济风险。比如，由于实行国际经营多样化，在汇率出现意外变化后，管理部门势必通过比较不同地区生产销售和成本的变化趋利避害，迅速调整经营策略，改善竞争条件，增加一些分支机构的生产，减少另一些分支机构的生，使公司的产品在市场上变得更富竞争力。退而言之，即使管理部门不进行因汇率的变动而调整其经营策略，经济风险也会因为经营多样化而减弱，汇率出现意外变动后，公司的竞争力可能在某些市场上下降，也可能在另一些市场上提高，由此公司现金流量受到的影响也会相互抵消。

（二）财务多样化

财务多样化是指在多个金融市场以多种货币形式寻找资金来源和去向，即实行筹资多样化和投资多样化。比如，可以通过多渠道的筹资，分散汇率变化的风险，有效的降低资金成本，并使企业根据国际经济形势及汇率的走向，改变融资途径，使企业尽可能从低成本的金融市场筹资到收益高的部门或市场应用。同样，在投资方面公司也应向多个国家和地区进行投资，创造多种外汇收入，这样当汇率波动时，一笔资金和利益的回流可能遭到损失，另一笔资金和利息的回流可能比原汇率折算值增大，从而抵消或减弱了外汇风险。

第三节　汇率的预测

尽可能准确地进行汇率预测对防范外汇风险有重要意义。这是因为汇率预测有利于人们选择最佳防范风险的策略及方法。如果预测汇率的变动幅度很大，而且对企业的收支产生不利影响时，企业应果断采取防范措施；反之，如果汇率变动的幅度不大或承受的损失小于防范风险的成本，企业可采取部分防范或不防范的策略。此外，防范风险的方法很多，所付出的成本也不同，我们应该选择成本最低、收益最大的最佳方法，这种选择也离不开汇率的预测。

成功的汇率预测必须遵守预测汇率的以下程序：

（1）根据特定的需要确定预测的目标，包括预测何种外汇币种、时间维度和精确度要求等。如某出口商在2个月后收到100万美元，他便需要进行2月期美元的汇率预测。

（2）根据预测的目标搜集和积累有关信息资料。首先，人们要根据预测目标确定搜集资料的范围。其次，人们要选择资料的来源和搜集资料的方法。可利用互联网、外汇资讯、外汇报刊、外汇杂志、外汇专著和有关的统计手册等多种渠道获取大量相关信息，联合国及其专门机构也不断提供各种统计资料，另外也可以进行直接市场调查、向信息机构咨询。最后，人们需要对搜集到的信息进行整理，即对信息筛选和归类。

（3）根据预测的目标选择预测的方法。一般说来，长期预测侧重于选择定性分析，短期预测还需要进行定量分析。定性和定量分析方法各有利弊。

（4）分析预测误差。由于国际金融市场价格预测的复杂性和信息成本的制约，汇率预测难免出现误差。在分析预测误差时，首先要考察误差的性质。随机性误差一般不能说明预测方法存在缺陷，而系统性预测误差则要求人们分析误差发生的原因，从而改进预测方法。

汇率预测主要有两种方法：一是基本因素分析法；二是图表分析法。

一、基本因素分析法

基本因素法是以影响汇率变动的各种因素为依据，进行分析判断，即根据各种因素发生作用的强度和方向做出汇率趋势的估计。

（一）主要基本因素

在浮动汇率制下，汇率变化基本取决于外汇市场的供求状况，而影响供求的因素很多，有经济方面的，政治方面的，心理方面的等等。我们在预测时需注意下列各种主要的基本因素。

1. 基本经济因素

（1）经济增长率。如一国经济增长率高于其他国家，意味着该国具有较高收益的投资机会。外国投资者必将纷纷涌进该国，在该国进行直接投资和间接投资，从而使该国货币汇率不断上升。失业率也是经济发展状况的标志。一国失业率降低，表明该国经济的前景看好。但有的国家出于经济的增长需要大量从国外进口原材料，因而进口会大幅度增加，从而引起贸易收支恶化，该国货币汇率可能会下跌。因此，经济增长率高的国家，其货币汇率是否上升在一定程度上取决于该国的进出口贸易，如果一国能够扩大出口，外汇收入增多，再加上国外资金的流入，该国货币必然升值；如果进口增加，而且增加的幅度大于国外资金的流入，该国货币就会贬值，如果小于资金流入的幅度，该国货币就应升值。

（2）国际收支。国际收支是影响汇率短期变化的一个非常重要的因素。当国际收支出现顺差时，外汇供大于求，外国货币与本国货币的比值就会下降；国际收支出现逆差，外汇供不应求，外国货币兑换本国货币的数额就会上升，本币贬值。在国际收支中，贸易差额和经常收支差额最为重要。

（3）物价的涨跌。一国货币的对内价值是其对外价值的基础。当一国物价持续高于其他国家，该货币的购买力已经降低，货币兑外币的汇率就会下降。当然市场汇率有时会出现与之相反的情况，但这种背离两国实际货币购买力的汇率不会维持很久。在预测汇率时往往会出现这种现象：当一种货币持续升值或贬值时，人们就会不知不觉地倾向于这种货币还会升值或贬值。这时就要注意市场汇率是否较大幅度地偏离了其实际汇率，经常保持清醒的头脑，有助于提高汇率预测的准确性。

（4）货币利率。利率水平对汇率的变化起着重要的作用，有时甚至起决定性的作用。一国利率水平高于其他国家时，通常会吸引国外资金流入，从而使该国货币升值。我们经常看到这样一种规律：中央银行提高贴现率，该国货币汇率上升；中央银行降低贴现率，货币汇率下跌。但有时一国利率水平高于其他国家，该国货币汇率并没有上升，反而下跌。这里关键要看该国的实际利率是否上升。

利率有名义利率与实际利率之分。所谓名义利率就是市场上的利率，实际利率是名义利率减去预期的通货膨胀率，也就是资金使用的真实成本或投资的真正收益率。在世界各国金融市场还没有达到一体化的情况下，各国资金借贷的成本是不同的。因此，各国名义利率的不同可能是因为各国预期的通货膨胀率不同，也可能是各国实际筹资的成本不同。换言之，一国名义利率的上升既可能意味着该国预期通货膨胀率的上升，也可能反映了该国实际利率水平的提高。如果是前一种情况，人们对该国货币的需求就会减少，该国货币汇率就有下跌的压力；如果是后一种情况。各国的资金就会被吸引到该国，人们对其货币的需求就会增加，汇率就会上升。由此可见，利率的变化可能会引起两种结果。

2. 政治及新闻舆论因素

政治及新闻舆论是影响短期汇率的突发性因素，如国内的民族冲突、国家与国家之间的战争，政变、罢工、政界要人的政治丑闻、银行倒闭等。外汇市场对各种各样的消息非常敏感，一旦重要的新闻消息入市（包括传闻、谣言)、各种货币汇率就会发生变动。国际上的各种新闻层出不穷，有时对这种货币有利，有时对那种货币有利，这就要求预测人员在消息公布后，能够判断出哪种货币会升值或哪种货币会贬值。

3. 中央银行的干预

中央银行常常在外汇市场买卖外汇以干预汇率，特别是在汇率上升或下跌幅度已经相当大时，中央银行更是活跃。一般情况下，大规模的中央银行干预（特别是几国联合干预）会使汇率由跌转升或由升转跌。但有时中央银行的干预不一定立即见效，但过一段时间，干预的效果会显示出来。因此，预测汇率时，应注意中央银行的动向。

4. 心理预期因素

汇率变化的原因有时是由心理因素引起的。如人们对美元前景看淡，外汇市场就会出现抛售美元、抢购其他货币的情况。即使美国目前的各项经济指标还未出现问题，但人们预期美国经济或国际收支将会恶化，因而市场抛售美元的压力很大。相反，有时美国政府公布的经济指标比以前要恶劣，但美元汇率不但没有下跌，反而上涨。其原因在于人们在数字公布以前，已对数字做了预测，如果数字没有人们预测的那样差，汇率就不会下跌。

5. 其他因素

预测汇率时还应注意世界石油价格、黄金价格、主要国家的股票价格指数等的变化。石油价格上涨有利于石油输出国的货币，而不利于石油进口国的货币。通常情况下，黄金价格的变化与美元汇率的变化呈相反方向：黄金价格上涨，美元汇率下跌；黄金价格下降，美元汇率上升。此外，一国股票价格不断上涨，股票指数不断上升，通常会带动该国货币汇率上涨。这是因为股价上涨，意味着国内外投资者对该国经济充满信心，这会吸引更多的投资者到该国投资，从而引起该国货币汇率的上升。反之，如股价下跌，人们会把资金从该国抽走，购买其他国家的股票和债券，从而使该国货币汇率下跌。

总之，影响汇率的因素很多，分析一国货币汇率走势时，不能孤立地分析一两个因素，必须对影响汇率的各种因素和资料进行综合研究，并在实践中不断摸索经验。

（二）德尔菲专家咨询法

德尔菲专家咨询法是 20 世纪 40 年代由美国兰德公司创立的。它是一种以专家的知识、经验、直觉和判断为基础的预测方法，广泛用于政治、经济、军事、文化生活领域。其具体内容为：在有关人员的组织下，采用匿名的、背靠背征询问卷的方式，使参加预测工作的专家独立地提出自己的判断，然后组织者将这些判断进行综合处理，反馈给专家们进行第二轮征询，专家们再进一步作出判断，经过数次征询、数次反馈，专家们的意见基本趋于一致。

用德尔菲专家咨询法预测汇率时，要求被征询的专家给出某种汇率的精确值，并要求就汇率变动的原因做简要说明。国际上通常把影响外汇汇率的因素分为 12 类，未被归入这 12 类的因素可归为其他类。这 12 类为：

（1）官方及非官方的经济预测。

（2）对定期发布的经济消息的预测。

（3）对各国干预外汇市场的预期。

（4）市场交易因素。

（5）政治新闻、大选、战争、地区冲突等。

（6）资本市场的变动。

（7）贸易收支状况。

（8）市场技术因素。

（9）利率水平及变动。

（10）通货膨胀率。

（11）政府宏观经济政策的变动。

（12）实际经济增长率。

（13）其他。

专家们需对上述影响汇率变动的因素做逐一简要的说明，因而专家必须具备丰富的汇率理论知识和实践经验，并有独立的分析能力。德尔菲专家咨询法的准确性在很大程度上依赖于专家的选择。

二、技术分析法

技术分析法又称图表分析法，是以图表为主要分析工具，通过研究过去的市场价格变动来预测未来市场价格变化的一种方法。图表分析法具有简单、直观的特点，被广泛运用于短期汇率的预测。图表分析中最常见的是柱形图、点形图、主图等。

（一）柱形图

柱形图是图表分析法中最基本的图形。它包括两种：

1. 条形图

其画法是：在以汇价为纵坐标、时间为横坐标的图上，把当天的最高价和最低价的两个点连成一条垂线，收市价画在垂线的相对应点上，日复一日，在坐标图上就形成了高高低低，波浪起伏的图形。如图 4-1 所示：

2. 线形图。线形图是将每日的收盘价用曲线连接起来，线形图在预测汇率时更为直观。如图 4-2 所示。

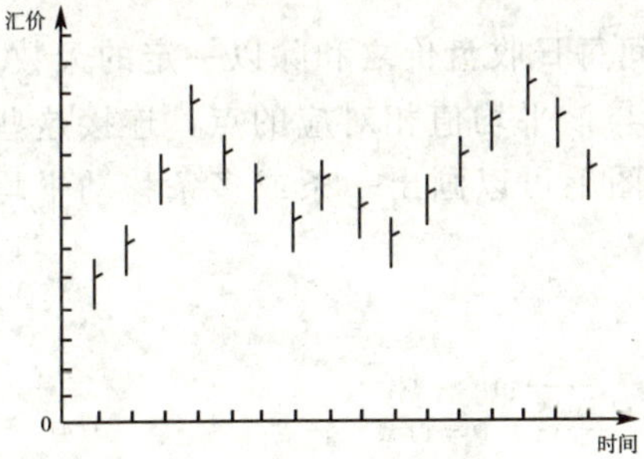

图 4-1　条形图

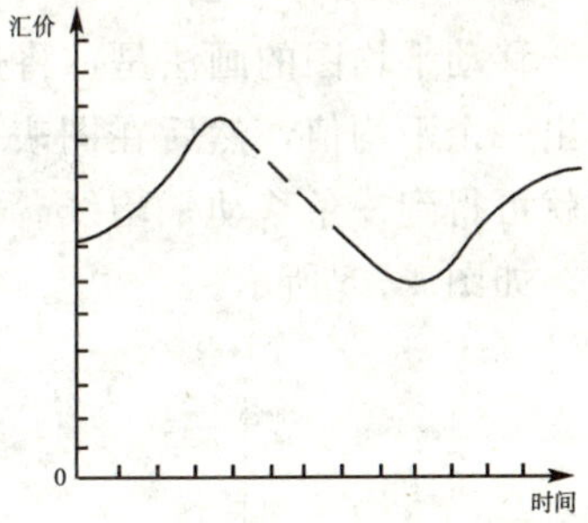

图 4-2　线形图

柱形图把汇价的变化记录下来，提供了汇价对市场力量起反应的连续背景，分析柱形图的目的是判断汇价的变化趋势。图中连接两个汇价最低点的直线称之为上升趋向线，也叫做下跌支撑线。只要汇价下跌没有穿透这条线，汇价上升的趋势不会改变。连接两个汇价最高点的直线称为下降趋向线，也称为上升阻力线。只要汇价没有突破这条线，说明汇价的下跌趋势没有改变。参看图 4-3 和图 4-4。

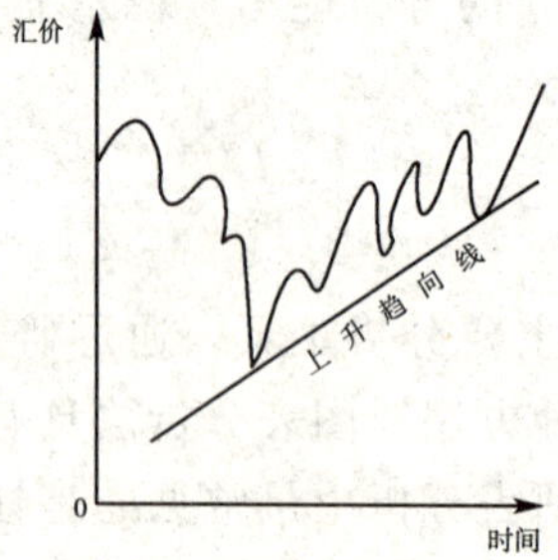

图 4－3　支撑线

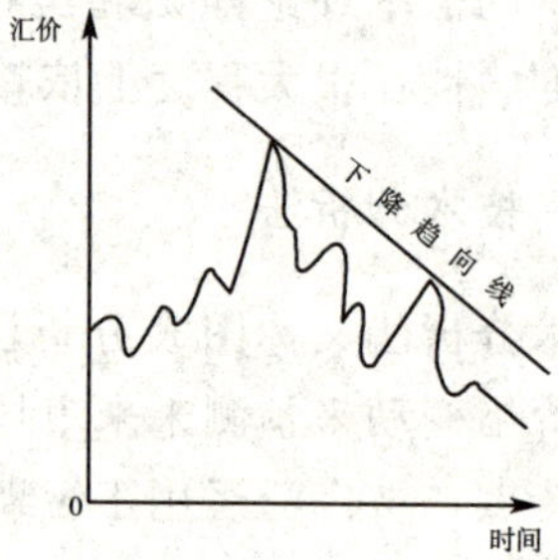

图 4－4　阻力线

（二）点形图

点形图反映的是一段时间内汇率发生变动的次数和幅度，一般用“×”和“○”分别表示汇率的上升和下降，一个“×”和一个“○”表示一单位汇率的升降，汇率的波动单位由预测者自行决定。

点形图主要反映外汇市场的供求关系，当某种货币需求大于供给时，其价位必然上升，图中就会由“○”转为“×”。如果以后几天，价位连创新高，图表将会出现一连串的“×”，表明汇价上升趋势未改。

（三）移动平均图

移动平均图的画法是：将过去一段时间每日收盘价之和除以一定的天数，得出一个平均值，然后在图表坐标上标出与该平均值相对应的点，连接这些点就可得到一条移动平均线。在移动平均图上可以画出一条或多条移动平均线。如图 4－5 所示。

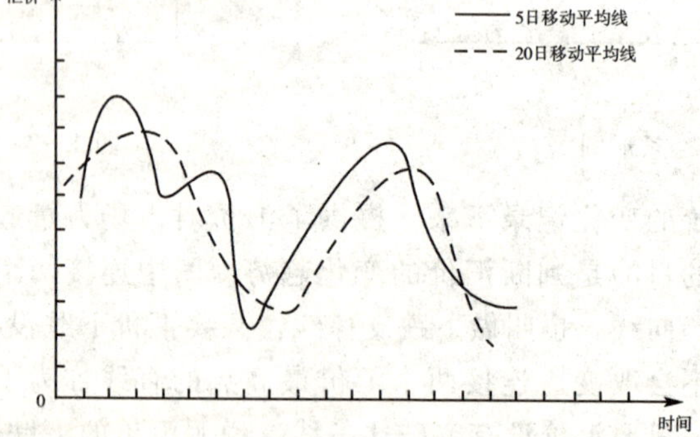

图 4－5　移动平均图

（四）主图

主图是由一张柱形图和移动平均图构成。它综合了两张图的消息，既反映了汇率变动的每日情况，又可分析汇率的走势。当日收盘价向上突破了移动平均线时，就是买进信号。表明汇率将要上升。反之，当收盘价向下跌破了移动平均线时，就是卖出信号，表明汇率将要下跌。如图 4－6 所示。

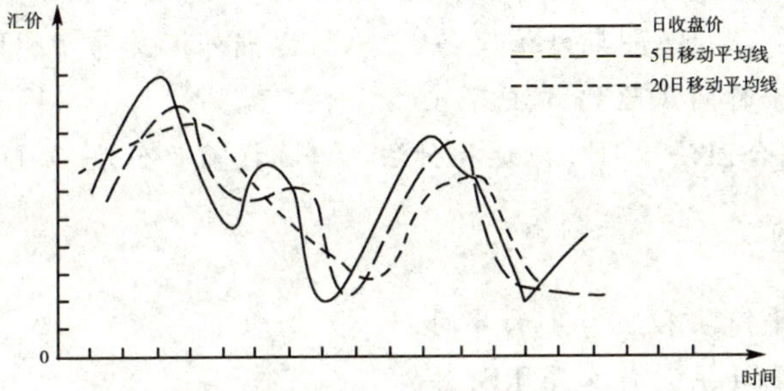

图 4－6 主图

习 题 四

一、判断题

1. 美国某公司 3 个月后有一笔欧元应付款，若预测欧元对美元的汇率将下跌，该公司可推迟支付以减轻汇率风险。 （ ）

2. 某公司有一笔 30 天期的美元应付款，若预测美元将上浮，该公司应提前支付，以减轻外汇风险。 （ ）

3. 一出口商在出口时，常要求使用本国货币计价，其目的是方便结算。 （ ）

4. 近年来，欧元汇率逐步攀升，美元汇率逐步下跌，因此，进口时应选用美元计价和结算，出口时应选用欧元计价结算。 （ ）

二、选择题

1. 造成实际损失的汇率风险是（ ）。

A. 交易风险　B. 经济风险　C. 经营风险　D. 折算风险

2. 根据汇率风险管理中选择有利的计价货币这一基本原则，下列正确的是（　　）。

A. 进出口争取使用硬货币

B. 对外借贷争取使用软货币

C. 进口争取使用硬货币

D. 争取使用两种以上软硬货币搭配的货币

3. BSI 是一种组合型管理方法，是（　　）的组合。

A. 借款　B. 即期外汇交易　C. 远期外汇交易　D. 投资

4. 只能消除时间风险的方法有（　　）。

A. 即期合同法　B. 拖延收付法　C. 提前收付法　D 借款法

三、简答题

1. 试比较平衡法和组对法的异同。
2. 什么是 BSI 法，什么是 LSI 法？
3. 企业在进出口贸易中，该怎样选择货币？
4. 构成外汇风险的因素有哪些？应如何规避外汇风险？

四、计算题

某年 3 月 12 日美国出口商 A 与瑞士进口商 B 签订 50 万瑞士法郎的出口合同，预定在 3 个月后进行货款结算。签约时，即期汇率为 USD/CHF＝1.7950/63，出口商 A 认为 3 个月后瑞士法郎贬值的可能性很大，届时将影响其出口收入。该出口商有以下方案可选择：

方案一：不做任何外汇风险的防范措施。

方案二：采用远期外汇交易来防范外汇风险（3 月 12 日，USD/CHF3 个月的远期汇水为 70/80 点）。

方案三：采用外汇期货交易来防范外汇风险。该出口商指示外汇期货经纪人卖出 4 份 6 月 16 日交割的瑞士法郎期货合约，期货价格为 CHF1＝USD0.5648。假设 6 月 12 日即期外汇市场果然贬值，汇率为 USD/CHF＝1.8223/48，期货市场价格为 CHF1＝USD0.5450，该出口商指示外汇经纪人买入 4 份 6 月 16 日交割的瑞士法郎期货合约，同时将收到的出口货款 50 万瑞士法郎在即期外汇市场上卖出。

要求：

(1) 计算该出口商签约时计划出口收入的美元金额。

(2) 如果执行方案一，该出口商将蒙受多少的汇率风险损失？

(3) 如果执行方案二，请计算3个月远期汇率，并分析方案二是否起到防范汇率风险的作用；若是，比较方案一，减少了多少损失？

(4) 如果执行方案三，比较该出口商到期收入与计划出口收入情况，分析方案三是否起到汇率风险防范的作用。

(5) 比较方案二和方案三，哪一种方案的汇率风险防范的效果更好？

五、案例题

1. 中国的一家跨国公司获得了5亿欧元的德国政府采购合同，合同将延续3年，德国政府以欧元付款。德国政府的采购约占该家公司销售量的60%，公司10%的经营费用是欧元，其他是人民币。公司的财务主管要求你提供一份报告：

(1) 该公司在未来3年中会出现多大的经济风险？

(2) 应该采取哪些行动来降低欧元汇率波动所产生的经济风险？

(3) 可以获得哪些外部资源来实现外汇风险管理？

2. 假定某企业从日本进口一条生产线，合同金额600 000 000日元，支付期6个月，当时市场即期汇率 USD/JP￥144.50，种种迹象表明日元将会升值，试述如何运用BSI法和LSI法消除日元汇率的风险？

3. 外汇风险案例：

百富勤破产

一、历史回声

百富勤投资集团有限公司（Peregrine Investments Holdings Limited）成立于1988年底，由集团主席杜辉廉和董事兼总经理梁伯韬在香港创办。集团主席杜辉廉先生在财经服务业积累了30余年经验，梁伯韬先生在企业融资顾问方面已纵横十五个春秋。百舸竞帆，善勇技高者上，百富勤集团在短短的几年间，其业务已遍及亚太各地，如今它已拥有庞大的办事处网络，建立了广泛的亚洲业务伙伴及商业联系，以及公认的环境配售力。在其业务重点的亚洲市场，该集团主要为客户提供各类型的综合投资银行及证券经纪服务。客户既可在亚洲各个经贸中心获得精辟独到的企业融资顾问、证券买卖及包销服务，同时亦可通过集团的全球服务网络在香港及国际资本市场筹集资金。

百富勤不但精于协调本域跨国性的合并与收购计划，而且在证券投资、直接投资、委托管理、项目融资、分销等业务中功力不凡。它从地理区域优势、客户、产品和服务三方面结合，选择整体策略、多元服务，运用集团自身的资金去支持前景远大的计划，同时担当客户的财务顾问及创始人。凭借它精到的企业融资顾问服务和非凡的业务拓展能力，百富勤日益受到亚欧及北美投资者的青睐。

百富勤的成立有其深远的时代和金融背景，不可不提。70 年代香港金融空前发达，金融气息已经具备，到 1986 年联交所加入国际证券交易所联合会获会员资格，标志香港证券业已日臻成熟。1987 年全球股灾风云之后，一支强大的专业管理队伍在港形成，百富勤得于其后，为日后的发展取得了人才基础和经验。随着众多跨国投资银行和本域投资银行在港成立，香港金融业多元化趋向日益明朗。这些大的金融环境培养了百富勤的创业天才。

梁伯韬 1980 年获加拿大多伦多大学工商管理硕士，回港后进入汇丰银行全资附属机构获多利财务公司从事财务工作。1985 年，梁与后出任联交所行政总裁的袁天凡等几人跳槽入美国万国宝通银行，一同筹建该行附属的新财务机构万国宝通国际，梁氏出任行政副总裁，杜辉廉任行政总裁。杜氏于 60 年代末涉足此业，在伦敦证券经纪业从事，是唯高达证券公司的创办人之一。70 年代，香港股市兴旺，杜氏代表唯高达来港经营，籽落肥田，杜氏很快红遍香港证券业界。1984 年，万国宝通收购唯高达，并据此建立万国宝通国际，杜效力万国宝通任行政总裁。杜梁同道合作，万国宝通国际即在同行业中脱颖而出，参加了多宗大型收购、合并，声誉日隆，杜梁二氏皆成为业中名士。

1987 年，全球股灾波及香港。10 月，万国宝通的美国总行重新调整全球策略，收缩海外证券业务。万国宝通国际被要求维持现状暂停拓展。股市震荡为杜梁的立业发展提供了契机，他们欲凭其业务操作能力和多年的资历和信誉重立门户，占得香港证券业的一角。事实上，此次大股灾对香港证券业进行了一次大调整，专业管理人才队伍重新组成，此时进入证券业谋位可谓新市立新。1988 年 9 月，梁伯韬率先走出，创办了百富勤融资公司，杜辉廉暗度陈仓，协助百富勤车展羽翅。1989 年 1 月他正式加入其道，使百富勤如虎添翼，百富勤概念亦随杜梁之名深入香港商界。百富勤融资成立时只是一小型公司，但到 1990 年底便以它的发展、产品创新和市场推广等出色成就获香港《南华早报》与敦豪国际公司合办由港督颁授的企业奖。与此同时，百富勤证券开办，由涉身此业多年的杜辉廉出任主席。从创办到 1991 年中，百富勤证券已发展拥有 7 个经纪牌，仅次于新鸿基和中茂的持牌。百富勤集团主体渐渐形成。

二、危机就在成功时

百富勤由后起的小字辈一跃成为香港投资银行的新贵，着实创造了香港乃至亚太一大奇迹。如果说昨日的发展、壮大是以百富勤的人望、商界巨子的支持、市场的契机而为的话，那么21世纪，百富勤又打算如何写意春秋？

1. 香港回归创机遇

1997年7月1日是全世界炎黄子孙欢心雀跃的日子，从此以后英国的殖民统治将从香港消失，流浪百年的香港回到了祖国的怀抱，一个自由、民主的香港蓝图呈现于世人面前。百富勤所置身的是一个宽松、井然、潜力巨大的金融环境。百富勤现已将业务重点之一盯在中国内地，发展与内地的长线伙伴关系。如集团主席杜辉廉所说："21世纪是中国的世纪，我们想使之成为百富勤的世纪。"到1997年3月，内地已有23家企业在港上市，筹资达248亿港元，加上在港的中资企业上市的红筹股，共有57家中资公司上市，总市值近2500亿港元，约占港股市场的7%，在上市过程中多有百富勤参与。在香港回归之后，更多的香港投资者看好投资于内地的重大项目，如铁路、港口和通讯设施建设及大规模的城区改造等。相形之下，百富勤在内地已有多次成功的投资融经验，其信誉已得到公认，故而利用这些商机可能性最大。

2. 私人投资筑商机

90年代始，全球利率周期性下降，使私人资本恢复向发展中国家流动。由于工业国和发展中国家逐渐取消金融管制、及信息技术和金融工具的进步创新，使得私人资本对跨国机会的反应灵敏。预期发展中国家的金融会在21世纪初向纵深发展，私人资本总流量会增大。这种私人投资的不断增长，主观上要求寻找资信良好的投资中介，借以向高效益、低风险的产业和项目投资，客观上也为投资银行的发展带来了契机。百富勤的业务强项恰是资本代理，业绩增优不无可能。

当然，国际金融的自由化、一体化、科技化、电子化将成为21世纪的金融发展趋势，各类银行对市杨进入的限制会进一步放松，就投资银行而言其业务范围会扩大，但业内竞争烈度将加大，百富勤将会处身于挑战和机遇共存的环境中。

3. 风云变幻

雏鹰折翼然而就在百富勤正欲振翅高翔，去拓展国际资本市场之时，适逢东南亚金融危机徘徊于港岛，1998年1月12日下午5时，传来令人震惊的消息：百富勤投资集团公司发出公告："百富勤已委托罗兵逊会计师事务所作为清盘人，进入法律程序进行清盘。”——这意味着亚洲（除日本外）最大的独立上市投资银行——百富勤已宣告破产。

震惊之余，人们自会将目光投向源于1997年下半年的一场涤荡全球的金融风暴，这场在泰国爆发并迅速波及东南亚乃至全球的金融危机。1997年7月2日，泰国中央银行宣布放弃实施了14年的盯住美元的汇率制度安排，改成有管理的浮动汇率制，从而宣告在与货币投机者持续两个多月的短兵相接的较量中，泰国中央银行失利，同时，这也宣告一场货币危机在泰国全面爆发。泰铢在外汇市场上当天大泻17%，危机迅速渡及东南亚及整个亚洲地区，七八月间，菲律宾比索、马来西亚吉特、印尼盾和新加坡元兑美元的汇率屡创历史新低。与此同时，这些国家的股市发生大幅波动，雅加达、马尼拉、新加坡股市分别下跌了6.9%、9.3%、6%。东南亚金融危机进一步向全球其他新兴市场和发达国家扩散，而且还从外汇市场波及其他市场如股票市场，由一国货币危机发展成为影响更为广泛的全球性金融动荡。

这次改写世界经济发展史的金融风暴的序幕，是由以乔治·索罗斯为首的一些国际货币投机商掀起的。他们操纵的“对冲基金”（Hedge Fund）是一种专门从事高风险套利活动的投资基金，其主要手段是运用外汇、期货及金融衍生工具在金融市场进行套利交易。据估计，“对冲基金”在这场投机中共投入100亿～150亿美元，具体获利数难以估算。但仅泰国和马来西亚中央银行为维持本国货币的稳定，至少损失了数十亿美元。随之而来的是，东南亚其他国家的货币相继大幅贬值，股市和房地产价格大幅下调，香港也不能幸免，在1997年10月底出现了严重的股灾。

此次风暴亦使东南亚投资银行界受到相当大的冲击和损失。由于百富勤大量投资于东南亚市场，此番东南亚货币及股市狂泻给它造成了无法弥补的损失。1997年7月，当东南亚国家货币接二连三贬值时（7月2日泰国宣布放弃捍卫泰铢，当日泰铢贬值20%；7月11日菲律宾让比索自由浮动；3天后马来西亚放弃保卫林吉特；8月14日印度尼西亚让印尼盾自由浮动，印尼盾狂泻不止。这一天泰国390亿外汇储备只剩下11亿，被迫向IMF求救。）由于百富勤是区内最大的亚洲货币债券商；货币突然贬值，使一些由百富勤安排发行债券的东南亚公司可能无法履行如期还款责任，百富勤因此在8月及10月共拨出6 000万美元作呆账准备。另外，欠百富勤庞大款项的印尼计程车公司SS本计划以配股筹集资金，偿还百富勤的巨额债务，但由于印尼盾连创新低，汇率从1美元兑换2 400印尼盾跌至3 900印尼盾。于是SS决定再度延迟配股计划，这一决定使百富勤能否收回SS公司债项成为悬念。尽管百富勤一直未曾透露其与SS之间的债务关系，但实际上百富勤手上持有一笔多达2.65亿美元的SS短期票据，而此笔票据将在1998年2月至4日到期，以当时印尼在金融危机中的局势，不仅遭受巨大的汇率风险（损失近半，至1998年1月百富勤宣布破产，印尼盾已跌破6 000），而且连这笔贷款是否能够顺利回收都成为问题，机会甚为渺茫。而百富勤在东南亚其他国家的业务也在这场危机中遭受不同程度的损失，特别是在泰国的业务受损最为严重。

10月初，东南亚金融市场又刮起一股轮跌风。10月17日，台湾当局突然宣布放弃一直坚守的28.48新台币兑换1美元的汇率水平，让新台币自由浮动，10月21日新台币跌至30.7新台币兑换1美元的10年来最低点。新台币贬值成了国际炒家苦苦盼望的东风，金融风暴祸水东移。以10月22日晚伦敦外汇市场上一笔30亿港元的沽盘为标志，国际炒家全线出击，对香港开始了新一轮的阻击战。由于投机者大举沽空港股和港汇，共抛售港币1 000亿港元，致使长线投资者对香港的联系汇率制的信心发生动摇。为了避免损失。他们也加入了抛售港股和港汇的行列，承盘银行也被迫卖出港元进行对冲。由于投机者、承盘银行和长线投资者都在抛售港元，港币汇率在即期和远期市场受到强大压力。港币汇率直逼7.75港元兑换1美元的底线，1年期远期汇率则下跌到8.02港元兑换1美元的水平。

但由于国际炒家运用声东击西的方法，一手抛港币，一手攻股市。外汇市场上港币抛售压力剧增，香港金融管理局所采取的紧缩银根措施使香港银行间拆借市场利率急剧上升，招致香港股市的暴跌。10月20日（周一）恒生指数开市13 600点，一路下挫。10月23日对于香港股民来说是一个不幸的日子，恒生指数由11 700点暴跌至10 426点，跌幅达到10.4%。若以点数计超过了1987年10月26日“黑色星期一”的跌幅1 120点。10月24日，恒生指数略有反弹，但在10月28日恒指再次暴跌1 438点，创历史纪录，收报9 059点。从10月20日到28日，恒生指数在短短的几天里跌去4 541点，跌幅达33.4%。若以香港股市7月3日的3 000亿美元的市值计算，到10月28日已损失约1 400多亿美元。红筹股市值在同一时期内由450亿美元跌至190亿美元，损失260亿美元。

香港股票持续暴跌亦使百富勤内伤加剧，百富勤持有20多支上市的认股权证，所须作对冲的认股数目估计在30亿港元以上，恒生指数暴跌令持股量较多的百富勤损失惨重。百富勤在1997年7月至10月的股票损失至少在数亿港元以上（估计近10亿港币）。在遭到外汇风险、股市下跌的双重打击下，百富勤决定以裁员方式“止血”，宣布全球裁员275名，占百富勤当时总员工数目的一成半，其中香港雇员47人，但节省回来的成本与百富勤在金融风暴中的损失相比，可谓“杯水车薪”，无济于事。

虽然这次金融风暴是促使百富勤陷入财政危机的直接导火线，但百富勤在推行业务国际化时就已开始处处碰壁，这主要归因于其国际业务扩张过于迅速。随着香港华资财团业务日益国际化，百富勤也追随在欧美和亚洲多个国家开设分行，不过在许多新兴市场，百富勤不断遇到麻烦：1996年初不得不结束开设了近3年的缅甸业务，因为该国军方一直无意推行国企私有化，仰光证券市场的成立又遥遥无期；1996年中，百富勤越南分公司又卷入非法业务逃税的指控，分公司的主管被扣押近1年；同年4月，孟加拉国当局调查股市舞弊时，也拘捕了两名百富勤雇员；1997年百富勤在港发行台湾证券市场加权指数认购权也引起台湾方面的不满，该认购权证在期满后并未获得续期。

由于业务和财务上发生严重困难，百富勤开始准备引入新股东以自救。相关机构也与百富勤洽谈对其收购一事，但由于市场形势不断恶化，终未有进展。百富勤集团的两大主要往来银行（即债权人）汇丰银行和中银集团明确表示，不会收购百富勤；虽然当时市场一直寄希望于中银集团会出于政治因素出手挽救百富勤，但中银集团明确声称“既无此计划，也无此必要”。另外，香港长江实业主席李嘉诚和中信奉富主席荣智健作为百富勤的股东，也表示不会对其伸出援手。

就是在这般重重压力下，又传来原协议认购股份的瑞士苏黎世集团打退堂鼓和又有一笔6 000万美元贷款到期的不幸消息，这时百富勤内部流动资金早已枯竭，至此，百富勤再无任何回转余地，终于被迫申请破产清盘。

受百富勤事件的影响，香港恒生指数1998年1月12日一度跌破8 000点大关，市场极为恐慌。香港特别行政区行政长官董建华呼吁市民“面对股市的下落要做冷静和明智的决定”，“百富勤集团不是银行，而是一家主要经营证券业务的投资公司，其问题对香港银行体系不会有大的影响”，同时表示“最重要的是百富勤要保证通过百富勤投资的投资者的资金能够得到保障”，他认为百富勤能做到这点。的确，百富勤也强调，客户与公司的账户是相互独立的，客户可通过电话或传真热线取回账户上的股票及现金，百富勤免费办理过户手续，由此可见百富勤日常管理还是比较完善和规范的，并没有因为本身投资失败、财政困难而出现账目混乱。

十年创业，扶摇直上，一朝受挫，雏鹰折翼。百富勤的领袖凭借他们在财经界的关系、经验及财产，迅速成长起来，百富勤由最初3亿港元的资本发展成为拥有240亿港元总资产的跨国投资银行，在东南亚及欧美共设有28家分行，业务遍及证券、期货经纪、基金管理、投资融资、包销上市等。在中国内地国企改革之中，百富勤洞烛先机、及早部署，成为多个国企及红筹公司上市的主要财务顾问。但煊赫一时的金融巨子，却为这次金融风暴所淹殁。在感慨国际资本市场风云突变之时，百富勤的兴与衰更值得全世界的投资银行界人士深思——外汇风险需时刻提防，不能有丝毫懈怠。

问题：

1. 你认为是什么原因导致百富勤公司的倒闭？

2. 从案例中提到的东南亚金融危机中，你认为会对中国的经济产生什么样的影响？

3. 在此案例中，你认为我们需要接受哪些教训？

第五章 对外贸易融资

学习目标

通过学习，掌握对外贸易短期信贷和中长期信贷的有关内容，理解对外贸易融资对企业发展的重要性。重点掌握保付代理业务和出口信贷业务的有关内容。

重点难点

保付代理业务、出口信贷业务、福费廷业务的有关做法及特点。

第一节 对外贸易短期信贷

从事对外贸易的进出口商，在商品的采购、打包、仓储、运输的每个阶段，以及在与商品进出口相关的制单、签订合同、申请开证、承兑、议付等每一贸易环节中，都能从不同的渠道，得到资金融通的便利，以加速其商品流通，减少其资金积压，促进进出口贸易的完成。这种与进出口贸易资金融通有关的对外贸易信贷形式繁多，名目各异，很难一一列举，但根据发放信贷资金对象（授信人）的不同与接受信贷资金对象（受信人）的不同，对外贸易短期信贷大致有以下几种形式：

一、商业信用和银行信用

根据提供信贷对象的不同，对外贸易信贷可分为商业信用和银行信用。

（一）商业信用

在进口商与出口商之间互相提供的信贷属于对外贸易商业信用，如赊销和预付款等。当进口商在收到货物单据的一段时间后才支付货款，这就是出口商对进口商提供了商业信用；当进口商在收到货物单据以前就付出全部或一部分货款，这就是进口商对出口商提供了商业信用。

（二）银行信用

如果进口商与出口商中一方信贷资金的获得是由银行或其他金融机构提

供的，就构成对外贸易银行信用。例如，对出口商提供以准备出口或发往国外的货物为保证的贷款，银行贴现出口商向进口商签发的汇票，或凭出口商对进口商的债权给予贷款，均属于对外贸易银行信用。

必须指出，对外贸易信贷虽可以划分为银行信用与商业信用，但二者又密切联系，不可截然分割。例如，银行对出口商提供信用加强了出口商对进口商提供信用的能力，这样，一方面，银行信用就与商业信用交织在一起；另一方面，银行对进口商也提供银行信用。对进口商和出口商提供信用的银行不限于本国银行，外国银行也对进口商和出口商提供信用。

二、对出口商的信贷和对进口商的信贷

根据对外贸易信贷接受对象的不同，又分为对出口商的信贷和对进口商的信贷。

（一）对出口商的信贷

对出口商的信贷有进口商对出口商的预付款、经纪人对出口商的信贷及银行对出口商的信贷。

1. 进口商对出口商的预付款

进口商在收到货物之前，就支付一定金额给出口商，是对出口商的预付货款。进口商对出口商预付的货款，将来出口商以供货的方式偿还。预付有两种情况：一种是作为进口商执行合同的保证，通常称为定金；另一种是进口商对出口商提供信贷。在对外贸易中，预付款究竟属于前者还是后者，要看预付金额与货款总金额的比例关系、预付时间的长短和出口商的情况而定。

如果预付款的期限很短，占交易金额的比重不大，那么这种预付就是保证性质的预付。出口商要求进口商预付，是因为担心在供货期内货价下落，进口商拒绝执行合同，要求进口商预付，以之为执行合同的保证。保证性质的预付款，其金额一般相当于货价可能下落的额度。

如果预付款期限较长，金额又较大，这种预付是进口商对出口商提供的信贷。提供信贷性质的预付款，通常是经济发达国家在发展中国家收购农产品或其他初级产品所采用的。进口商提供这样的信贷，其目的在于以最有利的条件收购其所急需的产品，借以获取高额利润。发展中国家在从经济发达国家进口装备时，一般也要预付货款。发达国家担心发展中国家的进口商不能履约，常要求预付部分货款，以防止其可能遇到的风险。

订购装备品常用的付款方式：发出订单时，支付货款的1/3；凭发货单据支付1/3；货物到岸，买方接收货物，支付余下部分。美国和英国在出口机器

时，广泛采用这种办法。此外，比较常用的办法是买方按照设备各部件制成先后情况付款。

不能把在发展中国家收购初级产品的预付和在发达国家订购机器设备的预付等同看待。两种预付具有根本不同的性质。发达国家在发展中国家收购初级产品时，出口商卖出货物是因他急需货款，被迫接受较为苛刻的条件；而发达国家出售机器装备的出口商，大都是财务雄厚的大公司，他们一则希望进口商执行合同，二则不愿全部使用自己的资本，或利用银行信贷来生产装备品，才要求进口商预付货款。发达国家从发展中国家进口农产品的预付款，要收取高额利息；但是发展中国家从发达国家进口装备时的预付款是无息的，并且如无预付，即提高货价；而发展中国家进口机器装备的预付款，一般由对方银行出具履约保函，以防预付款交付后对方不履行合同的风险。

2. 经纪人对出口商的信贷

经纪人在某些发达国家的某些原料和粮食的对外贸易方面，起着很大的作用。英国的经纪人组织特别发达，在签订木材、毛皮这类商品的对外贸易合同时，总有经纪人参与。英国和其他国家的经纪人对向他们供应粮食和其他初级产品的外国出口商提供信贷，以压低收购价格，获取高额利润。这些经纪人多半为大公司组织，与银行垄断组织有着密切的关系，受到银行垄断组织的支持，取得低息贷款。因此，经纪人不但从贸易上取得利润，而且也从信贷资金的提供上获取收益。英国经纪人及其有关银行，利用向外国出口商提供贷款的方式，以加强伦敦市场的地位，使英国工业垄断组织能按有利条件取得初级产品和粮食的供应。

经纪人通常以下列方式对出口商提供贷款：①无抵押采购商品贷款。经纪人通常在与出口商签订合同时，便对出口商发放无抵押采购商品贷款。合同规定，在一定时期内出口商必须通过经纪人经销一定的商品。这种贷款常以出口商签发的期票为担保，贷款金额约等于交售给经纪人货价的25%～50%，偿还这种贷款的方法是将它转为商品抵押贷款，不过，有时这种贷款按规定期限偿还，并不与供货的时期相同。②货物单据抵押贷款。除去无抵押品贷款外，经纪人还办理货物单据抵押贷款，无抵押贷款就以此项贷款来抵付。经纪人所提供的货物单据抵押贷款，按货物所在地的不同可分为出口商国内货物抵押贷款、在途货物抵押贷款、运抵经纪人所在国家的货物抵押贷款或运抵某预定出售地的第三国货物抵押贷款。③承兑出口商汇票。有时经纪人的资本有限，使用承兑出口商汇票的方式来提供信贷，出口商持承兑的汇票向银行贴现，经纪人办理承兑，收取手续费。

经纪人通过提供信贷，以加强对出口商的联系与控制。因为这种信贷诱使出口商必须通过经纪人售出货物，甚至在出口商有可能将货物直接卖给进口商的情况下，也要通过经纪人出售。

3. 银行对出口商的信贷

当地银行和国外银行，都可以对出口商提供信贷。出口商可以在其出口业务的各个阶段，从银行取得信贷，获得其所需资金。

银行对有关工业垄断组织提供无抵押品贷款，用以生产出口商品，特别是出口商获得外国订单时，银行都办理这种贷款。英国和美国以透支方式办理这种贷款；法国和德国以特种账户方式办理。出口商为了进行采购并积累预定出口商品储备，可以用国内货物作抵押从银行取得贷款。由于贷款银行多半是出口商的往来银行，因此，这种贷款一般以透支方式进行。出口商品抵押贷款的金额，一般都按货物市价的一定比例（50%～70%）贷出。如果货价下跌，银行便要求出口商偿还部分贷款，以维持符合抵押贷款与原货价的比例，或者也可另外提供商品保证。货价的计算，在交易所挂牌品种以交易所牌价为准；在交易所无牌价者，由经纪人或银行代为估价。

一些亚洲发展中国家，银行对本国出口商的资金融通，有一种所谓打包放款。打包放款也叫装船前信贷，它是指银行对出口商在接受国外订货到货物装运前这段时间所需流动资金的一种贷款。银行向出口商发放打包放款的依据即出口商收到的国外订货凭证，这种凭证主要是进口商开来的信用证、得到认可的出口成交合同和订单或表明最终开出信用证的证明。打包放款，从形式上看，属于抵押贷款，实际上，其抵押对象是尚在打包中，而没有达到可以装运出口程度的货物。出口商向银行申请打包放款，须填打包放款书，规定贷款用途，并根据出口商的资信状况和实际需要确定贷款金额和期限。出口打包放款的期限通常为3～6个月。银行提供打包放款时，不是一次支付，一般由银行给出口商在往来账户外另开户头，由出口商陆续支用。在出口商完成出口装运，并向银行交付装运单据后，贷款银行即将出口打包放款改为出口押汇，从出口押汇款项中扣除打包放款的本息。

内地商人发运给出口商货物后，委托银行向出口商代收货款。如果出口商由于货物尚未销出，无法支付货款，可以凭信托收据先行提货装运出口。这时，银行凭信托收据对出口商发放贷款。凭信托收据取得货物，仅限于与银行关系密切的出口商，因为出口商凭信托收据取得的货物，如能分别保管或加适当标签，银行的利益就可以得到保障，如果出口商卖出货物并将货款交给进口商，银行便无法行使其质押权。银行把这种放款看成是介于有抵押与无抵押之间的一种放款。

出口商将货物装运出口，可以向银行申请在途货物抵押贷款，以此贷款偿还国内出口货物抵押贷款。在途抵押贷款，以提单为抵押品，提单是处置货物的单据，对银行而言是最可靠的担保品。银行在办理在途货物抵押贷款时，一般都凭已装船提单发放，对待运提单多半不愿接受。出口商取得提单抵押放款时，通常将出口商签发的汇票同时交给银行。如果出口商以现金交易方式卖出该批货物，那么出口商签发即期汇票；如系赊售，则签发定期汇票。在第一种情况下，汇票随附货物单据，这个汇票并可作对银行的补充担保品，万一进口商拒不赎取单据，银行除对货物有质押权外，还可以向出口商行使追索权，要求出口商支付汇票金额。在第二种情况下，出口商签发的是定期汇票，当进口商承兑汇票后，单据便移交进口商，银行手头仅保留进口商承兑的汇票。因此，货物单据就是一种暂时的担保品。实际上银行提供的是汇票抵押贷款。

上述银行以出口商提交的单据和汇票为抵押品，如银行根据汇票金额和收款日期，扣除邮程和一定日期的利息后，而给予出口商融资并加以结汇的业务，即称出口押汇。银行叙做信用证项下的出口押汇的保证，就是出口单据寄往开证行，经其审核无误后所付的货款。因此，银行只凭单证相符的单据叙做出口押汇，其实质是银行对出口商的一种保留追索权的贷款。

（二）对进口商的信贷

1. 出口商对进口商提供的信贷

西方国家的出口商常以赊售方式销售商品，以加强商品的竞争能力，争夺销售市场。出口商对进口商提供的信贷通常称为公司信贷。

公司信贷分为开立账户信贷与票据信贷。

开立账户信贷是在出口商和进口商订立协议的基础上提供的，当出口商将出口商品发运后，将进口商应付货款借记进口商账户，而进口商则将这笔贷款贷记出口商账户，进口商在规定的期限内支付货款。在对外贸易中开立账户信贷并不流行，多用在出售小型装备品方面。

票据信贷是进口商凭银行提交的单据承兑出口商的汇票，或是出口商将单据直接寄交进口商，后者于一定期间支付出口商的汇票。汇票期限的长短，依商品性质、买方资信及汇票能否在银行贴现而定。美国出口商对外国进口商提供信贷的期限有时在 90～120 天。

2. 银行对进口商提供的信贷

银行对进口商提供的信贷有承兑信用和放款两种形式。

（1）承兑信用。出口商有时不完全相信进口商的支付能力，为了保障凭票付款，出口商往往提出汇票由银行承兑的条件。在这种情况下，进口商应取得银行方面承兑出口商的汇票的同意。出口商就不必向合同关系人——进口商提出汇票，而是向进口商的银行提出汇票。由于银行同意承兑汇票，它就必须在汇票规定的期限内兑付汇票，进口商则于付款日前将款项交付承兑银行，以便后者兑付出口商开出的汇票。银行承兑是银行对对外贸易融通资金的主要方式之一，银行承兑对于西方国家的进口业务有着特殊的作用。

承兑信用按下列方式进行：第一，进口商在洽谈进口贸易的同时，与银行议定请其承兑出口商的汇票；第二，出口商对银行开出汇票，背书后连同单据交自已往来银行，请求议讨，收回货款；第三，议付银行将汇票、单据寄交其代理行转进口商银行，后者凭货物单据承兑汇票；第四，出口商银行的代理行将承兑汇票留在该行或在市场上贴现；第五，汇票到期时，进口商对承兑银行付款，后者支付承兑汇票。

办理承兑的银行不一定是进口商本国的银行，第三国银行也可以承兑出口商开出的汇票。例如，法国进口商以银行承兑的方式从埃及进口棉花，根据埃及出口商的要求，法国进口商可以请求本国银行转请英国的银行承兑埃及出口商开出的汇票，法国银行在汇票到期时将进口商应付的款项汇至英国银行。欧洲大陆各国银行将这种信用称为承兑—偿还信用。

出口商有时不愿接受银行承兑信用，而要求进口商用现金支付。在这种情况下，进口商也可以利用银行信用。进口商同银行商妥，向银行签发汇票，由银行承兑，进口商以银行承兑汇票在市场贴现，以贴现所得款支付给出口商，这种业务称为再融通。

（2）放款。银行对进口商的放款方式主要有三种，分别是透支、商品抵押放款和进口押汇。

透支是指在进口信贷业务方面，西方国家的银行对其关系密切的工商企业提供透支信用。根据契约，银行允许工商企业向银行签发超过其往来账户余额一定金额的支票。

商品抵押放款通常的方式是银行应进口商的委托，开立以出口商为受益人的凭货物单据付出现款的信用证。出口商提交货运单据，成为开证银行代付货款的保证。

进口押汇是进口商以其进口的商品作为抵押，从银行取得融资的业务。进口押汇是具有抵押性质的融资方式。当进口货物尚在运送途中，银行的贷款往往以货运单据作为抵押，有时也要求进口商提供补充的抵押物。当货物运抵进口地而进口商仍未支付货款时，进口货物本身就成为银行的抵押品。这时，运输商或进口商需作为银行的代理人，凭必要的单据，进行报关提货，并根据银行的指示，以银行名义将货物存仓。然后，在进口商签署了总质权书的条件下，银行则凭进口商所签具的、以银行为抬头的信托收据出具提货单，授权货栈，把货物转交给借款的进口商，一般信托收据上必须订明货物出售后的全部货款在规定的日期内交付银行。银行对进口商是否叙做进口押汇，主要考查进口商的资信及商誉情况。

三、保付代理业务

（一）保付代理业务的概念和历史

在英国、美国、法国、意大利、日本等国的对外贸易短期融资业务中，普遍盛行一种保付代理业务。保付代理业务有的译为“应收账款收买业务”、“承购应收账款业务”、“出口销售保管”和“应收账款管理服务”，目前译名渐趋统一，统称保付代理，简称保理。应用于国际间的保付代理业务则称为国际保付代理。

保付代理业务是指出口商以商业信用形式出卖商品，在货物装船后立即将发票、汇票、提单等有关单据，买断给承购应收账款的财务公司或专门组织，收进全部或一部分货款，从而取得资金融通的业务。财务公司或专门组织买进出口商的票据，承购了出口商的债权后，通过一定的渠道向进口商催还欠款，如遭拒付，不能向出口商行使追索权。财务公司或专门组织与出口商的关系在形式上是票据买卖、债权承购与转让的关系，而不是一种借款关系。

保付代理业务已有较长的历史。工业革命后，英国纺织工业发展迅速，其纺织品多以寄售方式向海外出口，利用这一方式虽可扩大纺织品的出口规模，但出口商的资金却有所积压。当时英国已存在的原始的保付代理业务，解决了这一矛盾。因为在纺织品出运后，出口商多将有关单据售于经营保付代理业务的机构，及时收取现金，继续并扩大纺织品的再生产。到 19 世纪，欧洲国家大规模地向美国出售纺织品，上述业务在欧洲大陆上又获得进一步发展。20 世纪初，美国在出口贸易融资中，也开展保付代理业务，随着美国经济的发展，贸易量的扩大，保付代理业务也逐年增大。二战后，由于国际贸易的迅速发展，一些国家专门经营保付代理业务的组织在国外设立了分支机构，并在国际范围内建立了联合组织，加强同业之间的联系，促进保付代理业务的进一步发展，加强了这一组织在国际结算领域中的地位与作用。这些组织不仅对纺织品、食品、一般日用品的出口应收账款给予资金融通，而且也对电子产品、家具、机械产品的出口账款给予资金融通，并提供有关服务。1972 年，日本大藏省批准建立了日本第一家保付代理机构；1973 年又成立了第二家保付代理机构。同年，新加坡也成立了保付代理机构，发展承购应收账款业务，以适应本国对外经济发展战略的需要。

不难预计，随着国际贸易的发展，保付代理业务必将进一步发展。

（二）保付代理业务的程序和内容

1. 保付代理业务的程序

出口商以赊销方式出卖商品，为能将其应收款项售于保付代理组织，取得资金融通便利，一般都与该组织签有协议，规定双方必须遵守的条款与应负的责任，协议有效期一般为 1 年，但近年来不再规定明确的有效期，保付代理组织与出口商每半年洽谈一次，调整协议中一些过时的、不适宜的条款。

签订协议后，保付代理业务通过下列具体程序进行。

（1）出口商在以商业信用出卖商品的交易磋商过程中，首先将进口商的名称及有关交易情况报告给本国保付代理组织。

（2）出口方的保付代理组织将上述资料整理后，通知进口方的保付代理组织。

（3）进口方的保付代理组织对进口商的资信进行调查，并将调查结果及可以向进口商提供赊销金额的具体建议通知出口方的保付代理组织。

（4）如进口商资信可靠，向其提供赊销金额建议的数字也积极可信，出口方的保付代理组织即将调查结果告知出口商，并对出口商与进口商之交易加以确认。

（5）出口商装运后，把有关单据售于出口方的保付代理组织，并在单据上注明应收账款转让给出口方的保付代理组织，要求后者支付货款（有时出口商制单两份，一份直接寄送进口商，一份交出口方保付代理组织），后者将有关单据寄送进口方的保付代理组织。

（6）出口商将有关单据售于出口方保付代理组织时，后者按汇票（或发票）金额扣除利息和承购费用后，立即或在双方商定的日期将货款支付给出口商。

（7）进口方的保付代理组织负责向进口商催收货款，并向出口方保付代理组织进行划付。

2. 保付代理业务的内容与特点

（1）保付代理组织承担了信贷风险。出口商将单据卖断给保付代理组织，这就是说如果海外进口商拒付货款或不按期付款等，保付代理组织不能向出口商行使追索权，全部风险由其承担。这是保付代理业务的最主要的特点和内容。

保付代理组织设有专门部门，有条件对进口商资信情况进行调查，并在此基础上决定是否承购出口商的票据。只要得到该组织的确认，出口商就可以赊销方式出售商品，并能避免货款收不到的风险。

(2) 保付代理组织承担资信调查、托收、催收账款，甚至代办会计处理手续。出卖应收债权的出口商，多为中小企业，对国际市场了解不深，保付代理组织不仅代理他们对进口商进行资信调查，并且承担托收货款的任务；有时他们还要求出口商交出与进口商进行交易磋商的全套记录，以了解进口商负债状况及偿还能力。一些具有季节性出口的企业，每年出口时间相对集中，为减少人员开支，还委托保付代理组织代其办理会计处理手续等。所以，保付代理业务是一种广泛的、综合的服务，不同于议付业务，也不同于贴现业务。

保付代理组织具有一定的国际影响与声誉，并对进口商进行了深入的调查，在托收业务中，一般进口商都如期支付货款，以保持其社会地位与声誉。

(3) 预支货款。典型的保付代理业务是出口商在出卖单据后，都立即收到现款，得到资金融通。但是，如果出口商资金雄厚，有时也可在票据到期后再向保付代理组织索要货款；有时保付代理组织也在票据到期日以前，先向出口商支付80%的出口货款，其余20%的货款待进口商付款后再予支付。

3. 保付代理业务的类型

(1) 从出口商出卖单据是否可立即得到现金的角度来划分，保付代理业务可分为两种：

①到期保付代理业务，这是最原始的保付代理业务，即出口商将出口有关单据出卖给保付代理组织，该组织确认并同意票据到期时无追索权地向出口商支付票据金额，而不是在出卖单据的当时向出口商立即支付现金。

②预支或标准保付代理业务，即出口商装运货物取得单据之后，立即将其单据卖给保付代理组织，便取得现金。

(2) 从是否公开保付代理组织的名称来划分。又可分两种：

①公开保付代理组织名称，即在票据上写明货款付给某一保付代理组织。

②不公开保付代理组织名称，即按一般托收程序收款，不一定在票据上特别写明该票据是在保付代理业务下承办的，即不显示保理组织的名称。

(3) 从保付代理组织与进出口商之间的关系来划分则有三种：

①双保付代理业务，即出口商所在地的保理组织与进口商所在地的保理组织有契约关系，它们分别对出口商的履约情况及进口商的资信情况进行了解，并加以保证，促进交易的完成与权利义务的兑现。

②直接进口保付代理业务，即进口商所在地保付代理组织直接与出口商联系，并对其汇款，一般不通过出口商所在地的保付代理组织转送单据，美国这种情况较多。

③直接出口保付代理业务，即出口商所在地的保付代理组织直接与进口商联系，并对出口商融资，一般不通过进口商所在地的保付代理组织转送单据。

4．保付代理的费用

承购组织不仅向出口商提供资金，而且还提供一定的劳务，所以要向出口商索取一定的费用，该费用由以下两部分内容构成。

（1）保付代理手续费，即保付代理组织对出口商提供劳务而索取的酬金，其中包括：①保付代理组织提出的、向进口商提供赊销额度的建议是经周密调研的结果，对提供此项劳务，出口商要给予报酬；②给予信贷风险的评估工作一定的报酬；③支付保存进出口商间的交易磋商记录与会计处理而产生的费用。保付代理手续费根据买卖单据的数额一般每月清算一次。手续费的多少一般取决于交易性质、金额及信贷、汇价风险的大小。手续费的费率一般为应收账款总额的1.75％～2％。

（2）利息。保付代理组织从收买单据向出口商付出现金到票据到期从国外收到货款，这一时期内的利息负担完全由出口商承付。利率根据预支金额的大小，参照当时市场利率水平而定，通常比优惠利率高2％～2.5％。

出口商如利用保付代理形式出卖商品，均将上述费用转移到出口货价中，其货价高于以现汇出卖的商品价。

（三）保付代理组织与商业银行的关系

有的国家为经营保付代理业务专门建立商业银行，有的国家则由财务公司经营该项业务。随着保付代理业务的开展，各国的保付代理组织成立了世界性的联合组织，如“国际保付代理联合组织”等。通过这些组织，各国保付代理公司之间互换进口商的资信情报，掌握进口商的付款能力，以使货款收回达到最高比率。这些机构与大商业银行联系密切，资金充裕，业务多样灵活，因而得到出口商，特别是中小出口商的支持与欢迎。

保付代理商行或财务公司一般都是独立组织，具有独立法人资格，但它们大多是由大商业银行出资或在其资助下建立的。如在美国的保付代理组织，一般叫商业财务公司，其中有50%是由商业银行出资建立的。它们所经营的收购债权、买进票据业务虽与商业银行所经营的贴现、票据抵押和议付业务在某些方面有相似之处，但加以比较，就能发现两者之间的如下区别。

(1) 向出口商提供资金的基础不同。商业银行所经营的贴现、议付等票据业务是在行使追索权的基础上向出口商提供资金；而保付代理业务则是在无追索权的基础上购进出口商的有关票据。

(2) 考察资信的重点不同。商业银行经营的票据业务一般比较注意考察出口商的资信，以保证货款的收回；而保付代理业务则比较注意考察国外进口商的资信情况。

(3) 业务内容不同。商业银行经营票据业务的内容是贷款融资；而保付代理业务的内容则多样化，除上述各项业务外、有时甚至还代客户缮制单据等。

(四) 保付代理业务的作用

1. 对出口商的好处

(1) 保付代理业务代出口商对进口商的资信进行调查，为出口商决定是否向进口商提供商业信用以扩大商品销售，提供信息和数据，它的作用是显著的。由于保付代理组织熟知国外市场情况，还经常向中小出口商提出建议，协助其打进国际市场，加强其竞争能力。

(2) 出口商将货物装运完毕，可立即获得现金，满足营运需要，加速资本周转，促进利润增加。

(3) 只要出口商的商品品质和交货条件符合合同规定，在保付代理组织无追索权地购买其票据后，出口商就可以将信贷风险和汇价风险转嫁给保付代理组织。

(4) 出口商如从银行贷款取得资金融通，则会增加其负债数字、恶化资产负债表的状况，对企业的资信不利，影响其有价证券上市。而出口商利用保付代理业务，货物装船、出卖票据后，立即收到现金，资产负债表中的负债不仅不会增加，反而使表中资产增加，改善资产负债比率，有利于企业的有价证券上市与进一步融资。

2. 对进口商的好处

(1) 保付代理业务适用于以商业信用购买商品，进口商可以通过保付代理组织进行支付结算。这样，进口商不需要向银行申请开立信用证，免去交付押金，从而减少资金占用，降低了进口成本。

(2) 经常往来的买卖双方可根据交易合同规定，定期发货寄单；通过保付代理业务，买方可迅速得到进口物资，按约定条件支付货款。这样，大大节省开证、催证等的时间，简化了进口手续。

（3）在采用保付代理业务后，出口商将办理该项业务有关的费用转移到出口货价中，从而增加进口商的成本负担。但是，货价提高的金额一般仍低于因交付开证押金而蒙受的利息损失。

（五）保付代理与信用保险

保付代理业务的主要特征之一是出口商将赊销后应收账款的信贷风险转移给保付代理组织，但是，保付代理业务不同于出口信用保险业务，在某种意义上说保付代理业务比出口信用保险对出口商更有利。

如果将这两种业务加以比较就会发现二者之间的区别：

（1）保付代理业务对出口商货款的最高保障金额为100%，即保付代理组织承担出口货款100%的赔偿义务；而出口信用保险的最高保障金额为出口货款的70%～90%。

（2）如进口商拒不付款或倒闭，保付代理业务的赔偿期限一般在90天内（从货款到期日计算）；而出口信用保险的赔偿期限一般在120～150天。

（3）保付代理业务的内容综合多样，向客户提供的服务内容有：①进口商的资信调查和评估；②财务信用风险的担保；③财务管理和账款追收；④账目记录管理；⑤提供融资。而出口信用保险业务，只提供前两项内容，缺少后三项服务内容。

四、我国对外贸易短期信贷

（一）与商品生产、采购和经营有关的人民币贷款

1. 贷款原则

（1）向外贸企业提供人民币贷款的总原则是：银行和企业对贷款的发放和使用都要遵循国家的有关政策与规定，发挥该贷款的积极促进作用，以利对外贸易的健康发展。

（2）贷款必须坚持有计划发放、有物资保证、按期归还的原则。

（3）贷款要坚持“区别对待，择优扶持”和“以销定贷”的原则。

（4）企业发生亏损，不准长期占用银行贷款。

（5）银行对贷款实行差别利率和加收、罚收利息的办法。

2. 贷款的对象和范围

（1）贷款的对象。在银行开有人民币基本账户，实行独立核算的经营进出口业务的企业、生产出口商品的工业企业、为进出口贸易服务的企业及其

他国营、集体企业、有关银行投资的企业、外事企业等如因资金不足，均可向银行提出贷款的申请。

(2) 贷款的范围。上述企业在生产、经营活动中所需合理的人民币流动资金和进行技术改造，以及参加联营投资的人民币股本资金，银行按照信贷政策给予贷款支持。

3. 贷款种类

按照政策和贷款办法的规定，对于不同种类的贷款，确定不同的使用范围，这样既有利于满足企业对不同资金的需求，又有利于银行加强贷款的管理，以保证贷款的合理使用和按期收回。

对外贸企业人民币贷款的种类有以下几种。

(1) 商品流转贷款。用于支持企业完成国家下达的进出口计划（即中央计划）、商品流转计划、生产计划及财务计划所需的合理资金需求的贷款。

(2) 临时贷款。用于支持企业在经营活动中临时性、季节性等原因所需的短期贷款。

(3) 出口商品生产贷款。用于支持企业按出口合同、购销协议、排产单等规定，为按期、按质、按量完成生产、交货任务所需的贷款。

(4) 出口打包贷款。贷给进出口企业及有进出口权的工业企业、以信用证为保证、在货物装运出口前需要的短期资金周转贷款。这种贷款要逐笔申请，逐笔核贷。贷款额度按信用证或合同所列的销售收入确定。贷款期限以收汇期为限，到期归还。

(5) 科技开发贷款。此种贷款是向承担科技成果或专利技术转化为工业化生产的科研单位、大专院校、科研生产联合体和企业发放的贷款，用于支持科技开发，加速科技成果转化为生产力，支持高新技术、高新性能和高质量产品的出口，增强出口产品在国际市场的竞争力，填补我国出口产品空白和替代进口，加快产业、产品结构调整和贷款结构的优化。

(6) 联营股本贷款。银行对外贸公司在国内组织联营企业所需人民币入股资金而发放的贷款。申请贷款的联营企业必须具备的条件是：经济效益好，在工商行政管理局登记注册，必须有营业执照，有还款能力和保证，并自筹一定比例的入股资金。企业申请贷款时，要签订联营股本贷款契约。

(7) 出口商品生产中短期贷款。为了支持出口商品生产企业进行技术改造、增添设备所需的资金而发放的贷款。凡属生产出口产品的外贸部门直属加工生产企业、全民和集体所有制的工业企业和农、副、土特产品的生产单位，用于在原生产条件基础上挖潜、革新、改造和为发展农、副、土特产品生产所需的设备（包括制造设备的材料）、种畜、种子等均可使用此项贷款。

（8）票据抵押贷款。企业采用代销或赊销方式销售商品时，在未收回货款前而由银行发放的一种贷款。企业凭买方开出的经由其开户银行承兑的商业期票，向银行提出贷款申请，银行审查贷放。贷款额度不得超过承兑期票金额减应扣利息后的净额。贷款期限根据承兑期票的到期日加贷款在途结算时间确定。期票交银行保存作为还款的保证。期票到期时，由企业委托银行办理或由企业自己办理货款结算，归还贷款本息。此种贷款的利率使用一般流动资金贷款的利率。

4. 贷款条件

对外贸易人民币贷款的主要条件有以下几方面。

（1）企业经工商行政管理部门依法登记注册，持有营业执照，具有经济法人资格。

（2）企业要拥有一定比例的自有流动资金（一般不低于贷款额的30%），实行独立经济核算，具有健全的会计制度和财务制度，并在有关银行开立基本账户或经有关银行特准的存款账户。

（3）经营正常、效益好，有能力按期偿还借款。

（4）提供可靠的还款、付息保证。担保人必须是具有独立法人资格的经济实体或金融机构，经营正常，效益良好，有足够的偿还贷款本息的能力。担保人须向银行出具不可撤销的担保函，并保证无条件地履行担保责任。

（5）经营业务如发生亏损，有可靠的弥补来源。

（6）提供有关合同、计划、协议、单证、报表等经济活动资料。

5. 贷款期限、利率和申请手续

上述人民币贷款的期限是根据企业的借款用途核定的。对流动资金贷款的期限，是根据企业的购销合同及生产、结算周期核定的，最长不超过一年。贷款利率是根据中国人民银行的统一规定，按期限和性质实行差别利率和加息制度。贷款是按季结息，即每季度对发放的人民币贷款计收一次利息，结息日为每季最后一个月的20日。企业在未到结算日向银行归还借款时，在收回本金的同时，还要结清这笔贷款的利息。企业如因客观原因不能按期归还，在到期日前30个工作日提出展期申请，经银行审查同意，可展期一次，时间最长不超过6个月。

企业向银行申请借款时，须提供书面请求，写明借款用途、金额、期限、经济效益及还款来源，并有法人代表签字，加盖公章。申请属于固定资产贷款的企业，须在当年年底前向银行提出下年度项目贷款申请计划，内容包括技改或联营项目的名称、产品名称、项目所需资金、项目地点、企业自筹资金和贷款额，以及贷款期限等。

6. 贷款的担保

企业申请贷款应根据我国有关法律规定，逐笔与银行签订借款合同，明确双方的经济责任，并保证履行借款合同。企业贷款的担保，除用银行贷款所形成的商品、物资和权益等作为归还贷款保证外，银行根据需要要求企业提供资金信用担保或财产抵押担保。

资金信用担保是经银行认可的资信可靠、有偿还能力的企业法人，充当负连带责任的保证人，并出具有法律效力的不可撤销的还款保证书。

财产抵押担保是以经银行认可的有变现能力的、无所有权争议、未设其他物权担保的适销物资、有价证券、权益、存款账户、存款凭证、不动产等作抵押，并向银行出具财产抵押书。抵押合同须办理公证，同时抵押品须经企业向国内保险机构投足受益人为银行的保险。

（二）与对外贸易结算方式有关的人民币贷款

与对外贸易结算方式有关的人民币贷款，主要有信用证抵押放款、出口押汇和远期承兑票据贴现三种主要形式。现分别将其贷款原则、条件、手续和做法分析介绍如下。

1. 信用证抵押放款

信用证抵押放款即国内出口企业以国外开来的信用证作为抵押品，而从有关外汇指定银行取得的一种人民币贷款。

（1）信用证抵押放款的申请手续：①凡在有关外汇指定银行开立账户的业务经营正常、资信较好并且有外贸经营权的出口企业或外商投资企业，凭国外开来的信用证，均可向该外汇指定银行申请办理信用证抵押贷款；②申请信用证抵押贷款的出口企业，填写信用证抵押借款申请书，随同国外银行开来的信用证正本交有关外汇指定银行审查核批；③有关外汇指定银行如审查同意，和申请贷款的出口企业签订《信用证抵押借款合同》，明确双方的权责，并核定该项放款的最高限额；④借款企业将信用证正本留存银行作为抵押，银行在核定放款额度内，发放人民币贷款。

（2）信用证抵押放款的信贷条件和规定：①贷款货币为人民币，贷款期限原则上不超过90天；②贷款比例一般不超过信用证金额的80%；③贷款利率按中国人民银行的人民币流动资金贷款利率的规定执行；④贷款只限用于该信用证项下的出口商品收购、生产、加工整理和从属费用的资金需要；⑤借款企业使用贷款的各项开支，需通过发放贷款银行的账户支付结算，接受监督；⑥应贷款银行的要求，借款企业需及时送交商品生产、收购、出口、财务等计划和执行情况的报表及有关资料。

（3）信用证抵押放款的作用。信用证抵押放款为出口企业履行信用证提供资金保障。出口企业收到国外开来的信用证，只要符合贷款条件，即可从银行得到与部分信用证金额等值的人民币贷款，满足其履行信用证的绝大部分的资金需要，为扩大出口、开拓市场、加强国际经济合作提供金融基础。此外，还可减少出口企业的资金积压和利息支出，因为出口企业在收到国外来证后，取得贷款，可有针对性地组织生产，进行收购，避免早期借款或垫付资金，从而影响资金周转，加重利息支出。

2. 出口押汇

出口押汇是指贷款银行以出口企业提交的出口单据为抵押品，在合理的工作日内为出口企业办理结汇，银行再凭该项出口单据，向国外银行索偿贷款，从而使出口企业提前取得资金融通。

（1）出口押汇的发放手续：①凡具有进出口经营权、资信情况良好、并经贷款银行评估后批准授信额度的外贸企业和外商投资企业，均可到贷款银行申请办理出口押汇，申请出口押汇的信用证必须是限制在该贷款银行议讨或公开议付的；②出口押汇申请人应为跟单信用证的受益人；③出口企业向贷款银行办理出口押汇时，应与银行签订《出口押汇质押书》；④出口企业在货物装船、制单配单后，可向贷款银行申请办理出口押汇，填写《临时授信申请书》；⑤贷款银行根据有关规定，对出口企业结汇融资。

（2）办理出口押汇的条件与有关规定

①出口押汇的范围：第一，贷款银行原则上只对单证相符的单据和电报提示的正点单据办理出口押汇；第二，对不符点单据也可办理出口押汇，条件是出口企业必须资信良好，清偿力强，并对不符点单据的拒付提出担保；第三，对跟单托收单据也可办理出口押汇，押汇金额一般不超过发票金额的80%，条件是出口企业资信良好；该项出口已办理出口信用保险，并以保险单抵押给办理出口押汇的银行；出口保险的受益人转让给办理出口押汇的银行。

②出口押汇的货币。出口押汇的货币目前限于美元、英镑、日元、港元、欧元等国际流通货币。

③出口押汇的利率。目前分为两种：第一种是按外汇流通资金贷款利率的90%计收押汇货币利息；第二种是按LIBOR利率加0.5%～1%的利差计收押汇货币利息。外商投资企业保有外币账户的，收取外币利息；境内外资

企业只保有人民币账户的收取人民币利息。

④出口押汇的计息天数。办理出口押汇实际上是贷款银行为国外银行垫付有关资金，当票据寄到国外银行后，国外银行才拨付出口贷款。因此，办理押汇的银行要扣除从办理押汇日起到出口货款收回这一邮程期间的利息，计息天数是按地区规定的：远洋正点为18天，日本正点为14天，港澳地区、新加坡、马来西亚正点为10天。远洋不符点位24天，日本不符点为20天，港澳地区、新加坡、马来西亚不符点为16天。

⑤出口押汇的例外情况。凡具备申请出口押汇人的资格和符合申请出口押汇条件者，均能办理出口押汇，但凡有下列情况之一者，银行拒绝对出口企业办理出口押汇：第一，来证限制办理出口押汇以外的银行议付；第二，开证行或议付行/承兑行所在地、货运区的地区局势动乱、紧张或已发生战争的国家或地区；第三，收汇地区外汇短缺、管制严或发生金融危机等特殊情况，收汇无确定把握；第四，索汇路线迂回曲折，影响安全收汇；第五，开证行作风恶劣，对单据百般挑剔；第六，单证或单单之间不严格一致；第七，远期信用证超过180天；第八，未能提交全套物权单据；第九，转证行不承担付款责任的转让信用证。

⑥出口押汇的索汇。银行办理出口押汇后，如遇开证行拒付货款，则银行有权向出口企业追回垫付的货款和因此产生的利息，并可主动从该企业在银行开立的账户中扣取。如该办理押汇的银行为保兑行、付款行或承兑行时除外。

3. 远期承兑票据贴现

远期承兑票据贴现是出口企业以远期付款方式出卖商品，开出以银行为付款人的远期汇票并经其签章承兑后，向我国有关银行进行贴现，银行扣除从贴现日到票据到期日的利息后，将汇票余额支付出口企业的一种资金融通业务。

(1) 远期承兑汇票贴现过程和手续：①凡具有外贸经营权，营运正常、资信良好并在有关银行开户的出口企业，均可凭远期信用证项下的远期汇票和全套单据，向有关银行申请办理远期承兑票据贴现业务；②填写贴现申请书，确认有关银行对贴现垫款的本息及各项费用拥有追索权；③提交远期汇票和远期信用证项下的全套单据，远期汇票需经有关银行（即开证行、付款行或承兑行）的承兑；④出口企业从有关银行贴现融资。

(2) 远期承兑汇票贴现的条件与规定：①远期票据的期限原则上不能超过180天；②远期票据贴现的利率按LIBOR加风险利差计收；③贴现天数从

银行贴现日起算至到期日止的实际天数计收；④对外商投资企业在银行开有外币账户的收取外币贴现息，对内资企业在银行开有人民币账户的收取人民币贴现息；⑤有关银行对政治局势不稳定、外汇管制严格、对外付汇困难的国家和地区的银行以及资信下好的银行所承兑的汇票，不办理贴现。

五、我国外汇贷款

我国的外贸企业在进出口商品的生产、采购和业务经营中，以及在与对外结算有关的信用证及单据的交付中，除可取得有关银行发放的人民币贷款外，还可根据本身业务经营的需要与有关银行的规定，取得外汇贷款，以支持进出口业务的发展，开拓国外市场，扩大国际经济合作。

（一）外汇贷款的原则

银行发放外汇贷款的基本原则是：贷款必须按计划发放和使用，实行区别对待，择优扶持；贷款必须有适用、适销的物资作保证；贷款必须按期归还。

（二）外汇贷款的对象和范围

外汇贷款的对象主要是能直接或间接创造外汇收入并具备还款条件的单位。本身不创汇，但有外汇来源的单位也可申请使用外汇贷款。

外汇贷款的使用范围有以下10个方面：

（1）用于支持能源的开发和利用，支持交通运输、通信等基础设施的建设。

（2）用于支持中小企业技术改造，引进先进适用的技术、设备，走内涵扩大再生产的道路，增加产品生产能力，提高产品质量，增加花色品种，改进包装装潢。

（3）用于支持生产企业进口国内短缺的原料、辅料、零配件、元器件，加工成品出口。

（4）用于支持为旅游事业服务的工艺美术等行业的发展，支持华侨住宅的建设。

（5）用于支持农、副、水产、土特、畜牧等出口创汇产品的发展。

（6）用于支持对外承包工程公司开展对外承包业务。

（7）用于支持办理对外加工装配、补偿贸易的企业在开展业务中所需的外汇资金，支持其他有关单位短期周转的外汇资金的需要。

（8）用于支持较大的外汇贷款项下的对外订货的出国考察费用和在商务合同中明确规定的由我方负担的出国学习培训费用和外国专家来华安装设备、

培训技术人员的费用。支持支付外汇贷款项下进口物资按离岸价订货的远洋运费和还清贷款以前的各种外汇保险费以及其他有关的外汇费用。

(9) 用于支持开设在我国境内的侨资、外资及中外合资企业在发展业务中所需的外汇资金。

(10) 用于支持境外合资企业业务发展的外汇资金需要。

(三) 申请外汇贷款的条件

1. 贷款项目必须经过批准并纳入计划

对国民经济具有重要意义的大型项目，必须经主管部门批准立项，并纳入国家建设计划、固定资产投资计划和信贷计划等有关计划。中小企业技改贷款项目应按审批权限的规定，经有关部门批准，并纳入技改计划。

2. 国内配套人民币资金要落实

利用外汇贷款进口国外设备的项目，国内配套要落实，与进口设备有关的厂房、国内设备、水电气、燃料动力、原辅材料、劳动力、技术力量和人民币资金等都要做出具体安排，以保证进口设备到货后，即可立即投产，形成生产能力。

3. 经济效益必须良好

贷款项目要符合花钱少、收益大、创汇高、还款快的要求。使用贷款单位要经营管理好、资信好，能够发挥引进先进技术和设备的作用。

4. 还款确有保证

借款单位必须有可靠的外汇来源和按期偿还贷款本息的能力，并提出确切的还款计划。企业在提出借款申请的同时，必须提供有担保资格的经济法人、金融机构出具银行认可的不可撤销担保函，也可以采用物业抵押等方式进行抵押担保。

5. 要有一定比例的自有流动资金

借款单位要有一定比例的外汇、人民币自有流动资金，一般不低于银行贷款的30%。

(四) 外汇贷款的种类

外汇贷款按资金运用的不同方式，设立多种不同的种类，借款单位可根据自己需要选择借用。

1. 短期外汇浮动利率贷款

浮动利率贷款是参照伦敦银行同业拆借的利率浮动计息的，所以叫做浮动利率贷款。这种贷款主要是解决外商投资企业、国内金融机构和企业临时周转的外汇资金需要。贷款期根据项目不同确定：一般用于进口原料、辅料、加工出口项目，为期1年；用于进口设备或用于中心企业技术改造项目和其他项目，一般为3年，最长可延长至5～7年。浮动利率贷款有按1个月、3个月、6个月及1年期浮动的4种，其利率由中国银行总行不定期公布。贷款货币有美元、英镑、日元、欧元、港元等5种，借什么货币还什么货币，计收原币利息，汇价风险由借款单位承担。

2. 短期外汇优惠利率贷款

优惠利率贷款是指银行按照低于伦敦银行同业拆借利率而发放的优惠利率计息的贷款。这种贷款主要用于支持经济建设战略重点项目和用于支持中小企业技术改造的项目。优惠利率和浮动利率之间的差额由银行用收入的外汇利润补贴。贷款期限与浮动利率贷款的期限相同，贷款的货币有美元、英镑、日元、欧元、港元等5种。

3. 贴息外汇贷款

贴息外汇贷款是支持大连、秦皇岛、天津、烟台等14个沿海港口开放城市及条件较好的北京、重庆、沈阳等大中城市，用于引进技术，改造现有企业，扶植和发展出口轻纺、机电产品，提高产品质量，增加花色品种，增强竞争能力，提高出口创汇率而发放的贷款。贷款的期限一般为3～5年，利率按中国银行总行不定期公布的利率执行。

4. 短期周转外汇贷款

这种贷款具有外汇流动资金贷款的性质，采用定期进行调整的固定利率，其利率水平一般高于优惠利率，低于浮动利率。在贷款期内，如遇利率调整，贷款利率相应调整，分段计算。

5. 对外承包工程外汇贷款

对外承包工程外汇贷款是为了支持国内承包工程公司开展国际经济技术合作而发放的一种外汇贷款。贷款的使用范围是用于购买在国外建设工程所需的施工机具；用于购买承包工程所需的施工材料、安装设施；用于支付洽谈业务所需的费用（包括出国人员参加工程投标、签订合同等费用）；用于对外开出保函的额度担保。贷款期限是按照贷款协议中规定贷款的期限确定，并按优惠利率计息。

与外汇贷款密切相关的还有一种配套人民币贷款。一个外贸企业只要取得外汇贷款，就有条件向银行申请与外汇贷款有关的配套人民币贷款。只有取得配套的人民币贷款，才能有效地使用外汇贷款。

第二节　对外贸易中长期信贷

企业在从事大型成套设备进出口业务中，其对外贸易中长期融资需要是通过银行提供的中长期信贷解决的，从这个意义上讲，对外贸易中长期融资即是对外贸易中长期信贷。

对外贸易短期融资期限一般均在1年以内，只能满足商品周转迅速、成交金额不大的资金需要。一些大型机械设备的周转期长、成交额大，进出口商需要期限较长的资金支持。因此经济发达国家的商业银行和对外贸易银行常常向本国的出口商或国外的进口商发放期限在1～5年或5年以上的对外贸易中长期信贷，给予资金融通，以促进本国大型机械设备或成套项目的出口。与对外贸易短期融资相比，对外贸易中长期信贷不仅向进出口商融资，而且还是垄断资本争夺销售市场的武器。对外贸易中长期信贷这一性质在其具有的特点中得到充分反映。对外贸易中长期信贷具有如下特点：

(1) 对外贸易中长期信贷的利率，一般低于相同条件资金贷放的市场利率，利差由国家补贴。大型机械设备制造业在西方国家的经济中占有重要地位，其产品价值高，交易金额大。在垄断资本已占领了国内销售市场的情况下，加强这些资本货物的出口，对西方国家的生产与就业影响甚大。为了加强本国机械设备的竞争能力，削弱竞争对手，主要发达国家的银行，在政府的支持下，竞相以低于市场的利率对外国进口商或本国出口商提供中长期贷款，给予融资便利，以扩大该国资本货物的国外销路。银行提供低利率贷款与市场利率的差额则由国家补贴，这是国家垄断资本主义加强的表现与必然结果。

(2) 对外贸易中长期信贷的发放与信贷保险结合。由于对外贸易中长期信贷偿还期限长、金额大，发放贷款的银行存在着较大的风险，为了减缓出口国家银行发放中长期信贷的后顾之忧，保证其贷款资金的安全，发达国家一般都设有国家信贷保险机构，对银行发放的中长期贷款给予担保。如发生贷款不能收回的情况，信贷保险机构利用国家资金给予赔偿。风险由国家负担，利润由垄断资本获得，这是国家垄断资本主义在国际金融领域中的另一表现。发达国家提供的对外贸易中长期信贷一般都与国家的信贷担保相结合，从而加强本国出口商在国外市场的竞争能力，促进资本货物的出口。

(3) 国家成立专门发放出口信贷的机构，制定政策，管理与分配国际信贷资金，特别是中长期信贷资金。发达国家提供的对外贸易中长期信贷，直接由商业银行发放，如果因为金额巨大、商业银行资金不足时，则由国家专设的出口信贷机构予以支持。英国曾规定商业银行提供的出口信贷资金超过其存款18%时，超过部分则由英国的出口信贷保证局予以支持；美国则常由商业银行与进出口银行共同负担。有的国家对一定类型的对外贸易中长期贷款，直接由出口信贷机构承担发放的责任。由国家专门设置的出口信贷机构利用国家资金支持对外贸易中长期信贷，可弥补私人商业银行资金的不足，改善本国的出口信贷条件，加强本国出口商夺取国外销售市场的力量。这些出口信贷机构在经营出口信贷保险的同时，还根据国际商品市场与金融市场的变化，经常调整本国的出口信贷政策，以迎接其他竞争对手的挑战。

一、出口信贷

（一）出口信贷的概念

由于对外贸易中长期信贷追求的目的着重于扩大出口，所以国际上将对外贸易中长期信贷统称为出口信贷。

出口信贷是一种国际信贷方式，是西方国家为支持和扩大本国大型设备的出口，加强国际竞争能力，以对本国的出口给予利息贴补并提供信贷担保的方法，鼓励本国的银行对本国出口商或外国进口商（或其银行）提供利率较低的贷款，以解决本国出口商资金周转的困难，或满足国外进口商对本国出口商支付货款需要的一种融资方式。出口信贷是官方支持的融资方式，是开拓机械设备销售市场的一种手段。

（二）二战后出口信贷迅速发展的背景

1. 科学技术的发展

随着原子能的利用、电子技术的推广、化学工艺技术的革命，二战前发达国家大型机械装备的出口，逐渐被成套设备、工艺技术的出口所代替。这些项目技术复杂、成本高昂、金额巨大，进口国无力也不可能一次将货款全部付清，只能依靠融资来解决。同时，这些项目从建造到投产需要时间长，建成后的效果是否符合合同条款的要求尚需经过一定时间的检验，如果效果很好，进口商方能如数付款。进口商的付款能力和大工程项目本身所具有的特点，在客观上要求出口国提供出口信贷融资。

2. 银行更多地介入贸易

随着银行业务的发展与银行作用的增长，更由于成套设备贷款的某些特殊性，要求银行本身更多地介入进出口商的主要交易环节，在信贷方式上提出了新的要求，从而在原有的信贷形式上出现了卖方信贷、买方信贷、混合信贷、福费廷等出口信贷的新形式。

3. 发展中国家的需要

二战后，殖民地、附属国取得政治独立，建立起民主国家。它们急需利用发达国家的先进技术，进口必要的成套设备，建设某些大的工程项目，以发展国民经济，建设自己的国家。但它们本身资金力量不足，一时拿不出巨额外汇，除一部分依靠“援助”外，尚需发达国家提供出口信贷帮助解决。

4. 经济危机的影响

二战后，发达国家经济危机频繁爆发，西方国家极力想加强出口，以减缓危机带来的影响。为此，它们利用出口信贷和以国家贴补为基础的信贷担保制，对进口国（特别是发展中国家）提供中长期信贷，以促进成套设备及大型工程项目的出口。同时，国际上大量游资的存在、借贷资本的长期过剩、石油美元的积存，也为这种出口信贷的发放提供了可能。

（三）出口信贷的作用

1. 出口信贷促进了资本货物的国际贸易的发展

出口信贷使资本货物的制造商和出口商获得了出口收汇的安全保障，解决了资金周转的困难，从而鼓励和刺激了资本货物的生产和出口。通过向购买机器设备的进口商提供融资，增强了进口商的购买能力，增加了进口国的有效需求，有效地保持了资本货物国际贸易的增长势头。

2. 出口信贷促进了项目的开发和建设

大型工程项目的开发周期长、耗费大，需要期限长、成本低的融资，出口信贷正符合这一要求。向工程设备的进口商和一些大型工程的承包商提供补贴性的出口信贷，就能使相当数量的投资项目开工运转，而这些项目如果按商业条件取得融资，则很可能被拖延工期或无法上马。

3. 出口信贷促进了设备提供国的经济发展

出口信贷能起到扩大出口、增加国民收入、提高就业、改善国际收支状况等积极作用。发达国家政府从自身利益出发，往往热衷于提供出口信贷，在国内经济衰退、设备利用率下降、失业严重的情况下，更是如此。例如20纪70年代，西方国家出现了经济滞胀的困难局面，迫切希望扩大出口来摆脱困境，于是大规模提供出口信贷，条件越来越优惠。

4. 出口信贷在一定程度上促进了发展中国家的经济发展

发展中国家需要引进技术设备以提高国内生产水平。发展中国家国内往往有许多具备潜在开发价值的项目，但仅仅因为缺乏足够的资金或者没有足够的优惠资金，阻碍和延误了经济的发展，而出口信贷能弥补这方面的不足。

因此，出口信贷对接受国的经济发展起了很大的推动作用。

（四）出口信贷的主要类型

二战前，出口信贷的形式有四种。

(1) 直接向进口商或进口商的政府部门发放贷款，指定贷款应用于购买发放贷款的国家或企业的商品。

(2) 外贸银行或商业银行对出口商提供长期贷款，以支持出口商开拓与争夺销售市场。

(3) 在资本相对“过剩”的国家发行进口公司的股票和债券，或发行政府债券，以所得资金办理进口。

(4) 商业银行或对外贸易银行对中长期票据进行贴现放款，定期（如半年）清偿一次。

这些出口信贷形式在二战后仍沿袭采用，但对银行来说，在进出口商之间更普遍推行的出口信贷形式则有卖方信贷、买方信贷、福费廷、信用安排限额、混合信用贷款、签订存款协议、向对方银行存款等。

1. 卖方信贷

在大型机械装备与成套设备贸易中，为便于出口商以延期付款方式出卖设备，出口商所在地的银行对出口商提供的信贷就是卖方信贷。发放卖方信贷的程序与做法如下：

(1) 出口商（卖方）以延期付款方式向进口商（买方）出售大型机械装备或成套设备。在这种方式下，出进口商签订合同后，进口商先支付10%～15%的定金，在分批交货验收和保证期满时，再分期付给10%～15%货款，其余70%～80%的货款在全部交货后若干年内分期偿还（一般每半年还款一次），并付给延期付款期间的利息。

(2) 出口商（卖方）向其所在地的银行商借贷款，签订贷款协议，以融通资金。

(3) 进口商（买方）随同利息分期偿还出口商（卖方）货款后，根据贷款协议，出口商再用以偿还其从银行取得的贷款。

出口商向银行借取卖方信贷，除按出口信贷利率支付利息外，并须支付信贷保险费、承担费、管理费等。这些费用均附加于出口成套设备的货价之中，但每项费用的具体金额进口商不得而知。所以，延期付款的货价一般高于以现汇支付的货价，有时高出3%～4%，甚至有的高出8%～10%。

2. 买方信贷

在大型机械装备或成套设备贸易中，由出口商（卖方）所在地的银行贷款给外国进口商（买方）或进口商的银行。以给予融资便利，扩大本国设备的出口，这种贷款就叫买方信贷。

（1）直接贷款给进口商（买方）

这种买方信贷的程序与做法如下：

①进口商（买方）与出口商（卖方）洽谈贸易，签订贸易合同后，进口商（买方）先缴相当于货价15%的现汇定金。现汇定金在贸易合同生效日支付，也可在合同签订后的60天或90天支付。

②在贸易合同签订后至预付定金前，进口商（买方）再与出口商（卖方）所在地银行签订贷款协议。这个协议是以上述贸易合同作为基础。如果进口商不购买出口国的设备，则进口商就不能从出口商所在地银行取得此项贷款。

③进口商（买方）用其借得的款项，以现汇付款条件向出口商（卖方）支付货款。

④进口商（买方）对出口商（卖方）所在地银行的借款，按贷款协议的条件分期偿付。

（2）直接贷款给进口商（买方）银行

这种买方信贷的程序与做法如下：

①进口商（买方）与出口商（卖方）洽谈贸易，签订贸易合同，进口商（买方）先缴15%的现汇定金。

②签订合同至预付定金前，进口商（买方）的银行与出口商（卖方）所在地的银行签订贷款协议。该协议虽以前述贸易合同作为基础，但在法律上具有相对独立性。

③进口商（买方）银行以其借得的款项，转贷给进口商（买方），后者以现汇条件向出口商（卖方）支付货款。

④进口商（买方）银行根据贷款协议分期向出口商（卖方）所在地的银行偿还贷款。

⑤进口商（买方）与进口商（买方）银行间的债务按双方商定的办法在国内清偿结算。

上述两种形式的买方信贷协议中，均分别规定进口商或进口商银行需要支付的信贷保险费、承担费、管理费等具体金额，这就比卖方信贷更有利于进口商了解真实货价，核算进口设备成本，但有时信贷保险费直接加入贸易合同的货价中。

二、福费廷业务

二战后，在资本货物与设备的对外贸易中，进出口商除利用买方信贷与卖方信贷融通资金外，一种新的中长期资金融通形式——“福费廷”（Forfaiting）从1965年开始在西欧国家推行。近年来，“福费廷”在西欧国家，特别是在原西德和瑞士与发展中国家和原东欧国家间的设备贸易中普遍得到发展。所谓“福费廷”，就是在延期付款的大型设备贸易中，出口商把经进口商承兑的、期限在半年至五六年的远期汇票，无追索权地售给出口商所在地的银行（或大金融公司），提前取得现款的一种资金融通形式。它是出口信贷的一个类型。

（一）“福费廷”业务的主要内容

（1）出口商与进口商在洽谈设备、资本货物等贸易时，如欲使用“福费廷”，应事先和其所在地的银行或金融公司约定，以便做好各项信贷安排。

（2）出口商与进口商签订贸易合同，言明使用“福费廷”。出口商向进口商索取货款而签发的远期汇票。要取得进口商往来银行的担保，保证在进口商不能履行支付义务时，由其最后付款。进口商往来银行对远期汇票的担保形式有两种：①在汇票票面上签章，保证到期付款，叫做Aval；②出具保函对汇票付款。

（3）进口商延期支付设备货款的偿付票据，可从下列两种形式中任选一种：①由出口商向其签发远期汇票，经承兑后，退还出口商以使其出售；②由进口商开具本票寄交出口商，以便其出售。无论使用何种票据，均须取得进口商往来银行的担保。

（4）担保银行要经出口商所在地银行的同意，如该银行认为担保行资信不高，进口商要另行更换担保行。担保行确定后，进出口商才签订贸易合同。

（5）出口商发运设备后，将全套货运单据通过银行的正常途径，寄送给进口商，以换取经进口商承兑的附有银行担保的承兑汇票（或本票）。单据的寄送办法按合同规定办理，可以凭信用证条款寄单，也可以跟单托收，但不论有证无证，一般以通过银行寄单为妥。

（6）出口商取得经进口商承兑的、并经有关银行担保的远期汇票（或本票）后，按照与买进这项票据的银行（大金融公司）的原约定，依照放弃追索权的原则，办理该项票据的贴现手续，取得现款。

（二）“福费廷”与一般贴现的区别

“福费廷”业务是出口商所在地银行买进远期票据，扣除利息，付出现款的一种业务。出口商借助这种业务，及时获得现金，加速资金周转，促进设备的出口。“福费廷”与贴现极其相似，但又不相同，其主要的区别在于：

(1) 一般票据贴现，如票据到期遭到拒付，银行对出票人能行使追索权，要求汇票的出票人付款。办理“福费廷”业务所出售的票据，不能对出票人行使追索权，出口商在出售这项票据时是一种卖断，以后票据遭到拒付与出口商无关。出口商将票据拒付的风险，完全转嫁给银行。这是“福费廷”与贴现的最大差别。

(2) 贴现的票据为一般国内贸易和国际贸易往来中的票据，“福费廷”则多为与出口设备相联系的有关票据。“福费廷”可包括数张等值的汇票（或期票），每张票据间隔的时间一般为 6 个月。

(3) 贴现的票据有的国家规定具备 3 个人的背书，但一般不需银行担保。办理“福费廷”业务的票据，必须有第一流银行的担保。

(4) 办理贴现的手续比较简单，办理“福费廷”业务则比较复杂。贴现的费用负担一般仅按当时市场利率收取贴现息，而办理“福费廷”业务的费用负担则较高，除按市场利率收取利息外，一般还收取下列费用：①管理费，一次性支付；②承担费，从出口商银行确认叙做“福费廷”业务之日起，到实际买进票据之日止，按一定费率和天数收取承担费；③罚款，如出口商未能履行或撤销贸易合同，以致“福费廷”业务未能实现，办理“福费廷”业务的银行要收取罚款。这些费用虽均由出口商支付，但最后还是转嫁给进口商，提高设备项目的货价。

(三)“福费廷”与保付代理业务的区别

“福费廷”与保付代理业务虽然都是由出口商向银行卖断汇票或期票，银行不能对出口商行使追索权，但是，两者之间是有区别的。

(1) 保付代理业务一般多在中小企业之间进行，成交的多系一般进出口商品，交易金额不大，付款期限在 1 年以下；“福费廷”业务成交的商品为大型设备，交易金额大，付款期限长，并在较大的企业间进行。

(2) 保付代理业务不需进口商所在地的银行对汇票的支付进行保证或开立保函，“福费廷”业务则必须履行该项手续。

(3) 保付代理业务，出口商不必事先与进口商协商。“福费廷”业务则出进口双方必须事先协商，取得一致意见。

(4) 保付代理业务的内容比较综合，常附有资信调查、会计处理、代制单据等服务内容，“福费廷”业务的内容则比较单一。

（四）“福费廷”对出口商与进口商的作用

（1）对出口商的作用。“福费廷”业务把出口商给予进口商的信贷交易，通过出口商的票据卖断，及时变为现金交易，获得现金，对出口商来说，这一点与买方信贷相似。此外，“福费廷”业务能给出口商带来下列具体利益：①在出口商的资产负债表中，可以减少国外的负债金额，提高企业的资信，有利于其有价证券的发行；②能够立即获得现金，改善流动资金状况，有利于资金融通，促进出口的发展；③信贷管理、票据托收的费用与风险均转嫁给银行；④不受汇率变化与债务人情况变化的风险影响。

（2）对进口商的作用。对进口商来讲，利息与所有的费用负担均计算于货价之内，一般货价较高。但利用“福费廷”的手续却较简便，不像利用买方信贷那样，进口商要多方联系，多方洽谈。从这一点来讲，与卖方信贷很相似。在“福费廷”方式下，进口商要寻找担保银行，对出口商开出的远期汇票进行担保。这时进口商要向担保银行交付一定的保费或抵押品，其数额视进口商的资信状况而定。

三、信用安排限额

在银行日益介入国际贸易业务，促进并组织进出口成交所起的作用日益增强的情况下，20 世纪 60 年代后期一种新型的出口信贷形式——信用安排限额开始在出口信贷业务中推行。信用安排限额的主要特点是出口商所在地的银行为了扩大本国一般消费品或基础工程的出口，给予进口商所在地的银行以中期融资的便利，并与进口商所在地银行配合，组织较小金额业务的成交。

信用安排限额有两种形式：

（1）一般用途信用限额，有时也叫购物篮信用。在这种形式下出口商所在地银行向进口商所在地银行提供一定的贷款限额，以满足对方许多彼此无直接关系的进口商购买该出口国消费品的资金需要。这些消费品是由出口国众多彼此无直接关系的出口商提供的，出口国银行与进口国银行常常相互配合，促成成交。在双方银行的总信贷限额下，双方银行采取中期贷款的方式，再逐个安排金额较小的信贷合同，给进口商以资金融通，用于向出口商支付。较小信贷合同的偿还年限为 2～5 年。

（2）项目信用限额。在这种形式下出口国银行向进口国银行提供一定贷款限额，以满足进口国的厂商购买出口国的基础设备或基础工程建设的资金需要。这些设备和工程往往由几个出口商共同负责，有时甚至没有一个总的承包者。项目信用限额与一般用途信用限额的条件与程序相似，不过借款主要用于购买工程设备。

四、混合信贷

这种贷款方式是卖方信贷与买方信贷形式的新发展。如前所述，在卖方信贷形式下根据国际惯例进口商要向出口商支付设备货价一定比例的现汇定金；在买方信贷形式下进口商要支付设备货价15%的现汇定金，其余85%的设备货款由进口商从出口国银行取得的贷款进行支付，但贷款不得用于当地费用支出。特别是近几年来，经济合作与发展组织国家共同议定的出口信贷利率不断调高，与国际金融市场利率形成倒挂局面，不利于某些发达国家设备的出口。

一些发达国家为扩大本国设备的出口，加强本国设备出口的竞争能力，在出口国银行发放卖方信贷或买方信贷的同时，出口国政府还从预算中拨出资金，作为政府贷款或给予部分赠款，连同卖方信贷或买方信贷一并发放，以满足出口商（卖方信贷）或进口商（买方信贷）支付当地费用与设备价款的需要。政府贷款收取的利率比一般出口信贷利率更低，这就更有利于促进该国设备的出口，并可加强与借款国的经济技术与财政合作关系。政府贷款或赠款占整个贷款金额的比率视当时政治经济情况及出口商或进口商的资信状况而有所不同，一般占贷款金额的30%～50%。这种为满足同一设备项目的融通资金需要，卖方信贷或买方信贷与政府贷款或赠款混合发放的方式即为混合信贷。这一信贷形式近几年来发展较快。

两方国家提供混合信贷的形式大致有两种：

（1）对一个项目的融资，同时提供一定比例的政府贷款（或赠款）和一定比例的买方信贷（或卖方信贷）。例如，意大利和法国提供的混合信贷中政府贷款占52%，买方信贷占48%；政府贷款（或赠款）和买方信贷分别签署贷款协议，两个协议各自规定其不同的利率、费率和贷款期限等融资条件。

（2）对一个项目的融资，将一定比例的政府贷款（或赠款）和一定比例的买方信贷（或卖方信贷）混合在一起，然后根据赠与成分的比例，计算出一个混合利率。例如，英国ATP（援助和贸易法案）方式和瑞典方式就是这样。这种形式的混合信贷只签一个协议，当然其利率、费率和贷款期限等融资条件也只有一种。

五、我国对外贸易中长期信贷的主要做法

为了改善我国的出口商品结构，扩大机电仪器产品的出口，在国家有关

政策的指导下，中国银行于1980年开办了出口卖方信贷业务，即对我国机电产品的出口单位发放政策性低利率贷款。1983年曾试办过出口买方信贷，即对购买我国机电产品的国外进口商发放贷款。1994年我国成立了归口办理出口信贷业务的政策性银行——中国进出口银行。它除办理出口卖方信贷、出口买方信贷和出口“福费廷”业务外，还办理保险担保、我国政府对外优惠贷款、进口买方信贷、转贷外国政府贷款和项目评估审查业务等。中国进出口银行的建立与业务的开展，标志着我国初步形成了一个对外贸易中长期信贷体制。以下是中国进出口银行经营的出口卖方信贷、出口买方信贷和出口福费廷的主要业务内容。

（一）出口卖方信贷

1. 贷款对象

出口卖方信贷的贷款对象为具有法人资格、经国家批准有权经营机电产品出口的进出口公司和生产企业。

2. 贷款范围

凡出口成套设备、船舶及其他机电产品，合同金额在50万美元以上，并采用一年以上延期付款方式的资金需求，均可申请使用。

3. 借款条件

（1）借款企业经营管理正常，财务信用状况良好，有履行出口合同的能力，有可靠的还款保证并在有关银行开立账户。

（2）出口产品一定属于机电产品或成套设备类型。

（3）出口产品在中国制造部分符合我国出口原产地规则的有关规定。

（4）进口商以现汇即期支付的比例，原则上船舶贸易合同不低于合同总价的20％，机电产品和成套设备贸易合同不低于合同总价的15％。

（5）出口项目符合国家有关政策和企业法定经营范围，经有关部门审查批准，并持有已生效合同。

（6）出口项目经营效益好，换汇成本合理，各项配套条件落实。

（7）合同的商务条件在签约前征得中国进出口银行同意。

（8）进口商资信可靠，并能提供中国进出口银行可接受的国外银行付款保证或其他付款保证。

4. 贷款金额

贷款金额最高不超过合同总价（或出口成本总值）减去定金。

5. 贷款利率

根据中国人民银行有关规定，执行优惠利率。

6. 申请贷款应提供的报表和资料

①正式书面申请；②填交有关表格和用款、还款计划；③借款单位近3年的资产负债表和损益表；④有关部门对出口项目的批准书；⑤出口项目可行性报告；⑥出口合同副本；⑦国内供货合同副本；⑧投保出口信用保险的意向书或保单；⑨还款担保书或抵押协议。

中国进出口银行受理借款单位申请后，按银行规定的贷款条件进行贷前调查和评审，经过银行的项目评审委员会审批同意后，银行与借款单位即签订书面贷款合同。

（二）出口买方信贷

1. 贷款对象

出口买方信贷的贷款对象为中国进出口银行认可的国外进口商或进口商的银行。

2. 贷款范围

贷款限于购买中国的成套设备、船舶或其他机电产品。

3. 贷款条件

使用买方信贷的贸易合同，应具备以下条件。

（1）设备贸易合同金额不低于100万美元。

（2）成套设备的中国制造部分不低于70%，船舶不低于50%，否则适当降低贷款金额。

（3）船舶合同进口商以现汇支付的比例不低于贸易合同总价的20%；成套设备合同不低于15%。

（4）贸易合同必须符合双方政府有关政策规定，取得双方政府颁发的进出口许可证及进口国外汇管理部门同意汇出本息及费用证明。

（5）根据中国人民保险公司的规定，办理出口信用保险。

4. 贷款金额

船舶项目不超过贸易合同总价的80%，成套设备项目不超过85%。

5. 贷款期限

贷款期限为自贷款协议签订之日起至还清贷款本息之日止，一般不超过10年。

6. 贷款利率

根据优惠原则，参照经济合作与发展组织出口信贷利率水平确定。

7. 费用

除收取利息外，还收取管理费与承担费。

（三）出口“福费廷”业务

中国进出口银行最近还试办出口“福费廷”业务。我国机械设备出口商通过中国进出口银行做“福费廷”业务的程序与步骤如下：

（1）机械设备贸易中，如欲采用“福费廷”形式，国内设备出口单位应事先同中国进出口银行取得联系，将交易的有关情况，如进口商名称、进口商所属国别、合同金额、延付期限、开证行、承兑行或担保行、预计签订合同时间、预计交货时间等，书面提交给中国进出口银行。

（2）银行在审查上述资料及情况后，如认为可行，则提交给设备出口商一个参考的折现率报价，以便出口商测算出口合同的设备报价。

（3）设备出口单位向银行提交正式委托书，委托出售“福费廷”交易中进口商开出并加担保的本票（或出口单位开出，经进口商承兑并加担保的汇票）。

（4）银行向设备出口商提交购买票据的正式报价。

（5）设备出口商同意银行报价，应给予正式书面答复，并提交有关合同副本、信用证副本、提单副本及汇票或本票。

（6）银行将买断票据款划拨给设备出口商账户。

（四）三种出口信贷形式的比较

出口卖方信贷、出口买方信贷和出口“福费廷”业务都是促进我国机电仪器出口的信贷方式，对我国设备出口单位来讲，究竟选择哪种方式更有利，就有必要分析一下各种方式本身的特点及其利弊。

1. 出口卖方信贷

出口卖方信贷的贷款条件与做法对出口商有利方面是：

（1）贷款利率固定，对出口商来讲无利率波动风险。

（2）贷款利率受有关部门贴补，低于市场利率。

（3）由于出口单位与本国发放信贷银行办理手续，情况易于掌握，手续简便。

对出口单位不利方面是：

（1）贷款条件比较严格。

（2）由于以延期付款方式出售设备，故存在汇率波动风险。

（3）由于存在着较大金额的应收账款，恶化了资产负债表的状况，不利于出口单位的有价证券上市。

（4）贸易合同的设备货价与筹资成本混在一起，不利于贸易合同的商务谈判。

2. 出口买方信贷

出口买方信贷对出口商的有利方面是：

(1) 设备贸易合同的付款条件为即期付款，有利于出口单位资产负债表状况的改善，有利于出口单位汇率风险的减缓。

(2) 贷款合同与贸易合同分别签订，有利于出口单位核算设备货价成本，集中精力执行商务合同。

(3) 贷款利率参照OECD商业参考利率，贷款协议有效期内利率固定，有利于进口商成本核算，进口商乐于接受，从这个角度讲有利于出口商设备市场的开拓。

对出口单位不利方面为：

(1) 发放贷款的起点较高（100万美元），不利于我国工艺技术水平较低的中小设备项目的出口。

(2) 出口单位要投保出口信用险，保险资费水平根据进口商（或银行）所在国家不同，费率高低也不同，从而增加了出口单位的成本开支。

(3) 贷款手续繁琐，牵涉到的当事人多，国际资金融通的法律问题也较复杂。

(4) 贸易合同能否顺利签订与执行对贷款合同的签订与执行的依赖程度较大。

3. 出口“福费廷”业务

出口“福费廷”业务的融资条件对出口单位的有利方面是：

(1) 票据卖断有利于出口单位免除信贷风险与外汇风险。

(2) 有利于出口单位资产负债表状况的改善，以及有价证券上市。

(3) 融资银行买断票据的起点和出口单位出口的商品无严格明确的规定，使出口单位有较大的灵活性，有利于出口市场的开拓。

对出口单位的不利方面是：

(1) 费用较高。

(2) 交货时间与贸易合同签订时间相距较长，融资银行难以报出折现率，出口单位难于进行准确的对外报价。

(3) 融资银行一般不愿接受5年以上远期票据的买断。

习 题 五

一、判断题

1. 保理业务不会缓解出口商的外汇风险。 （ ）

2. 保理业务既适用于一般商品贸易，也适用于机械设备贸易。（ ）

3. 买方信贷就是延期付款。（ ）

4. 福费廷业务的风险最后承担者是进口商。（ ）

5. 买方信贷不是全额贷款。（ ）

6. 混合贷款是指政府将援助性贷款和传统的出口信贷结合在一起向进口商发放的一种更为优惠的贷款。（ ）

二、选择题

1. 保理业务是（ ）。

A. 单一的融资业务　B. 票据需银行担保

C. 业务做成后出口商立即消除信贷风险

2. 保理适用于（ ）。

A. 一般商品　B. 成套设备　C. 技术

3. 买方信贷的授信人是（ ）。

A. 出口商　B. 进口商　C. 出口商所在地银行

4. 进口商只能利用买方信贷资金从提供贷款国家进口（ ）。

A. 原材料　B. 资本货物　C. 粮食

5. 在（ ）方式下，出口商出具的汇票对其无追索权。

A. 买方信贷　B. 卖方信贷　C. 福费廷

6. 在延期付款的大型设备贸易中，采用福费廷融资形式，风险的最后承担者是（ ）。

A. 出口商　B. 进口商

C. 出口地银行　D. 担保银行

7. 在下列出口信贷的特点中，（ ）是错误的。

A. 出口信贷是一种与本国出口货物相联系的约束性贷款

B. 贷款利率低于市场利率

C. 属于短期贸易融资

D. 与信贷保险相结合

E. 非全额信贷

8. 使用买方信贷时，贸易合同的付款条件是（ ）。

A. D/P　B. D/A　C. 即期　D. 延期

9. 采用国际保理方式收取贷款，由（ ）对进口人的资信情况进行调查。

A. 出口人　　　　B. 出口保理商　　　C. 进口保理商

10. 福费廷与一般贴现业务及其相似，银行对出票人（　　）都能行使追索权

A. 前者有追索权，后者无追索权

B. 前者无追索权，后者有追索权

C. 都不能行使追索权

三、简答题

1. 简述保付代理业务的内容与特点。
2. 出口信贷的主要特点有哪些？
3. 为什么说卖方信贷不等于延期付款？
4. 为什么打包放款的金额低于L/C的金额？

四、案例题

我国首笔船舶出口买方信贷协议签署

2001年11月6日，中国进出口银行与挪威索莫盖斯有限公司（Somargas Limite D. Norway）在京签署了贷款总额为6 250万美元、贷款期限为10年的出口买方信贷协议。这是我国对船舶出口提供的第一笔出口买方信贷。中国进出口银行行长羊子林，挪威王国奥斯陆市市长西蒙森先生，挪威王国驻华大使叶德宏先生，中国外交部、外经贸部等有关部门负责人出席了签字仪式。

该行这次为船舶出口提供的出口买方信贷，将用于支持索莫盖斯公司向中国船舶工业贸易公司购置4艘8 900立方米的液化石油气船。这个项目是国际合作的结果。除贷款行中国进出口银行外，船东方面由挪威斯考根船运公司、美国GATX公司作为发起人，金融界由挪威CBY银行、荷兰NIB银行作为还款担保人，中国船舶工业贸易公司、沪东中华造船（集团）公司分别作为船舶出口商和生产商。

问题：

1. 你认为该协议对我国船舶出口会起到什么样的作用？
2. 如果你是挪威的企业，你该如何操作，才能获得买方信贷？

第六章　国际收支与国际储备

学习目标

通过学习，理解国际收支的概念，重点掌握国际收支平衡表的各项内容，了解国际收支平衡表的分析方法，能够对当前各国的国际收支情况进行基本分析。重点掌握不平衡的原因及影响，掌握国际收支的调节措施。了解国际储备的构成及国际储备管理。

重点难点

国际收支平衡表的各项内容及编制方法；国际收支失衡的原因及影响；国际收支失衡的调节；国际储备的管理。

第一节　国际收支与国际收支平衡表

在开放经济条件下，国际收支较为全面地反映一国与他国之间的经济交往和国际金融活动，是一国国民经济的一个重要组成部分。国际收支的平衡与否不仅会对一国货币汇率以及对外经济关系和政策产生直接的影响，还与国内经济政策的制定和调整密切相关。

一、国际收支（Blance of Payment，BOP）概念

1. 狭义的概念

狭义的国际收支是指一个国家或地区在一定时期内居民与非居民之间所有外贸或外汇收支的总和。该定义以支付为基础，主要适用于第二次世界大战以前。

2. 广义的概念

广义的国际收支是指一个国家或地区在一定时期内（通常为一年）居民与非居民之间所有经济交易的货币价值总和。该定义以交易为基础，主要适用于第二次世界大战以后。

为了统一各国对国际收支内容的统计口径，国际货币基金组织对国际收支的概念作出了比较具体的解释：国际收支是某一时期的统计表。它表明：某一经济体同世界其他国家或地区之间的商品、劳务及收益方面的交易；该经济体所持有的货币黄金、特别提款权，以及对世界其余国家或地区的债权、债务的所有权的变化和其他变化；为平衡不能相互抵消的上述交易和变化的任何账目所需的无偿转让和对应项目。国际货币基金组织对国际收支概念的表述强调了经济交易的内容。可以看作是国际收支广义概念的标准化和具体化。

3. 广义国际收支概念的特点

（1）国际收支是一个流量概念，而不是存量概念

流量（Flow）是指一定时期内发生变动的变量的数值，如一定时期内的存款变动数、人口出生数等。存量（Stock）是指一定时点上存在的变量的数值，如某一时点上存款的总数、某一时点上人口总数等。

当人们提及国际收支时，总是需要指明是属于哪一段时期的，这一报告期可以是一年，也可以是一个季度或一个月，但通常以一年作为报告期。

（2）国际收支包括以货币记录的全部经济交易

国际收支中有些经济交易，如易货贸易、无偿转移物品等，都未涉及货币的收支，对这些交易必须折算成货币加以记录。全部经济交易包括五种类型：①金融资产与商品劳务之间的交换，即商品和劳务的买卖；②商品与商品及商品和劳务之间的交换，即物物交换；③金融资产之间的交换，即资本借贷；④无偿的商品劳务转移，如国际间实物捐赠；⑤无偿的金融资产转移，如国际赠款等。

（3）国际收支记录的是居民与非居民之间的交易

国际收支交易的主体是居民与非居民。根据IMF的说明，居民是指在报告国居住期限达一年以上，与报告国具有重要经济利益关系的个人和组织，否则即为非居民。也就是说，居民是指在一个国家（或地区）的居住期达一年以上的经济单位，否则，该经济单位就被称为该国（或该地区）的非居民。需要指出的是，“居民”是一个经济概念，与法律概念的“公民”不同。公民是指拥有一国国籍的自然人，一国公民可以是本国居民，也可以是本国非居民，它以国籍为判断标准。而居民是经济单位，包括个人、企业、政府、非盈利团体四类，以居住地和期限为标准。

个人居民一般是根据其居住地点和居住时间来判断，凡是在一国有住所一年及一年以上的自然人，无论其国籍，都是该国的居民。据此，移民属于

其所在国的居民；逗留时间在一年以上的留学生、旅游者也属于所在国居民。但是身在国外代表本国政府的个人（如官方外交使节、驻外军事人员）一般认为是他们自己国家的居民，是所在国的非居民。

一国的企业居民是指在该国成立注册、从事生产经营活动的企业，它包括国内企业及外资、合资、合作企业等，基于企业持续经营的假设，国内企业设在国外的分支机构是本国的非居民，所在国的居民。因此，跨国公司母公司与子公司之间的贸易是国际贸易，交易所发生的货币收支应分别记入两国的国际收支。

政府机构，包括在其境内的各级政府机构及设在境外的大使馆、领事馆和军事机构等都是本国居民，凡设在该国的外国使领馆和国际组织机构都是该国的非居民。

联合国、国际货币基金组织、世界银行等国际性组织是任何国家的非居民。

判断一项经济交易是否应包括在国际收支范畴内，依据的不是交易双方的国籍，而是依据交易的双方是否一方是该国的居民，另一方是该国的非居民。只有居民与居民之间的经济交易才是国际收支范畴，居民与居民的交易属于国内经济交易，非居民之间的交易属于离岸经济交易，他们都不包括在任何一国的国际收支里。

二、国际收支平衡表的内容

（一）国际收支平衡表的概念

在一个报告期内，一国居民所从事的国际经济交易多种多样的，要系统了解一国国际收支状况及其变化，必须要对它们进行收集和整理，并编制国际收支平衡表。因此，国际收支平衡表（Blance of Payments Presentation）是记录一国或地区居民与非居民在一定时期内所有经济交易的统计报表，即对国际收支的系统记录。

为便于成员国编制国际收支平衡表，并使各国的国际收支平衡表具有可比性，IMF 出版了《国际收支手册》，对编制国际收支平衡表所采用的概念、准则、惯例、分类方法以及标准构成等内容做了统一的规定和说明，并经常对标准格式进行修改和完善。至 1993 年，《国际收支手册》已出版至第五版。IMF 还定期出版《国际收支统计年鉴》，公布各成员国的国际收支平衡表。

（二）国际收支平衡表的编制原理和记账方法

1. 编制原理

国际收支平衡表按照复式簿记（借贷记账）原理，采用借贷记账法编制，即“有借必有贷，借贷必相等”。每发生一笔经济交易都要以相等金额同时在相关的借贷账户进行两笔或两笔以上的记录，一次记在贷方，一次记在借方。贷方交易表示资产的减少，负债的增加，用（+）表示，借方交易表示资产的增加，负债的减少，用（−）表示。

对于这一记账原理，有两个便于记忆的经验法则：

①凡是本国从国外获得货币收入的交易均记入贷方，凡是对外国货币支出的交易则记入借方。而这笔货币收入或支出本身则相应记入借方和贷方。

②凡是引起外汇供给的交易均记入贷方，凡是引起外汇需求的经济交易则记入借方，这一法则不适用于单方面实物转移，因为单方面实物转移并不会导致外汇的供给与需求。

2. 记入贷方与记入借方具体项目

（1）记入贷方（正方）

A. 货物或服务的出口

B. 本国从外国获得的职工报酬和投资收入

C. 外国对本国的转移（包括经常转移和资本转移）

D. 外国增加对本国的直接投资、证券投资和其他投资

E. 本国减少对外国的直接投资、证券投资和其他投资

F. 储备减少

（2）记入借方（负方）

A. 货物或服务的进口

B. 本国向外国支付的职工报酬和投资收入

C. 本国对外国的转移（包括经常转移和资本转移）

D. 本国增加对外国的直接投资、证券投资和其他投资

E. 外国减少对本国的直接投资、证券投资和其他投资

F. 储备增加

对于各种项目，一方面分清借记与贷记，再以项目分类，总的正方与负方为零，但是作为具体项目下则会发生借与贷的不平衡，形成了局部差额。正方总和大于负方总和则为顺差或盈余，反之则为赤字或逆差。

（三）国际收支平衡表的结构

世界各国编制国际收支平衡表的格式不尽相同，各自反映了各国国情的

需要和特点。但都是参照国际货币基金组织出版的《国际收支手册》（第五版）推荐的“国际收支平衡表标准组成部分”来编制。《国际收支手册》（第五版）由两大部分组成，即经常账户和金融账户（表 6－1 所示）。经常账户包括货物和服务、收入、经常转移；资本和金融账户由资本账户和金融账户组成，资本账户包括资本转移和非生产、非金融资产的收买和放弃，金融账户包括一国（地区）对外资产和负债所有权变更的所有交易，由直接投资、证券投资、其他投资和储备资产四部分组成。

表 6－1　国际收支平衡表:标准组成部分

一、经常账户	二、资本与金融账户
(一)货物和服务	(一)资本账户
1. 货物	1. 资本转移
(1)一般商品	(1)政府转移
(2)用于加工的货物	(2)其他转移
(3)各种运输工具在港口购买的货物	2. 非生产、非金融资产的收买/放弃
(4)非货币现金	(二)金融资产
2. 服务	1. 直接投资
(1)运输	(1)国外
(2)旅游	(2)在报告经济体内
(3)通讯服务	2. 证券投资
(4)建筑服务	(1)资产
(5)保险服务	(2)负债
(6)金融服务	3. 其他投资
(7)计算机的信息服务	(1)资产
(8)专有权利使用费和特许费	(2)负债
(9)其他商业服务	4. 储备资产
(10)个人、文化和娱乐服务	(1)货币黄金
(11)别处未提及的政府服务	(2)特别提款权
(二)收入	(3)在 IMF 的储备头寸
1. 职工报酬	(4)外汇
2. 投资收入	(5)其他债权
(1)直接投资收入	
(2)证券投资收入	
(3)其他投资收入	
(三)经常转移	
1. 各级政府转移	
2. 其他部门转移	

一国的对外经济交易往往很复杂，一定时期内各类对外经济交易成千上万，各国经济情况也有很大的区别，因此，在编制国际收支平衡表时，一般在 IMF 推荐的标准组成部分的基础上，结合本国（地区）的具体情况做一定

的调整。

表6－2是我国的国际收支平衡表的主要结构。可以看出，我国的国际收支平衡表分为经常账户、资本与金融账户、储备资产变动和净误差与遗漏四个部分，其中储备资产、净误差和遗漏单独列出。

表6－2　中国的国际收支平衡表（Balance of Payments 2005）

单位：千美元　　　　　　　　　　　　(USD. 1000)

项目	Item	
经常账户	Current Account	
货物	Goods	
服务	Service	
收益	Income and Profit	
经常转移	Current Transfer	
资本与金融账户	Capital and Finance Account	
资本账户	Capital Account	
金融账户	Financial Account	
储备资产变动	Change in Reserve Assets	
净误差与遗漏	Net Error and Omission	

（四）国际收支平衡表的主要内容

国际收支平衡表主要包括以下内容：

1. 经常项目

经常项目主要反映一国与他国之间实际资源的转移，是国际收支中最重要的项目。经常项目包括货物（贸易）、服务（无形贸易）、收益和单方面转移（经常转移）四个项目。经常项目顺差表示该国为净贷款人，经常项目逆差表示该国为净借款人。

2. 资本与金融项目

资本与金融项目反映的是国际资本流动，包括长期和短期的资本流出和资本流入。是国际收支平衡表的第二大类项目。

资本项目包括资本转移和非生产、非金融资产的收买或出售，前者主要是投资捐赠和债务注销；后者主要是土地和无形资产（专利、版权、商标等）的收买或出售。

金融账户包括直接投资、证券投资（间接投资）和其他投资（包括国际信贷、预付款等)。

3. 净差错与遗漏

为使国际收支平衡表的借方总额与贷方总额相等，编表人员人为地在平衡表中设立该项目，来抵消净的借方余额或净的贷方余额。

4. 储备与相关项目

储备与相关项目包括外汇、黄金和分配的特别提款权（SDR)。特别提款权是以国际货币基金组织为中心，利用国际金融合作的形式而创设的新的国际储备资产。国际货币基金组织（IMF）按各会员国缴纳的份额，分配给会员国的一种记账单位，1970年正式由IMF发行，各会员国分配到的SDR可作为储备资产，用于弥补国际收支逆差，也可用于偿还IMF的贷款。又被称为“纸黄金”。

三、国际收支平衡表的分析

对国际收支平衡表的分析需要对各局部账户差额的分析，局部账户差额就是指国际收支平衡表中某个局部账户或科目的贷方减去借方额得到的差额。可以说，每个具体的科目都有一个差额。下面我们对第五版的国际收支平衡表的几个重要账户进行说明。

计算公式：

国际收支总差额＝经常账户差额＋资本与金融账户差额＋净差错与遗漏

国际收支总差额＋储备资产变化＝0

各项差额＝该项的贷方数字减去借方数字

（一）贸易账户差额

贸易账户差额是指货物和服务进出口之间的差额，是衡量一国实际资源转让、实际经济发展水平和国际收支状况的重要依据。同时还反映了一国的创汇能力和产品的国际竞争力。贸易收支占国际收支的比重较大，且数据易于收集，能够比较快地反映一国的对外经济交往的情况，因此得到各国的普遍重视和广泛使用。

（二）经常账户差额

经常账户差额是指贸易账户差额加收入账户和经常转移账户收支的差额，反映大多数一旦发生就不可逆转的交易差额，即实际资源或金融资产在国际间的转让净额。由于一国的经济发展和增长主要依赖自有实际资源的数量，因而这一差额也反映了一国的经济实力和增长能力。另外，经常账户差额还是反映一国储蓄和投资水平的重要指标。加之经常账户差额比贸易账户差额反映全面，其状况决定了国际收支的实际差额因而受到各国的重视，在宏观经济分析中具有举足轻重的地位，被认为是衡量国际收支的最好指标之一。

要说明的是，当经常账户为盈余时，会引起资本的净流入或官方储备的增加；当经常账户为赤字时，会引起资本的净流出或官方储备的减少。

（三）资本与金融账户差额

资本与金融账户差额是资本账户与金融账户收支之间的差额。若错误和遗漏账户差额为零，则资本与金融账户（按 IMF 国际收支手册，资本与金融账户包括储备资产）差额与经常账户差额二者必定数额相等，方向相反。即若经常账户为赤字，则资本与金融账户必为盈余，这意味着一国可利用金融资产的净流入为经常账户融资。因此，经常账户中实际资源的转移与资本和金融账户中金融资本的流动是同一问题的两个方面，对经常账户差额的分析与对资本和金融账户差额的分析是相对应的。这里特别要注意的是储备资产的增减变化不仅在会计上作为平衡国际收支账户使用，而且，储备资产的差额也能反映一国国际收支的顺逆差的数额。但要注意的是，储备资产的记账符号与国际收支的顺逆差的方向正好相反。

（四）综合账户差额

综合账户差额即用经常账户差额加资本与金融账户差额再加错误与遗漏的总差额减去储备资产的部分。综合差额为正号，则储备资产记负号，表示该国储备资产增加，国际收支顺差；反之，综合差额为负号，则储备资产记正号，表示该国储备资产减少，国际收支逆差。综合差额的正负与国际收支的顺逆差成正向关系，即综合差额的盈余表示国际收支的顺差，综合差额的赤字表示国际收支的逆差。

（五）错误和遗漏账户差额

错误和遗漏账户差额是指经常账户与资本和金融账户之间的差额。错误和遗漏账户是国际收支账户的一个平衡账户，所以其数额的大小可以反映国际收支平衡表的准确性，除此之外，也可以反映一些其他问题。如出现持续的、规模较大的、同方向的误差时，常常是人为因素造成的，应引起人们的注意。如企业为了骗取出口退税而高报出口，就会形成出口数额过高而资本流入过低，由此造成经常账户差额的贷方余额大于资本与金融账户差额的借方余额，从而形成错误和遗漏账户的借方余额。反之，走私、资本外逃等造成的误差也会反映在错误和遗漏账户中。根据 IMF 的经验统计，在一国的国际收支平衡表中，如果错误和遗漏账户差额超过该国进出口贸易总额的 5%，则该国国际收支就显示有资本外逃的可能。因此，人们现在越来越重视此账户差额的分析。

四、我国的国际收支

我国的国际收支活动主要是从1978年经济体制改革开放以来，逐渐大规模开展起来的，对国际收支平衡表的编制也是在恢复了我国国际货币基金组织席位和合法权益后，随着外汇管理体制改革的不断深入而逐步完善起来。

我国在1985年以前只编制外汇收支计划而从未编制过国际收支平衡表。1980年我国在国际货币基金组织恢复席位和合法权益后，才开始按照国际货币基金组织的要求着手编制我国的国际收支平衡表，并于1985年首次开始对外公布。刚开始编制时比较粗糙，以后逐步完善详细。

我国国际收支差额的情况，以1994年为界大致可分为两个阶段：在1982—1994年以前，顺差逆差交替出现；1994年以后，基本保持双顺差。国际收支持续较大顺差是我国改革开放、积极参与国际分工合作的积极成果，反映了我国工业化和市场化进程不断加深的阶段性特征。但一定程度上也是我国国民储蓄持续大于投资、国内供求失衡的结果，也与我国吸引大量外商直接投资有着密切关系。

从总体上来看，我国国际收支运行的状况良好，我国国际收支整体抗风险能力仍然较强。但当前贸易顺差过大和外汇储备增长过快已成为影响我国国际收支平衡的主要矛盾，持续较大顺差增加了宏观调控的复杂性，对外依赖加大了遭受外部冲击的可能性。因此，在当前及今后一段时期，必须居安思危、未雨绸缪，充分认识到大额顺差与大额逆差一样，都存在着风险因素，都可能对国民经济又好又快发展带来不利影响，并及时采取有效措施，积极主动地化解风险，维护经济金融安全。

第二节　国际收支的不平衡及其调节

一、国际收支平衡与失衡

（一）国际收支平衡的含义

判断一国国际收支是否平衡，要弄清楚以下几组概念：

1. 国际收支的账面平衡与真实平衡

国际收支的账面平衡是指国际收支平衡表的账面平衡。从会计意义上，国际收支平衡表的账面总额总是平衡的。其中虽然某些账户可能出现赤字，但可以用其他账户的盈余来弥补。例如经常账户的差额可以用资本与金融账户的净额来平衡；所有交易项目的差额可以用储备资产来弥补。这是由编制国际收支平衡表的复式簿记原理和借贷记账方法所决定的。但这并非国际收支的真实平衡。

国际收支真实平衡是指国际收支在经济意义上的平衡。事实上，一国国际收支活动是由各种各样的对外经济交易引起的，不可能做到收支完全相抵。因此，一国真实的国际收支活动往往不是顺差就是逆差，只是差额的大小不同而已。

分析一国国际收支是否平衡，最直观的办法就是从国际收支平衡表的账面上，根据储备资产项目的增减变动数额来判断。国际收支顺差则储备资产增加，国际收支逆差则储备资产减少。

2. 国际收支的主动平衡和被动平衡

一国国际收支记录的全部对外经济交易可以分为自主性交易和调节性交易。由自主性交易形成的国际收支平衡为主动平衡，由调节性交易带来的国际收支平衡为被动平衡。

自主性交易也称事前交易，是交易者出于特定的经济目的自主性的交易，如经常账户的各项交易及资本与金融账户中的一些交易，包括资本转移，非生产、非金融资产的收买或放弃，直接投资等大都是出于获取经济利益的目的自发进行的交易。这种自发交易引起的收支活动，总是会产生差额。或者收大于支，或者支大于收，不可能完全相等。

调节性交易也称事后交易，主要是指金融账户中由官方调节性措施引起的短期资本流动及储备资产变动。当自主性交易出现较大差额，需要动用储备资产或利用短期投融资人为地进行弥补和调节时，才由调节性交易达成国际收支的被动平衡。

由自主性交易达成的主动平衡是各国国际收支平衡追求的目标，自主性交易的平衡与否是判断一国国际收支真实平衡的标准。

（二）国际收支不平衡原因

为了及时调节国际收支的不平衡，需要分析其产生的具体原因，以便采取相应的措施。根据其形成原因，国际收支失衡可以分为以下几种类型：

(1) 偶发性不平衡：指由偶发性因素引起的一次性的、无规律性的国际收支失衡。如气候突变（天灾）、动乱等因素引起国内物品供给减少，导致出口下降，进口增加，从而引起国际收支逆差；反之，则会出现顺差。

(2) 收入性失衡：是指由于国民收入的变动，导致进出口贸易发生变动而引起的国际收支失衡。这种不平衡主要是一国经济增长速度的变化引起的，具有长期性。一国如果提高经济增长率，则可能引起国民收入的增加和进口需求的扩大，从而导致国际收支逆差的产生。这种情况一般发展中国家较为多见。这些国家虽然国内经济增长可能会带动进出口贸易全面增长，但由于其经济增长往往依赖大量进口，从而导致其进口增长远远快于出口增长，产生国际收支的不平衡。

(3) 周期性失衡：周期性不平衡是指一国处于经济周期不同阶段所引起的国际收支失衡。

经济周期有两种含义，包括本国的经济周期和世界经济周期。

就发展中国家而言，受本国经济周期波动影响而导致的国际收支不平衡，主要表现为国内经济增长往往导致产生国际收支逆差。这是由于许多发展中国家的经济增长往往依赖于大量进口附加值较大、价格较高的先进技术和机器装备。

受世界经济周期影响而造成国际收支失衡，主要是指西方发达国家的经济周期波动对世界其他国家国际收支所产生的影响。当西方发达国家经济陷入萧条或不景气时，往往会采取缩减其进口的措施，从而减少了世界其他国家或发展中国家的出口，而导致后者国际收支产生逆差。

(4) 结构性失衡：是指一国产业结构或经济结构不能适应世界市场的变化而引起的国际收支失衡。这种问题在发展中国家表现比较突出，尤其是那些比较落后的发展中国家，由于其经济结构或产业结构的层次水平较为低下，大宗产品的出口往往是一些价格低廉的原料和初级产品；而进口的却多数为技术和资本含量较高，附加值较大的工业制成品及高精尖产品。在世界市场上，原料和初级产品需求的收入弹性小、价格弹性大，而工业制成品及高精尖产品需求的收入弹性大、价格弹性小，从而导致发展中国家总是面对贸易条件恶化局面，发生国际支付困难，处于国际收支逆差状况。

(5) 货币性失衡：也称价格性不平衡，指一定汇率条件下，一国国内货币供求关系失衡，引起通货膨胀、物价上涨而产生的国际收支不平衡。

如果一国采取扩张性经济政策，货币供给较多，就会导致通货膨胀、物价上涨，从而必然引起出口商品的价格相对上升，不利于出口，而使出口减少；同时还使进口商品的价格相对降低，有利于进口，而使进口增加，造成国际收支逆差。

以上五种失衡中，由偶发性、周期性、货币性等因素所造成的失衡具有短期性，可通过市场机制自发纠正；由结构性、收入性等因素所造成的失衡具有长期性，市场机制不能纠正，必须通过政府介入，人为纠正。

二、国际收支不平衡的影响

（一）国际收支逆差的消极影响

长期持续的巨额国际收支逆差会给本国对外经济关系及国内经济发展带来严重的负面影响。

首先，在对外经济方面，会形成本币对外贬值的压力，影响本币汇率的稳定，降低本币的信誉，并造成贸易条件的恶化。而要维持本币汇率的稳定，政府就必须在该国出现国际收支大量逆差时，动用外汇储备来干预外汇市场，从而引起本国官方储备的减少。

其次，伴随着大量国际收支逆差，出口乘数效应缩减，带来国内经济不景气和高失业率。而且在市场化条件下，储备的减少还可能导致国内货币供应量的降低和利率水平的上升，加剧通货紧缩，影响国民经济的增长速度。

再次，持续的国际收支逆差会降低一国的对外资信，造成大量资金的外流，加剧国内的经济恶化。

（二）国际收支顺差的消极影响

保持国际收支顺差一定程度上反映一国在国际市场上所拥有的较强的国际竞争能力和对外经济实力，并可以提高本币信誉，是许多国家政府追求的一个宏观经济目标。但过大的国际收支顺差同样会给一国对外经济关系及国内经济带来一定的消极影响。

在对外经济关系方面，大量的国际收支顺差会造成一国储备资产迅速增加，带来本币对外升值的压力。而本币升值又会造成本国出口产品的相对价格上升，进口产品的相对价格下降，从而不利于出口，有利于进口，使国际收支转为逆差。而要想缓解本币升值的压力，政府就必须在该国出现国际收支大量顺差时，通过大量吞进多余外汇储备来干预外汇市场，从而引起本国官方储备过量增加。

大量国际收支顺差还会招致贸易伙伴的不满，引起贸易摩擦和国际争端，影响对外经济政治关系的正常发展。

同时，伴随着国际收支顺差与储备资产增加的是国内货币供给量的增加和通货膨胀的压力。因此，可能造成一国经济在外部失衡的同时出现内部失衡，加大其宏观经济调节的难度。

如果一国国际收支大量顺差是以出口资源性产品而获得的，将会影响一个国家的长期的可持续发展。

三、国际收支的自动调节

国际收支的自发调节是市场机制本身具有的功能，一国经济的市场化程度越高，则国际收支自发调节的作用就越明显，同时，在不同的货币制度下，国际收支自发调节作用的表现形式也不同。

（一）金本位制条件下国际收支的自发调节机制

在金本位制条件下，如果一国国际收支出现逆差，就会伴随黄金的净输出。黄金外流使得黄金准备存量降低，国内货币供给量减少，导致物价下跌，而物价下跌提高了本国出口商品的价格竞争能力，可以刺激出口增加；同时国内物价下跌使得进口产品的相对价格上升，可以起到抑制进口，减少进口的作用，从而国际收支逆差得以改善。

（二）纸币本位制条件下国际收支的自发调节机制

在纸币本位制条件下，国际收支失衡在市场机制的自发作用下，可以通过汇率机制、利率机制、价格机制和收入机制的自发调节恢复平衡。

1. 国际收支的汇率调节机制

在浮动汇率制度下，如果一国出现国际收支逆差，意味着该国进口大于出口，市场上对外汇的需求大于外汇的供给，就会导致外汇汇率上升，本币汇率下降。而本币贬值会使该国出口商品的相对价格下降，进口商品的相对价格上升，从而有利于出口，刺激出口增加，不利于进口，促使进口减少，因此有可能改善逆差，使国际收支恢复均衡。

2. 国际收支的利率调节机制

当一国出现国际收支逆差时，储备资产减少，中央银行的储备放款会随之减少，国内货币供给量也会相应减少。在利率市场化条件下，就会导致利率上升。而如果一国经济开放程度较高，则利率上升会吸引外国资本流入，使金融账户向盈余转化，从而改善国际收支逆差。

3. 国际收支的价格调节机制

如果一国出现国际收支逆差，则会由于国内货币供给量的相应减少而导致物价下跌。如前所述，物价下跌会使本国出口商品的价格竞争能力提高，从而刺激出口增加；而国内物价下跌使进口产品的相对价格上升，从而起到抑制进口的作用，国际收支逆差因此得以改善。

4. 国际收支的收入调节机制

一国国际收支逆差，意味着出口小于进口，在出口乘数效应缩减作用下，国民收入水平降低，社会总需求与进口需求随之减少，从而使贸易收支账户向盈余转化；同时，国内投资需求的减少往往伴随着利率的上升，还可能导致国外资本流入而有利于金融账户的改善，从而改变国际收支逆差状况。

四、国际收支不均衡的政策调节

国际收支的自动调节机制充分发挥作用是以市场机制是否完善、经济是否自由、外汇外贸管制放松为前提条件的，而且调节的时间也比较长。因此，当国际收支出现失衡时，一国当局往往不能完全靠经济体系的自动调节机制来使国际收支恢复均衡，而需要采取适当的政策措施加以调节。

（一）外汇缓冲政策

外汇缓冲政策是指一国货币当局通过变动官方储备或运用（国际信贷）来弥补国际收支失衡的政策。调节机制：国际收支不均衡→变动官方储备或运用国际信贷→国际收支均衡。如国际收支逆差，则减少外汇储备，或向外借款，使国际收支趋于均衡。这一政策主要适用于调节短期的、偶发性的国际收支失衡，不适用于调节巨额的、长期的国际收支失衡，因为长期失衡会导致官方储备的枯竭或大量积累（造成资源的浪费）、外债规模过大等，但外汇缓冲政策可作为一种辅助手段，配合调整政策，使国内经济免受调整过猛所带来的巨大震动。这一政策的优点是对国内经济和本币汇率水平的影响较轻，有利于本国对外贸易和投资的顺利进行。缺点是会引起官方储备的流失或债务的增加。

（二）财政政策

财政政策是指一国政府通过改变税收（或税率）或政府支出（主要是增减补贴）等来影响公众收入，进而影响一国国际收支的政策。税收（或税率）的减少、政府支出的增加都会导致公众收入的增加，称为扩张性的财政政策；税收（或税率）的增加、政府支出的减少都会导致公众收入的减少，称为紧缩性的财政政策。调节机制为：国际收支不均衡→扩张性或紧缩性财政政策→收入→进出口→国际收支平衡。如国际收支逆差，则采用紧缩性财政政策（如增加个人所得税或减少对公众的补贴），导致公众收入减少，进而引起进口支出下降，出口收入的增加，从而改善国际收支。若政府采用对国内产品减税或补贴的政策，则会导致国内产品相对国外产品的价格下降，引起出口增加，进口减少，从而改善国际收支。

（三）货币政策

货币政策是指一国中央银行通过调整再贴现率、法定存款准备金率或进行公开市场业务等来影响国内货币供应量和利率，进而影响国际收支的政策。调低再贴现率和法定存款准备金率，在公开市场买入政府证券，会导致国内货币供应量增加，利率下降，称为扩张性货币政策；调高再贴现率和法定存款准备金率，在公开市场卖出政府证券，会导致国内货币供应量减少，利率上升，称为紧缩性的货币政策。调节机制：国际收支不均衡→扩张性或紧缩性货币政策→利率（物价）→资本流动（进出口）→国际收支均衡。如国际收支逆差，则采用紧缩性的货币政策，导致国内货币供应量减少，利率上升，进而引起资本流入增加，资本流出减少，从而改善国际收支。

财政政策和货币政策的优点是可以保持汇率的稳定。缺点是会影响国内经济。因为紧缩性的财政政策和货币政策会使国内经济衰退，扩张性的财政政策和货币政策会使国内通货膨胀，因此无论是财政政策还是货币政策，他们对国际收支的调节都是以牺牲国内经济为代价的。特别是当经济衰退和国际收支逆差并存或通货膨胀和国际收支顺差并存时，这种调节会使本已存在的经济衰退或通货膨胀更为严重。只有在国际收支逆差是因总需求大于充分就业条件下的总供给引起的情况下，采取紧缩性经济政策才不至于牺牲国内经济目标。因此，财政政策和货币政策适用于调节周期性的国际收支失衡。

（四）汇率政策

汇率政策是指一国通过改变汇率水平来调节国际收支的政策，主要有本币贬值和本币升值两种政策。调节机制：国际收支不均衡→调节汇率水平→进出口→国际收支均衡。如国际收支逆差，则采用本币贬值的政策，使出口增加，进口减少，从而改善国际收支；反之，若国际收支顺差，则采用本币升值政策。汇率政策的优点是可以避免通货紧缩；缺点是汇率的经常波动会加剧经济的不稳定，容易引起通货膨胀。因此，汇率政策要结合紧缩性的财政或货币政策来实施。汇率政策主要适用于调节货币性的国际收支失衡。

（五）直接管制

直接管制是指一国通过对外汇或外贸的管制来调节国际收支的政策。直接管制包括外汇管制和外贸管制。外汇管制是指对外汇的水平（同汇率政策）、外汇的收支等的管制；外贸管制是指对进出口贸易的管制，主要措施有实行关税、进口配额、进口许可证制、出口补贴或优惠等。调节机制：国际收支不均衡→外汇或外贸管制→进出口→国际收支均衡。如：国际收支逆差，则限制进口用汇、提高关税、实行进口许可证等，使出口减少、国际收支趋于均衡。直接管制的优点是比较灵活，可以进行结构性调整（如对限制进口的产品，可以提高关税或减少配额；对鼓励出口的产品则多实行补贴或优惠），且见效快；缺点是容易引起各国的“贸易战”，引起国内生产效率和产品竞争力下降，产生官僚作风和贿赂风气等。因此，应谨慎采用这一政策。直接管制主要适用于调节短期的、结构性的国际收支的国际收支失衡。

（六）供给政策（产业政策和科技政策）

供给政策是指通过改善一国的经济结构和产业结构，增加贸易品的生产，提高贸易品质量，以降低贸易品生产成本来改善国际收支的政策。调节机制为：国际收支不均衡→改善经济和产业结构→国际收支均衡。如国际收支逆差，则通过提高贸易品质量，降低成本，使出口增加，国际收支达到均衡。供给政策的调节效果最好，但是难度大，时间长。供给政策主要适用于调节长期的、结构性的国际收支失衡。

以上政策中，外汇缓冲政策又称为融资政策，其他五种政策统称为调整政策。除供给政策外，调整政策又分为支出增减政策和支出转换政策。前者是指改变支出水平的政策，如财政政策和货币政策；后者是指改变支出结构的政策，即改变支出在外国产品和本国产品之间的比重，如汇率政策和直接管制。这两类政策都是从需求的角度来影响国际收支的。由此可知，国际收支调节政策主要有四类：支出增减政策、支出转换政策、供给政策和融资政策。当一国国际收支出现失衡时，政府可选择的政策是多种的，可通过融资政策来调节，也可通过调整政策来调节，还可通过融资与调整的某种组合来调节。由于各种政策都有利弊，因此，具体采用哪种政策或政策组合，要视具体失衡类型及国情而定。

第三节　国际储备

一、国际储备的概念及作用

（一）国际储备概念

国际储备是指一国货币当局为弥补国际收支逆差，稳定本币汇率和应付紧急支付等目的所持有的国际间普遍接受的对外资产。

作为国际储备的资产应具备以下四个特征：

（1）可得性：即这种资产能随时容易地被一国货币当局得到。

（2）流动性：即这种资产能很容易地转换为现金或其他形式的资产。

（3）普遍接受性：即这种资产在计价、结算、支付等方面被世界各国所普遍接受。

(4) 稳定性：即这种资产的内在价值必须相对稳定。

(二) 国际储备的构成

不同形式的国际储备，在不同的历史时期所占的地位各不相同。但作为世界货币或国际支付手段和流通手段，在调节国际收支不平衡、维持国家对外支付能力和资信、稳定本币汇率的作用方面是共同的。国际储备的具体形式有以下几种方式：

1. 黄金储备

是一国政府为保证国际支付和维持货币信用而储存的金块和金币的总额，同时还是在金本位制度下各国发行纸币的准备金。

在金本位制度下，黄金是最重要的国际储备形式。金本位制崩溃以后，纸币不再兑换黄金，黄金也不再作为纸币发行的准备金，但黄金仍然是主要的国际储备资产和国际结算的支付手段。与其他储备资产相比，黄金具有保值、可靠的优点，因此许多国家仍然持有大量的黄金储备。

1978 年 4 月 1 日生效的《国际货币基金协定》修正案规定黄金“非货币化”，黄金作为货币的作用趋于淡化。但黄金作为一般财富的社会化身，可以较容易地转化为任何所需要的支付手段，所以它仍是国际储备的重要形式。

2. 外汇储备

即一国政府持有的国际储备资产中，以可自由兑换货币所构成的部分。其具体形态表现为：政府在国外的短期存款及其他可以在国外兑现的支付凭证和有价证券。如商业汇票、银行支票、外国政府国库券和长短期债券等。外汇储备是一国最重要和流动性最强的储备资产，是当今国际储备的主体。

第二次世界大战前，英镑曾长期是世界各国主要的储备货币；第二次世界大战后，美元取代英镑成为主要的储备货币。20 世纪 70 年代以来，西德马克、瑞士法郎、法国法郎和日元也成为重要的储备货币。进入 21 世纪，欧元也成为重要的储备货币。

3. 特别提款权（Special Drawing Rights，SDRs）

是 IMF 创设的一种记账单位和储备资产，分配给会员国用以补充国际储备，弥补国际收支逆差。

SDRs 从 1970 年开始第一次分配给会员国，作为原有普通提款权以外的一种使用资金的特别权利，可用于会员国政府或中央银行 IMF 特别提款权账户之间的结算，以及会员国对 IMF 的某些支付；也可用来作为政府对外承担金融债务和缔结互惠协定的保证金，或向其他会员国换取外汇；但不能直接用于国际贸易和非贸易支付，私人企业和商业银行不能持有和使用。

SDRs的持有者，主要是IMF的会员国。只有IMF的会员国才能参与特别提款权的分配。另外，IMF指定的某些实体，如世界银行、国际清算银行、阿拉伯货币基金、国际农业发展基金、北欧投资银行和瑞士国民银行等，也可以持有和使用特别提款权，但不参加分配。

4. 会员国在IMF的储备头寸

会员国在IMF的储备头寸是指IMF会员国普通提款权中储备部分贷款额度，即为普提款权其中的一部分。其资金来源主要是会员国缴存在基金组织的相当于份额25%的黄金与外汇。此外，会员国借款给国际货币基金组织时，也相应的增加该储备头寸。

普通提款权是IMF向会员国发放的一种最基本的贷款。最高限额为会员国向基金缴纳份额的125%，期限为3～5年。

（三）国际清偿力

国际清偿能力又称“国际流动性”，是一国货币当局持有国际流动、用以支持本国货币汇率、支付国际收支逆差和偿付到期外债的能力。这种能力分为现实能力和潜在能力两部分。现实能力是指在国际清偿时可动用的国际储备资产，潜在能力是指在国际清偿时可以通过调配、借贷或动员等方法获得的国际储备资产。因此，国际清偿力包括自有储备和借入储备两部分。

判断一国的国际清偿能力，除了要考察该国的国际储备外，还要考虑另外两个因素：一是该国政府获得流动资金的可能性；二是该国政府利用这些资金偿付外债或干预外汇市场的便利程度。就不同类型的国家而言，它们所拥有的国际清偿能力有很大的差距。一般来说，发达国家所拥有的国际清偿能力要比发展中国家强，因为发展中国家进入国际金融市场进行应急性筹资的能力受到极大的限制。如果一国对外筹资的能力受到完全的限制，则该国的国际清偿能力等同于其国际储备。

由以上分析可知，国际清偿力与国际储备是两个容易混淆的概念，它们的联系和区别主要表现在以下三个方面：①国际清偿力的含义比国际储备要广，它不仅包括一国现有的国际储备，也包括一国可能的向外借款能力，它是一国所能利用的一切外汇资源的总和。②国际储备由一国货币当局直接掌握和持有，其使用是直接的和无条件的；而国际储备以外的、不由货币当局直接持有的国际清偿力（借入储备），其使用通常是有条件的。③国际储备衡量的是一国货币当局干预外汇市场的部分能力，而国际清偿力衡量的是一国货币当局干预外汇市场的总体能力。

（四）国际储备的来源

国际储备的来源可以分为两个层次：一是世界范围的总储备；二是一国的官方储备。

世界范围的总储备主要来源于：①世界黄金总产量减去非货币性黄金；②基金组织创设的特别提款权；③储备货币发行国的货币输出。长期以来，黄金的产量一直跟不上世界经济，因此，黄金已经不是当今世界国际储备的主要来源。至于特别提款权，基金组织迄今为止只分配了两期，共 214 亿特别提款权，其在世界储备总额中所占比重很小，而且在整个 20 世纪 80 年代呈明显下降趋势，因而也不是世界储备的主要来源。综观第二次世界大战后国际货币体系的发展可见，世界储备的主要来源是储备货币发行国通过国际收支逆差输出的货币。这些输出货币的一部分进入各国官方手中成为它们的外汇储备。如果各国官方未将这些外汇储备存入发行国的银行，而是将它们存入国际金融市场，则通过国际银行业的辗转贷款和信用扩张，又可创造出部分派生存款。

一国国际储备的来源主要有以下几个渠道：①国际收支经常账户顺差，如原西德、日本从 20 世纪 70 年代以来，外贸顺差不断增加，国际储备也随之增加，经济实力不断增强，以至于与美国形成三足鼎立之势；②国际收支资本账户顺差；③国家通过干预外汇市场而收进的外汇；④国际货币基金组织分配的特别提款权；⑤中央银行通过在市场上的购买来增加黄金量；⑥一国官方或中央银行向国外借款的净额。

除以上来源以外，外汇储备资产运用所带来的收益也可以增加国际储备。如购买外国国库券和大额存单，利用外汇储备进行套利、套汇活动等，不仅可以避免和减少外汇风险，还可以带来一定的收益，从而增加了国际储备。

（五）国际储备的作用

国际储备的作用，可以从两个层次来理解。第一个层次，世界范围来考察国际储备的作用。随着世界经济和国际贸易的发展，国际储备也相应增加，它起着媒介国际商品流动和世界经济发展的作用。第二个层次则是具体到每一个国家来考察。从一国角度来看，持有国际储备的主要目的有：

1. 弥补国际收支逆差

这是绝大多数国家持有国际储备的最主要作用。当一国发生短期性的、轻微的国际收支逆差时，可以通过动用国际储备予以弥补，而不必采取影响国内经济的财政货币政策来调节。当一国发生长期的、巨额的或根本性国际收支逆差时，一定规模的调整政策是必不可少的。这时，国际储备可以起到一种缓冲作用，它使政府有时间渐进的推进其财政货币调节政策，避免因猛烈的调节措施带来国内经济震荡。

2. 维持本国汇率稳定

本国货币在外汇市场上出现较大波动，会对本国经济产生不良影响。一国货币当局可利用国际储备来干预外汇市场，影响外汇供求，将汇率维持在一国政府所希望的水平上。当本国货币的汇率在外汇市场上呈下降趋势，为维护本国货币的国际地位，货币当局可以出售外汇储备购入本币，增加外汇供给，从而使本国货币汇率上升；当本国货币的汇率在外汇市场上呈上升趋势，为了防止本国货币过度升值带来的不良影响（如出口下降等），货币当局可以抛出本币购入外汇，增加本币供给，从而使本国货币汇率下降。因此，一国持有国际储备的多少表明了一国干预外汇市场和维持汇率稳定的实力。需要指出的是，外汇市场干预是试图改变外汇市场上本币与外币的供求关系来调节汇率的，它无法从根本上改变决定汇率的基本因素，而且各国货币当局持有的外汇储备总是有限的，因此，外汇市场干预只能对汇率产生短期和有限的影响。

3. 维护国际资信

国际储备对维护国际资信的作用，包含两层含义：一是可以用来支持本国货币价值稳定性的信心，二是可以作为政府向外借款的信用保证。首先，一国拥有充足的国际储备不仅在客观上使货币当局拥有较强的调控外汇市场的能力，而且还可以增强外汇市场上投资者对该国货币的信心。其次，一国国际储备状况是国际金融机构和国际银团提供贷款时评估其国家风险和借款资信的重要指标之一。一国拥有充足的国际储备，表明该国的债信和偿债能力较强，对外借款就比较容易；反之，对外借款则比较难。

4. 应付突发事件的需要

如果一国突发自然灾害，引起粮食短缺，就会增加对进口粮食的外汇支付；如果一国突发金融危机，就会引起资本外逃，本币贬值，为了稳定国内金融、经济秩序，也需要动用大量国际储备对外汇市场进行干预。其他突发事件如战争、意料之外的债务增加等，也会导致一国临时的对外支付的增加。

5. 促进国内经济发展

对许多发展中国家而言，国际储备并不仅仅是干预外汇市场的手段，更是它们整个经济发展战略的重要组成部分。大多数发展中国家的出口结构均以初级产品为主，出口收入受国际市场需求的制约，数量有限；而其进口又存在较强的依赖性。因此，其国民经济的发展依赖于一定规模的国际储备。

二、国际储备的管理

一国的国际储备资产管理主要分为两个方面，即国际储备水平的管理和国际储备结构的管理。如何加强国际储备资产的管理，是当今世界各国中央银行，尤其是发展中国家的中央银行面临的重要课题之一。因为一个国家国际储备资产管理的状况，不仅反映了国家的货币汇率和储备政策执行的情况，还直接影响了该国的国际收支状况和国家经济发展。

（一）国际储备管理的重要性

随着布雷顿森林体系的崩溃和浮动汇率制的实行，国际储备管理问题变得更为突出和重要。具体表现在以下几个方面：

1. 国际储备资产的汇率风险加大

在浮动汇率制度下，西方国家的关键货币之间汇率波动频繁，而且波动幅度较大，从而使国际储备资产的汇率风险增大。因此，必须加强对储备资产的管理。其具体表现主要在两个方面：

（1）在世界各国普遍实行浮动汇率制条件下，各国中央银行持有的外汇储备货币面临汇率频繁波动的风险。如果一国中央银行保持的外汇储备币种不当，就可能受到损失。因此，需要密切注意西方主要外汇市场的汇率变化趋势，根据情况不断选择变化储备资产的形式，加强储备资产的管理。

（2）在储备货币币种不断增加的情况下，各国对外贸易用于计价结算货币的汇率风险大大增加。

浮动汇率制度下，各种可自由兑换的西方国家货币都已成为储备货币，使国际储备资产的汇率风险复杂化。因此，必须根据各种货币不断变化的汇价和国际贸易支付结算的需要，来调配储备货币的结构。

2. 国际储备资产的利率风险增大

由于西方各国本身经济目标的重点不同，经济政策的理论依据不同，因此其利率水平各不相同。但各国利率水平会相互影响，因而使利率经常波动。因此，国际储备管理还必须比较各种货币的利率差距，同时要充分考虑各种货币的名义利率及剔除通货膨胀后的实际利率之间的关系，来选择调配储备货币的币种，以确保国际国际储备资产的安全性和盈利性。

3. 国际储备资产的投资选择和选择风险同时增加

国际储备资产的多元化，为各国的储备资产保值增值和投资选择提供了更多的机会，但同时也带来了更大的投资选择风险。随着以欧洲货币市场为主的国际金融市场的迅速发展，信用方式日趋多样化，借贷凭证种类繁多，而且可以随意转让，资金调拨灵活方便。另外，各种有价证券的币种、面额、期限、利率、费用、收益等各不相同，这就使得储备资产的投资选择变得重要和复杂。其选择得当与否，直接关系到储备资产的盈利和安全性。因此，对国际储备资产的管理不仅要求注意汇率、利率的变化，还必须研究证券市场的变化和投资对象的特点等问题，从而加大了储备资产管理的难度和复杂性。

4. 黄金价格的剧烈波动对黄金储备价值的影响

黄金价格的剧烈波动影响黄金储备的价值，因此需加强对黄金储备的管理。自1971年8月美国宣布停止向外国中央银行按35美元兑换一盎司黄金以后，国际黄金市场价格不断上涨。在西方各国通货膨胀加剧、货币汇率和利率动荡的情况下，黄金便成了人们投机或保值而抢购的对象，导致市场金价经常暴涨暴跌；而许多国家换算黄金储备经常要参考黄金市场价格。所以，金价的涨跌会影响储备资产的价值。黄金虽不像其他储备资产那样可供投资生息，但金价涨跌所带来的收益或损失还是会影响中央银行的黄金买卖决策。因此，也需要加强黄金储备的管理。

5. 保持适度的国际储备规模与结构

一国国际储备资产结构及外汇储备的币种结构必须与该国的贸易流向和债务结构相适应，并保持适度的国际储备量。这样做才能满足国际贸易及国际经济往来的需要。而这正是国际储备资产管理的主要内容。

（二）国际储备总量的管理

1. 国际储备总量管理的含义

一国持有的国际储备越多，越能满足弥补国际收支逆差、稳定汇率、资信保证等的需要，但持有国际储备是有代价的，因此，一国并非持有国际储备越多越好。国际储备的总量管理就是要合理确定一个最适度的量，使持有国际储备的成本最小而又能达到最佳的使用效果。

2. 最适度国际储备量的确定方法

国际货币基金组织确定适度的国际储备量的指标主要有以下三个：

（1）过去实际储备的趋势。即过去一年一国的国际储备量与其国内生产总值之间的比率（国际储备/GDP），该指标反映了一国的经济增长对国际储备量的需求。一般认为在正常情况下，国际储备量与国内生产总值之比应为10％左右。

（2）过去储备对国际收支综合差额趋势的比率。即过去一年一国的国际储备与其国际收支综合差额之间的比率（国际储备/国际收支综合差额），该指标反映了一国国际收支不平衡对国际储备量的需求。

(3) 过去国际储备与进口额的比率。即过去一年一国的国际储备与其年进口额之间的比率（国际储备/年进口额），该指标反映了一国对外贸易对国际储备量的需求。国际上一般认为，一国最适度的国际储备量应以满足该国3个月的进口支付额为标准，即国际储备量与当年进口额的比率为25%，否则成本过高。

但这个指标对不同类型的国家并不是平均分布的。发达国家的储备占进口总额的比重较低，为18%左右。石油输出国的比重较高，占50%左右；非产油国家的比重为25%左右。

在这三个指标中，第三个指标最重要，其应用也最广。它是由美国经济学家特里芬于1960年在其出版的《黄金与美元危机》一书中率先提出的。特里芬的这项研究，开创了系统研究国际储备最适度规模的先河。由于国际储备的最基本用途是弥补国际收支逆差，而贸易收支是国际收支最重要的项目，加之此方法简单，易于操作。因此，这一指标目前不仅是国际货币基金组织和国际银行在衡量各国国家风险时考虑的，而且也是各国衡量该国国际储备充足与否的最常用的指标。

（三）国际储备结构管理

国际储备结构的管理主要是指如何使一国所拥有的各种储备资产保持最适度的比例，以满足其经济发展和对外经济往来的需要。

一般来说，储备结构管理中主要遵循安全性、流动性和盈利性原则。安全性原则是指储备资产的价值必须具有相当的稳定性，不能波动频繁，大起大落。流动性是指储备资产能够迅速地兑现并用于支付。盈利性是指储备资产能够产生较高的收益，并不断增值。这三个原则之间是矛盾冲突的。收益较高的储备资产运用方式，如投资于外国证券，往往有风险，流动性也较低；流动性较高也较安全的方式，如存入外国活期存款账户，则收益较低。所以，必须在三者之间进行权衡，进行合理配置。

国际储备结构管理的内容就是合理安排国际储备的构成，以最大限度的发挥各种储备资产的作用。如上所述，国际储备包括黄金储备、外汇储备、在基金组织的储备头寸和特别提款权四种形式。由于一国所持有的在基金组织的储备头寸和特别提款权的数额是由该国在基金组织所缴纳的份额、基金组织的分配和使用决定的，一国很难通过经济政策和管理手段进行主动增减。因此，对国际储备的结构管理主要集中在对黄金储备和外汇储备的管理上。

对黄金储备来说，由于其安全性很高，多数国家都保持一定量的黄金储备作为保值手段，但其流动性和盈利性很差，而且其价格受多种因素影响，变化令人琢磨不定，因此，其储备量不宜过多和进行频繁调整，以保持稳定为宜。事实上，自20世纪80年代以来，黄金在各国储备中的数量一致都是比较稳定的。而外汇储备作为国际储备的主体，其占国际储备的币种一直上升，目前已达93%以上，而且在通常情况下，当一国出现国际收支逆差进行外汇干预时，首先动用的就是外汇储备，其他储备资产主要用于保值和最后的支付手段。因此，对国际储备的结构管理，重点是对外汇储备的结构管理。对外汇储备的结构管理包括对储备币种的结构管理和储备资产流动性的结构管理。

(1) 外汇储备币种的结构管理

外汇储备币种的结构管理是指合理选择储备货币并确定它们在一国外汇储备中各自所占的比重。

在储备币种的选择上，应遵循以下原则：①盈利性原则。应尽可能选择有升值趋势的货币（即硬币），这样可以保证储备资产价值的增值。②安全性原则。应尽可能选择汇率波动较小的货币，这样可以保持外汇储备资产价值的稳定；或尽可能选择经常使用的货币，如选择与对外贸易支付、对外债务、弥补国际收支逆差和干预外汇市场等相一致的货币，这样可以避免因货币兑换而产生的交易成本和汇率风险。此外，还要使储备货币多样化，避免单一化，这样可以分散外汇风险，因为当某些货币贬值而遭受损失时，能从另一些货币升值带来的好处中得到补偿。需指出，不同的储备货币的软硬度（即汇率）是会不断变化的，因此，一国要根据汇率的变化对储备币种结构进行及时调整，目前可作为储备货币的主要有美元、欧元、日元、英镑、瑞士法郎等。

在储备货币比例的安排上，目前，世界上大多数国家都是实行以某种最重要的国际货币或该国使用最多的货币为主，其他货币为辅的多元储备货币结构。20世纪70年代以来，虽然美元的储备地位有所下降，但目前在国际贸易和国际借贷中仍是美元的使用量最大，而且美国的货币市场和证券市场居世界之首，又是活跃的国际投资中心，因此美元在国际储备货币中仍占主导地位。欧元自产生以来，其储备地位就不断上升；日元和英镑的储备地位也不断上升，但远小于美元和欧元，因此，目前大多数国家的储备货币中美元占最大币种，其次是欧元，然后是日元、英镑、瑞士法郎和其他储备货币。

(2) 储备资产流动性的结构管理

在外汇储备币种的结构管理中，需要考虑的是安全性和盈利性之间的关系，为了减少外汇风险（提高安全性），大多数国家采取的是储备货币多元化的策略。那么，当币种确定以后，每种币种的投资结构即存款和各种证券的比重又应如何呢？这就涉及流动性和盈利性的关系问题。我们知道，流动性和盈利性成反方向变动的，流动性越强，盈利性就越低。

储备资产按照流动性的高低可以分为三个档次：①一级储备资产。它是指流动性最高但收益率最低的储备资产，如现金、活期存款、短期国库券、短期商业票据等，期限不高过3个月。②二级储备资产。它是指收益率高于一级储备，而流动性低于一级储备但仍具有很高流动性的储备资产，如各种中期债券等，平均期限为2～5年。③三级储备资产。它是指收益率最高但流动性最低的储备资产，如各种长期债券等，平均期限为4～10年。

由于不同的储备资产的流动性和收益率不同，各国应根据具体情况合理安排三个档次的储备资产的比例。由于国际储备本身的性质，各国货币当局在安排其储备资产结构时通常较私人投资者更注重资产的流动性，而相对不那么积极追求盈利性。因此，就总体而言，各国通常持有较多的一级储备来弥补国际收支逆差和干预外汇市场等交易性需求；在满足了交易性需求后，再将剩余的储备资产用于在各种二级储备与三级储备之间进行分散组合投资，以期在保持一定流动性条件下获取尽可能高的预期收益率。就投资工具而言，各国大都尽量限制储备资产投资于国际银行和存在国家风险的国家或投资于公司证券，而愿意投资于信誉较高国家的政府债券和AAA级的欧洲债券。

（四）我国的国际储备管理

1. 我国国际储备管理政策的目标

根据我国经济特点和国际储备管理应遵循的一般原则，我国设立的国际储备管理目标主要包括以下几个方面：

（1）保持一定的流动性。为了适应外汇流入流出量的季节性、周期性变化，中央银行必须以流动资产的形式保持相当数量的外汇储备，以满足我国经济增长所必要的进口和偿债能力的需要。

（2）获得一定的收益。即充分利用国家外汇储备资产，进行安全妥善的投资，以获得更多的利益；并尽量消化过多的储备，缩小闲置资金数量。

（3）维护外汇资产的价值。对国家所持有的外汇储备资产要根据各种货币汇率、利率变动情况和预测不断进行调配，以避免由于汇率变动和利率升降带来的损失。

（4）提供应付不测事件的需要。保持国际储备的目标之一，就是要在战争或自然灾害等不测事件发生时，能从容应付，以防止我国国内经济和对外经济关系出现危机。在这方面，黄金所起的保护作用要胜于其他一切国际资产。因为黄金作为一般财富的社会化身，即使是在最动乱的时候也能找到买主。我国国际储备中也保留了一定量的黄金；同时，采取了藏富于民的黄金政策。另外，国家还允许除中央银行以外的其他金融机构持有国外资产，以便在国家急需时，可以动员出来应急。

除此以外，还可以服从一定时期特定的政治需要留出一定量的储备。

以上几个方面的指标，不外乎是对储备资产的盈利性、流动性和安全性的考虑。应根据我国和世界经济变动情况作出不同的选择。如国家储备危急时，流动性是主要目标；国际市场利率、汇率强烈波动时，维持储备资产价值，安全性是主要目标；国际储备资产充裕时，则应以提高储备资产的盈利性为主要目标。

由于 1994 年我国外汇体制改革，实行单一的、有管理的浮动汇率，人民币大幅度贬值，大大刺激了我国的出口，导致我国外汇储备迅猛增加。一些年份，我国外汇储备持有量已经超过了所需要的额度。因此，我国的储备管理方针，一方面是要尽可能消化过多的储备，另一方面则是要强调其安全性和盈利性目标，以防止储备货币的利率、汇率风险。

2. 我国的国际储备政策实施

根据国际储备管理的目标和我国经济发展的实际需要，我国采取的国际储备政策保持了我国自己的特色。

(1) 黄金政策实施

主要是采取官方黄金储量基本保持不变，藏富于民的政策。

我国从 1980 年恢复在国际货币基金组织的地位后，确定划出了 400 吨(相当于1 270万盎司）的黄金作为储备，以后就一直没有变动过。这样的黄金储量，不论是相对于国民生产总值，还是相对于进口额及占整个国际储备的比重，与世界上一般国家相比，都不算少。

由于黄金储备不能生息盈利，所以我国的黄金储备基本上是保持不变的政策。对于国内新生产的黄金，除必要的工业用金外，首饰等奢侈品在逐年增加，已实现藏富于民的方针。

(2) 外汇储备的政策实施

外汇储备管理是我国国际储备管理的主要方面。我国外汇储备管理同样包括两个方面：外汇储备水平管理和外汇储备结构管理。

①保持适度外汇储备规模的问题

保持适度外汇储备规模是外汇储备水平的核心内容。世界上发展中国家的外汇储备一般是保持在相当于 3 个月左右进口额的水平，但由于各国具体情况不同，外汇储备水平也不尽相同。

根据我国的具体情况，不一定保持这么高，可稍低于一般发展中国家的储备水平，只保持相当于两个月左右进口额的水平就可以。

②外汇储备构成

我国的外汇储备实际可分为两部分：一部分是国家外汇库存，一部分是中国银行外汇结存。国家外汇库存是国家以出口商品和劳务换来的，而中国银行外汇结存则是中国银行，包括其海外分支机构，在国内外吸收的外汇存款，减去对国内外的外汇贷款和投资后的余额。其中除去10亿美元的自有资金外，其余的都是中国银行的对外负债，实质上都是其营运资金。

由于中国银行的外汇结存是业务周转的库存资金，不仅流动性大，要支付一定的代价，而且在必要时也不能全部动用。所以，在适度外汇储备水平一定的情况下，这部分外汇储备在整个外汇储备结构中应放在次要地位，而把我国出口和劳务换来的，代表我国真正经济实力的国家外汇库存放在首要地位，在外汇储备构成中占较大比例。

习　题　六

一、判断题

1. 国际收支是一个流量的、事后的概念。（　　）

2. 储备资产的增加，记在国际收支平衡表的借方。（　　）

3. 个人或企业为某种自主性目的（比如追逐利润、旅游、汇款赡养亲友等）而进行的交易称为事后交易。（　　）

4. 持续的顺差有利于本国经济的发展。（　　）

5. 从理论上说，如果基于自主性交易就能维持平衡，在该国的国际收支是平衡的。（　　）

二、选择题

1. 最早的国际收支概念是指（　　）。

A. 广义国际收支　　B. 狭义国际收支

C. 贸易收支　　D. 外汇收支

2. 编制国际收支平衡表所依据的原理是（　　）。

A. 收付实现制　　B. 复式记账原理

C. 总分记账原理　　　　　　　　D. 现金交易原理

3. 如果一国的“储备资产项目”中的数字为50亿美元，说明该国的储备（　　）。

A. 增加了50亿美元　　　　　　B. 减少了50亿美元

C. 没有发生变化　　　　　　　　D. 无法判断

4. 一般情况下，一国的国际收支逆差会使其（　　）。

A. 货币坚挺　　　　　　　　　　B. 货币疲软

C. 没有影响　　　　　　　　　　D. 无法判断

5. 一般来说，世界上发展中国家的外汇储备保持在相当于（　　）左右进口额的水平。

A. 一个月　　　　　　　　　　　B. 二个月

C. 三个月　　　　　　　　　　　D. 半年

三、简答题

1. 如何判断一国国际收支是否平衡？

2. 国际收支平衡表的主要内容有哪些？

3. 2005年上半年，我国国际收支出现经常项目顺差673亿美元，资本和金融项目顺差393亿美元，除1998年外，过去的12年中，我国国际收支始终保持这种经常项目与资本和金融项目的“双顺差”格局。联系我国汇率制度分析，我国国际收支如长期持续顺差现象会给我国经济带来哪些不利影响？

4. 试述国际收支失衡的原因及政策调节措施。

5. 国际储备由哪些部分组成？

6. 截至2005年12月底，我国的外汇储备余额已达8 188.72亿美元，分析是否我国的外汇储备越多越好？

四、计算题

根据下列某国不完整的BOP年列表计算并分析

(1) 先计算，之后在空格内分别填上正确的数字？

(2) 如果该国以前数年也一直处于这种BOP情况，该国货币的对外汇率一般会怎样？

(3) 该国国际收支是顺差还是逆差？具体金额是多少？

(4) 该国外汇储备是增加了还是减少了？

单位：10亿美元

经常项目差额　　商品输出	161.61
商品输入	－139.59
贸易差额	
服务及收益收入	47.71
服务及收益支出	－52.63
服务及收益差额	
私人转移（净）	－3.77
官方转移（净）	－6.56
转移差额	
资本与金融差额	－10.58
资本项目差额	－4.48
金融项目差额	
储备资产	
净误差与遗漏	1.08

五、案例题

我国2005年国际收支分析

2005年中国国际收支平衡表　　单位：千美元

项目	差额	貸　方	借　方
一、经常项目	160 818 311	903 581 787	742 763 476
A. 货物和服务	124 797 704	836 887 831	712 090 128
a. 货物	134 189 095	762 483 733	628 294 638
b. 服务	－9 391 392	74 404 098	83 795 490
1. 运输	－13 021 024	15 426 523	28 447 547
2. 旅游	7 536 930	29 296 000	21 759 070
3. 通讯服务	－118 173	485 231	603 404
4. 建筑服务	973 567	2 592 949	1 619 382

（续表）

项目	差额	贷 方	借 方
5. 保险服务	－6 650 142	549 418	7 199 559
6. 金融服务	－14 244	145 231	159 476
7. 电脑和信息服务	217 676	1 840 184	1 622 509
8. 专有权利使用费和特许费	－5 163 852	157 402	5 321 254
9. 咨询	－861 408	5 322 132	6 183 540
10. 广告、宣传	360 521	1 075 729	715 208
11. 电影、音像	－20 096	133 859	153 954
12. 其他商业服务	7 497 029	16 884 780	9 387 752
13. 别处未提及的政府服务	－128 175	494 661	622 836
B. 收益	10 635 139	38 959 100	28 323 961
1. 职工报酬	1 519 648	3 337 062	1 817 414
2. 投资收益	9 115 491	35 622 038	26 506 547
C. 经常转移	25 385 468	27 734 856	2 349 387
1. 各级政府	－176 234	48 848	225 082
2. 其他部门	25 561 702	27 686 008	2 124 305
二、资本和金融项目	62 963 916	418 956 199	355 992 283
A. 资本项目	4 101 792	4 155 147	53 355
B. 金融项目	58 862 124	414 801 052	355 938 929
1. 直接投资	67 821 043	86 071 263	18 250 220
1.1 我国在外直接投资	－11 305 688	564 857	11 870 546
1.2 外国在华直接投资	79 126 731	85 506 406	6 379 674
2. 证券投资	－4 932 837	21 997 437	26 930 274
2.1 资产	－26 156 889	74 453	26 231 342
2.1.1 股本证券	0	0	0
2.1.2 债务证券	－26 156 889	74 453	26 231 342
2.1.2.1 （中）长期债券	－25 482 189	74 453	25 556 642
2.1.2.2 货币市场工具	－674 700	0	674 700
2.2 负债	21 224 052	21 922 984	698 932

（续表）

项目	差额	贷　方	借　方
2.2.1　股本证券	20 346 000	20 346 000	0
2.2.2　债务证券	878 052	1 576 984	698 932
2.2.2.1　（中）长期债券	567 318	1 263 324	696 006
2.2.2.2　货币市场工具	310 734	313 660	2 926
3. 其他投资	－4 026 082	306 732 352	310 758 434
3.1　资产	－48 947 355	10 371 244	59 318 599
3.1.1　贸易信贷	－22 905 281	0	22 905 281
长期	－916 211	0	916 211
短期	－21 989 070	0	21 989 070
3.1.2　贷款	－12 993 134	833 559	13 826 693
长期	－1 505 000	0	1 505 000
短期	－11 488 134	833 559	12 321 693
3.1.3　货币和存款	－10 317 342	3 921 661	14 239 003
3.1.4　其他资产	－2 731 599	5 616 023	8 347 622
长期	0	0	0
短期	－2 731 599	5 616 023	8 347 622
3.2　负债	44 921 273	296 361 109	251 439 836
3.2.1　贸易信贷	25 411 524	25 411 524	0
长期	1 168 930	1 168 930	0
短期	24 242 594	24 242 594	0
3.2.2　贷款	2 924 034	228 013 342	225 089 309
长期	1 444 382	16 341 770	14 897 388
短期	1 479 651	211 671 572	210 191 921
3.2.3　货币和存款	13 365 542	38 303 708	24 938 167
3.2.4　其他负债	3 220 174	4 632 534	1 412 360
长期	461 454	596 062	134 608
短期	2 758 720	4 036 472	1 277 752
三、储备资产	－207 016 000	1 929 000	208 945 000

（续表）

项目	差额	贷　方	借　方
3.1　货币黄金	0	0	0
3.2　特别提款权	－5 000	0	5 000
3.3　在基金组织的储备头寸	1 929 000	1 929 000	0
3.4　外汇	－208 940 000	0	208 940 000
3.5　其他债权	0	0	0
四、净误差与遗漏	－16 766 227	0	16 766 227

问题：（1）分析2005年我国国际收支的主要特点。

（2）结合上述资料，你认为我国国际收支方面存在哪些问题，应如何解决？

第七章　国际金融市场与国际金融机构

学习目标

通过学习，掌握国际金融市场的概念与构成、传统国际金融市场与新型国际金融市场的区别，掌握欧洲货币市场的概念及特点。同时，掌握国际货币基金组织、世界银行集团的基本情况，了解其他区域性金融机构的基本情况。

重点难点

欧洲货币市场的概念和特点；国际货币基金组织和世界银行集团的基本情况。

第一节　国际金融市场概述

国际金融市场是与国际金融业务相伴而生的，作为国际金融交易顺利实现必不可少的基础，它在整个国际金融学研究中占有十分重要的地位，其发展变化对各国乃至世界经济都有极为显著的影响。

一、国际金融市场概论

（一）国际金融市场的概念

国际金融市场是指非居民可以参加的国际货币资金借贷和交易的市场，是国际间进行资金融通的场所。国际金融市场的定义有广义和狭义两种概念。

广义的国际金融市场是指居民与非居民或非居民与非居民之间从事各种国际金融交易的市场。这些金融交易包括长短期资金的借贷、外汇、黄金与金融衍生工具的买卖等。因此，广义的国际金融市场包括国际货币市场、国际资本市场、国际外汇市场、国际黄金市场和金融衍生工具市场。

狭义的国际金融市场，仅指居民与非居民或非居民之间从事资金借贷和融通的业务，包括国际货币市场和国际资本市场。狭义的国际金融市场有两个特点，一是其经营的对象是单一形态的货币，二是交易双方不是买卖关系，而是借贷关系，即借款人只有资金的使用权而无所有权，到期后必须向贷款人归还本金附带利息。本章主要分析狭义的国际金融市场。

（二）国际金融市场的类型

1. 按交易主体划分，国际金融市场可分为在岸金融市场和离岸金融市场

在岸金融市场又称传统的国际金融市场，是指一国居民和非居民从事市场所在国货币的国际借贷，并受市场所在国政府法律和金融条理管制的金融市场。在岸金融市场是在国内金融市场的基础上发展起来的，它要求一国有强大的经济、贸易和金融实力。因此，在岸金融市场只限于少数发达国家，如伦敦、纽约、苏黎世、巴黎、东京、法兰克福、米兰等国际金融市场。

离岸金融市场又称境外金融市场或新型的国际金融市场，是指一国的非居民和非居民从事的非市场所在国货币（即境外货币）的存贷，并不受任何国家的政府法律和金融条例管制的金融市场。离岸金融市场的产生不以所在国强大的经济实力和巨额的资金积累为基础，而是由制度和政策推动的，因此不限于发达国家，只要具备国际金融市场必备的条件就可能成为新型的国际金融市场。目前，除西欧、北美、日本等少数发达国家以外，亚太地区、中东、拉美，几乎全世界范围都有离岸金融市场。与在岸金融市场相比，离岸金融市场是国际化的金融市场，因而是真正意义上的国际金融市场。

“在岸”与“离岸”原来是地理意义的概念。由于英国伦敦是最早开始经营境外货币业务的，而英国是个岛国，国境常与海岸线联系在一起，所以境外市场也被称作离岸市场。现在，“在岸”和“离岸”已经超出了地理意义的概念，“在岸”是指受到市场所在国金融法规的管制，而“离岸”是指不受任何国家金融法规的管制。

2. 按交易的客体划分，国际金融市场可以分为国际货币市场、国际资本市场、国际外汇市场、国际黄金市场和金融衍生工具市场

国际货币市场是资金的借贷期限在一年（含一年）以下的金融市场，也称短期资金市场。国际货币市场的主要功能是为政府、中央银行、金融机构、企业及个人调剂短期资金的余缺，解决临时性资金周转困难。货币市场具有期限短、流动性强、价格波动小、投资风险低等特点。货币市场对于一国政府和中央银行来说很重要，一方面，政府可以在货币市场发行国库券以缓解财政紧张；另一方面，中央银行可以通过货币市场来实施货币政策，而中央银行能否有效执行货币政策，在很大程度上取决于货币市场能否提供高效的传导机制。

国际资本市场是从事一年期以上的国际性中长期资金借贷和证券业务的

金融市场。它是提供长期资金融通的场所，主要由银行中长期信贷市场和证券市场组成。国际资本市场与国际货币市场相比，其特征是期限较长，资产价格波动较大，投资风险也较大。需指出，货币市场和资本市场不是截然分开的，而是相互渗透、相互影响、相互转化的。两个市场的资金互相流动，筹资者可以利用货币市场的资金来源滚动来筹措长期资金，也可以利用资本市场进行短期融资，现实中很难将两个市场截然分开。因此，货币市场和资本市场的划分只有相对的意义。

国际外汇市场是进行国际性外汇兑换和买卖的金融市场。外汇市场是在西方国家放松外汇管制的情况下，随着商品经济、货币信用和国际贸易的发展而逐步形成的。它在实现购买力的国际转移，防止外汇风险及提供国际性的资金融通和国际结算等方面发挥着重要的作用。目前各外汇市场的交易大都通过电传、电报、互联网等方式进行，已形成全球性的统一市场。

国际黄金市场是进行黄金买卖的金融市场。国际黄金市场的参与者主要有：国际金融机构、各国中央银行、外汇银行、黄金经纪商、企业和个人等，他们从事黄金交易是为了满足生产（即需要黄金作为原料）、保值、投资或投机等的需要。黄金市场上的交易活动一般都是通过黄金经纪商成交，他们处于交易活动的中心地位。黄金交易分为现货交易和期货交易。世界上有五大国际黄金市场，即伦敦、苏黎世、纽约、芝加哥和香港黄金市场，它们都可以进行现货和期货交易，但各有侧重。伦敦、苏黎世主要从事现货交易，纽约、芝加哥和香港主要从事期货交易。这五大黄金市场形成了两大黄金集团，伦敦—苏黎世集团，纽约—芝加哥—香港集团，其市场价格的形成及交易量变化对世界上其他市场有很大的影响。

金融衍生工具市场是进行金融衍生工具买卖的金融市场。金融衍生工具是从货币、外汇、存单、债券、股票等传统的金融工具中衍生出来的新型的金融工具，具有依原性（即依存于原生或传统工具，价格也受传统工具价格的制约）、远期性（即都是远期合同）、杠杆性（即只需支付少量保证金或押金就可进行全额交易）、表外性（即都属于表外业务交易）等特点。金融衍生工具市场是当代金融创新最重要的成果之一，它的出现导致了整个金融体系结构性的变革。

（三）国际金融市场的作用

1. 积极影响

（1）促进国际贸易和国际投资的发展

国际金融市场的产生是由于国际贸易的发展和国际结算的需要，所以它最重要的作用是处理国际贸易引起的国际间债权债务清算和为国际投资提供服务。国际金融市场的发展与完善，极大地便利了国际间资金的划拨和清算，促进了借贷资本的国际融通和产业资本的国际流动，从而为国际贸易和国际投资的进一步发展创造了有利条件。

（2）为各国经济发展提供了资金

国际金融市场为国际性闲置资金提供了融资渠道，使资金不足国家可以顺利地在国际金融市场上获取资金，用于本国经济的发展。例如，欧洲货币市场促进了德国和日本经济的复兴，亚洲美元市场则对亚太地区的经济发展起了积极的推动作用。

（3）促进世界经济资源最优配置，推动世界经济一体化的发展

国际金融市场通过自己的各项活动，汇集了巨额的资金，这些资金通常流向经济效益好、资金利润率高的国家和地区。因此，国际金融市场在加速生产和资本国际化的同时，对优化世界经济资源配置，建立合理的国际分工体系也起到积极的作用。同时，随着国际金融市场的发展，各国之间的联系必然越来越紧密，这对加强各国国际货币金融合作，推动世界经济一体化也有积极的意义。

（4）有利于调节各国国际收支的不均衡

由于国际金融市场汇集了世界各国的外汇储备资金，因此，许多国际收支出现逆差的国家都利用国际金融市场的贷款来弥补国际收支逆差和应付对外支付。因此，国际金融市场成为各国尤其是发展中国家提高国际支付能力，缓和国际收支失衡的重要渠道。

（5）有利于防范金融风险

国际金融市场上有许多可供选择的衍生金融产品，它们对交易者防范汇率和利率波动的风险有重要的作用。这些金融衍生产品具有较强的杠杆性，交易者可节省大量的资金。

2. 消极作用

（1）容易引发债务危机

国际金融市场在为各国调节国际收支失衡和发展本国经济提供所需资金的同时，也为有的国家埋下了债务危机的隐患。国际金融市场利用不合理，不但不能发展本国经济，还会背上沉重的债务负担和引发债务危机。20世纪80年代初期爆发的发展中国家债务危机就很好地说明了这一点。

（2）巨额的国际资本流动增大了国际金融市场的风险

国际金融市场的便利促进了国际资本的流动，然而数额巨大、频繁和不

规则的国际资本流动不仅会影响到有关国家的国内经济，影响其国内货币政策的执行，而且还会增加汇率的波动幅度和助长外汇市场上的投机行为，增大国际投资和国际金融市场的风险。

（3）容易引发国际金融危机

高度一体化的国际金融市场，使各金融机构之间、金融机构与其他部门之间以及国内市场和国际市场之间相互依赖，任何一个地方出问题，都会导致风险的连续反应波及整个系统，一国的金融风险或危机会迅速传播到世界各地，从而引发国际金融危机。例如1997年源于泰国的金融危机，由于受金融全球化的影响，在“多米诺骨牌效应”下迅速演变成亚洲金融危机，受此影响，俄罗斯和巴西也爆发金融危机，世界经济也受此连累。

（4）容易产生贫富差别和其他不良行为

国际金融市场虽有推动资源合理配置，促进世界经济一体化的作用，但市场经济的无政府性也会加剧世界范围内的贫富差距；而且还为国际走私、贩毒及其他金融犯罪行为提供了有利场所。

（5）衍生金融工具的广泛应用加大了金融风险

衍生金融工具一方面可以防范金融风险，另一方面又会加大金融风险。目前衍生金融工具在全球发展很迅猛，而与实体经济相脱节的投机交易也增长很快，加上它的杠杆性，这无疑会加大金融风险。

二、国际资金市场

（一）国际货币市场的含义与内容

1. 国际货币市场的含义

国际货币市场也称短期资金市场，是指居民与非居民或非居民与非居民从事期限在一年或一年以下的短期货币资金借贷的场所或交易网络。

国际货币市场的参与者主要是商业银行、中央银行、政府、跨国公司、非银行金融机构和其他参与者。

2. 国际货币市场的内容

（1）银行同业拆放市场

银行同业拆放市场是指商业银行之间进行相互借贷短期资金的市场，主要用以平衡短期资金头寸或准备金不足的需要。它是国际货币市场最重要的组成部分。

银行同业拆放市场具有以下特点：①金额较大。银行同业拆放是大规模或批发形式的资金交易，以伦敦市场为例，少则几十万英镑，多则几百万英镑。②期限很短。银行同业拆放是期限短暂的临时性资金调剂，期限最短的只有半天，最长的不超过一年，可以是隔夜，也可以是日拆，还可以是定期的，如一周、三个月、半年、一年，多数在三个月以下。③信用放款。银行同业拆放通常是在经常有业务往来、比较熟悉的银行之间进行，放款全凭信誉，不需要签订合同或提供抵押品，通常通过电话成交。④利率随行就市。银行同业拆放的利息按日计算，称为拆息，利率水平随行就市，经常变动。

银行同业拆放利率是指银行同业之间的短期放款利率。由于伦敦银行同业拆放市场是世界上规模最大、最有影响也是最典型的同业拆放市场，所以伦敦同业拆放利率（LIBOR）也是世界上最重要的银行同业拆放利率，它是在伦敦营业的国际性大银行之间的短期放款利率。其他国际贷款或债券发行通常以此作为基准利率，在此基础上，根据借款人的信誉和借款期限，酌情增加一定幅度的加息率，一般在0.25%～1.25%之间。除了伦敦银行同业拆放利率以外，还有伦敦银行同业存款利率（LIBID），两者之间一般相差0.25%～0.5%。

其他重要的银行同业拆放利率有：SIBOR（新加坡银行同业拆放利率）、HIBOR（香港银行同业拆放利率）、BIBOR（巴林银行同业拆放利率）、联邦基金利率（美国银行同业拆放利率）等，它们也都是国际货币市场重要的基准利率。

（2）银行对客户的短期信贷市场

银行对客户的短期信贷市场是指商业银行与一般客户（如工商企业、跨国公司及中央银行等）之间的短期资金信贷市场，用以解决客户临时或季节性短期流动资金的需要。利率一般按银行同业拆放利率加上一定幅度的加息率。

（3）国库券市场

国库券市场是指国库券发行和交易的市场。国库券是各国政府（指财政部）为解决临时性资金的不足而发行的短期债券。在西方，国库券一般采取投标竞价方式，按低于票面金额折价发行，到期按票面金额偿还，两者的差额就是持有人的收益。因此，国库券是一种带有利率或附有息票的短期债券，这是它与一般债券的区别。

此外，国库券还具有以下特点：①期限短。国库券的期限一般为3个月到1年，美国的国库券有3个月、6个月、9个月和1年期四种，多为3个月期。②投资风险低。国库券由政府发行，信用度高，因此投资国库券非常安全，风险很低。③有极高的流动性。国库券在到期之前，可以到银行进行贴现，也可以在交易量很大的二级市场转让，因而具有很高的流动性。④收益较低。尽管投资国库券所获收益免交所得税，但由于投资国库券的风险很低，所以其名义收益和实际收益都比较低。

国库券是货币市场非常重要的金融工具，在目前的各类短期金融工具中，国库券的交易量是最大的。主要西方国家政府特别是美国联邦政府发行的国库券由于信用度和流动性都较高，因此交易量最大，成为许多外国政府、国际金融机构、跨国银行或公司以及个人投资者重要的投资对象。

(4) 商业票据市场

商业票据市场是指商业票据发行和交易的市场。商业票据也称公司票据，是非银行金融机构或企业为筹集资金而发行的短期借款票据。

商业票据的特点有：①期限短。多数为 30～60 天，一般不超过 270 天。②有固定到期日。③是无担保的本票。因此，商业票据的发行者通常都是信誉较好的大公司。④票面金额无严格限制。⑤到期前可流通转让。

(5) 大额可转让定期存单市场（CDs Market）

大额可转让定期存单市场是指大额可转让定期存单发行和交易的市场。大额可转让定期存单是商业银行为吸收大额定期存款而发行的一种存款单。

大额可转让定期存单的主要特点是：①不记名。持有人在到期前可以在二级市场自由转让，流动性强。②面额大。最初 CDs 均系大额，面值最少为 10 万美元，最多达 100 万美元。20 世纪 60 年代末以后，银行为吸收更多资金，也发行面值为数十、数百美元的存单，但数量不多。③期限固定。CDs 的期限一般为 1～12 个月，多为 3～6 个月。在伦敦市场上，英国货币当局所允许的 CDs 最长期限为 5 年。④利率可以是固定的，也可以是浮动的。CDs 利率一般高于活期存款，也高于同等期限的国库券。

CDs 是各商业银行和非银行金融机构获得短期资金的重要来源，也是金融机构和跨国公司进行短期投资的理想方式。目前，CDs 的流通额仅次于国库券。

(6) 银行承兑票据市场

银行承兑票据市场是指银行承兑票据发行和交易的市场。银行承兑票据是由出口商或进口商签发，经进口商银行承兑的商业票据。

银行承兑票据的主要特点是：①期限短。期限一般为 30～180 天，以 90 天为最常见，最长的为 270 天。②风险小。银行承兑票据通常由信誉好的银行承兑，并且有交易中的实物为保证，因而其信用度较高，风险较小。③流动性强。持有人可以在到期之前到承兑银行进行贴现，或者在二级市场转售，从而可以及时获得资金。④面值无限制。因此，银行承兑票据是一种非常有吸引力的短期信用工具，一些投资者把它作为商业票据和国库券的替代品进行投资。

(7) 回购协议市场

回购协议是银行、企业等为取得短期流动资金而将手中持有的政府债券或其他债券售予其他银行或企业，同时订立协议未来某一时间以特定的价格购回该债券的一种金融工具。因此，回购协议实际上是一种以债券为抵押品的借款，债券的买卖差价即为银行等借款者支付的利息。回购协议是近年来发展起来的新型货币市场工具。

回购协议的主要特点是：①期限短。大多数回购协议的期限为1天至3个月，通常是隔夜，也有长达6个月甚至一年的。②风险小。回购协议一般在相互信任的银行之间进行。③流动性低。回购协议没有二级市场，不容易转让。

回购协议对借贷双方都有利。对借款人来说，可以通过出售政府证券或其他证券来筹集资金，而这种借款属于表外业务，不影响资产负债结构。对贷款人来说，将闲置资金用于回购协议，等于进行了安全并有客观收益的投资。

以上是比较典型的国际货币市场构成，由于国际货币市场是由各个国家的货币市场组成的，因此，每个国家货币市场的结构不尽相同。比如英国的货币市场可以分为贴现市场和平行市场。贴现市场主要由商业票据、银行承兑票据、国库券和其他短期政府债券等市场组成；平行市场主要由银行同业拆放市场和CDs市场构成。美国的货币市场则是由国库券、商业票据、联邦基金、回购协议、CDs和银行承兑票据市场组成。

(二) 国际资本市场的含义和内容

1. 国际资本市场的含义

国际资本市场是长期资金融通市场，是指居民与非居民或非居民与非居民之间从事期限在一年以上的中长期货币资金借贷和证券业务的金融市场。

国际资本市场分为国际银行中长期信贷市场和国际证券市场。

(1) 国际银行中长期信贷市场

是指以国际银行为中介，居民与非居民或非居民与非居民之间从事中长期货币资金借贷的金融市场。国际银行中长期信贷市场的贷款人有商业银行和从事放贷业务的非银行金融机构；借款人有各国公司、企业、政府、银行和国际机构组织等。

国际银行中长期信贷市场具有以下特点：

①贷款运用不受限制，使用比较自由。国际银行中长期信贷又被称为自由外汇贷款，原因是借款人可以自由安排借入资金用途，不附带任何经济或政治条件。

②资金充裕，能充分满足借款人的需要。国际银行中长期信贷市场聚集了众多的国际性商业银行和银行集团，尤其是欧洲货币市场，资金来源多样化，数额较大，币种较多，能充分满足借款人的需要。

③贷款条件严格，利息成本较高。国际银行中长期信贷市场非常规范，借贷双方必须签订借款合同，并规定相应的信贷条件。同政府贷款和国际金融机构贷款相比，国际银行中长期信贷利率属市场利率，由国际资本市场资金供求关系决定，一般采用 LIBOR 再加上一个附加利率方式确定，利息成本相对较高。

④贷款风险较大。国际银行中长期信贷市场普遍采用浮动利率计息，借贷双方都会面临利率风险和汇率风险的潜在影响。

国际银行中长期信贷的利率有两种，一种是浮动利率，即在贷款期间，贷款利率随国际金融市场利率的变动而变动。利率通常以 3 个月或 6 个月伦敦银行同业拆放利率（LIBOR）或其他约定的利率为基础，再加上一定的利率。贷款利率每 3 个月或 6 个月随基础利率的变动而变动。附加利率的高低视供求情况、贷款金额大小、期限长短、风险程度及借款人资信情况而定。另一种情况是固定利率，即借贷双方商定的贷款利率一经确定，在贷款期限内就不再变动，直至贷款到期。

国际银行中长期信贷市场可以按照不同的标准划分为以下主要类型：

①按提供贷款的银行数量划分，有双边贷款和银团贷款

双边贷款又称独家银行贷款，是由一家银行向借款者提供的贷款。双边贷款的特点是：一是信用规模受限于单个银行的贷款限度；二是期限较短，一般为 3～5 年；三是借款方可以自由支配贷款用途而没有限制；四是利率水平较低，只有 LIBOR 加上附加利率再加上承诺费，借款人借贷成本相对较低；五是借贷双方须签订贷款协议，有时还需借款人所属国家的政府或官方机构担保。

银团贷款又称辛迪加贷款，是由多家银行组成银团共同向借款人提供的贷款。银团贷款是国际银行中长期贷款最主要的方式，主要使用于金额较大，期限较长的贷款。银团贷款的特点是：一是贷款金额大，可高达几亿、几十亿美元；二是贷款期限长，一般为 7～10 年，有的可长达 20 年；三是贷款成

本相对较高，利率按LIBOR加上一定加息率，除此之外借款人还需负担管理费、承诺费、代理费等各项费用；四是贷款银行多，组成银团的银行可以是几家、十几家甚至是几十家。银团贷款对借贷双方都有利。对借款人来说，可以筹到独家银行所无法提供的数额大、期限长的资金。尤其对国家借款人非常必要，因为国内大规模的建设所需巨额资金只有多家银行共同贷款才能满足；对贷款银行来说，可以分散贷款风险，并可以减少同业之间的竞争。另外，对无力单独从事国际贷款的小银行来说，可以依靠大银行为后盾参与银团贷款。

在20世纪80年代以前，银团贷款曾是最重要的国际中长期贷款形式，1982年爆发国际债务危机后，国际银行贷款的风险大幅度上升，贷款的成本迅速提高，于是在80年代初银团贷款的数额大大减少。1986年以后又开始回升，目前仍是国际资本市场重要的筹资工具。

(2) 国际证券市场

国际证券市场由国际债券市场和国际股票市场两部分组成。

①国际债券市场是指居民与非居民或非居民与非居民从事国际债券的发行和买卖的市场。国际债券是指筹资者在国外发行，以外币计值，由外国或国际金融机构承销的债券。国际债券主要包括外国债券和欧洲债券两大类。

外国债券是指筹资者在某一外国发行，以该国货币计值，由该国金融机构承销的债券。外国债券的发行人和发行地分属不同的国家，但计值货币和发行地同属一个国家。著名的外国债券有：扬基债券，即外国人在美国发行的美元债券；武士债券，即外国人在日本发行的日元债券；猛犬债券，即外国人在英国发行的债券。

欧洲债券是指在外国发行，以欧洲货币（即境外货币）计值，由国际辛迪加承销的债券。如英国公司在美国以外的其他国家发行的以美元计值的债券，该债券不是由美国国内的金融机构承销，而是由英国、法国、德国等国商业银行及美国商业银行海外分行等组成的国际辛迪加承销的。欧洲债券的发行人、发行地和计值货币分属不同的国家。以美元计值的欧洲债券称为欧洲美元债券，这是最早出现的欧洲债券。同样，以英镑、日元、瑞士法郎等计值的欧洲债券分别称为欧洲英镑债券、欧洲日元债券、欧洲瑞士法郎债券等。

②国际股票市场是指从事国际股票发行和买卖的市场。国际股票是指市场所在地非居民发行的股票。我国上市公司在上海证券交易所和深圳交易所上市的B股不属于国际股票，因为发行人是境内公司而不是非居民。国际股

票市场的发行人主要是各国公司、金融机构等；投资人主要是机构投资者、金融机构、公司和个人等。

三、国际黄金市场

（一）黄金市场概述

黄金市场是世界各地黄金买卖交易的中心。目前世界上共有40多个黄金市场，这些市场虽然分布在世界各地，但由于时差的因素，正好使几个主要黄金市场的营业时间相衔接，近年来，现代化的电讯设备和网络已将它们连为一体，形成了全球性的黄金市场。

表7-1　世界黄金市场的类型

划分方法	类型	特征	市场所在地
按性质分	起主导作用的市场	是国际性交易集中的市场，其价格的形成及交易量的变化对其市场有很大的影响	伦敦、苏黎世、纽约、芝加哥和香港
	区域性市场	交易规模有限，多集中在本地区，市场影响不很大	巴黎、法兰克福、布鲁塞尔、新加坡、东京、泰国、墨西哥、贝鲁特等
按交易方式划分	现货交易市场	在同业间通过电讯联系进行交易的市场	伦敦、苏黎世等
	期货交易市场	以远期交易为主，设有独立的交易场所	纽约、芝加哥、香港等
按其对交易的管制程度划分	自由交易市场	黄金可以自由输出入，居民和非居民可以自由买卖黄金	苏黎世、贝鲁特等
	限制交易市场	黄金输出入一般受到限制，只准非居民自由买卖黄金	巴黎等
		对黄金输出入实行管制，只准居民自由买卖的国内黄金市场	

（二）世界主要的黄金市场

世界上主要的黄金市场为英国的伦敦、瑞士的苏黎世、美国的纽约和芝加哥以及中国的香港。

（1）伦敦黄金市场。伦敦是著名的国际金融中心，也是历史最悠久的黄金市场。这个市场的黄金供应者，主要是世界上最大的产金国南非。由于伦敦具有国际金融中心的便利条件和充足的黄金供给，所以一直起着世界黄金产销、转运、调剂的枢纽作用，交易量曾经达到世界黄金交易总额的80%，是世界上最大的黄金市场。伦敦市场的主要特点有：①以现货交易为主，直至1982年才有期货市场；②交易量大，主要是批发业务；③有独特的定价交易机制，其交易价格是世界各地黄金市场调整金价的基础，伦敦金价是最具有代表性的世界黄金行市；④其交易方式和交易系统均为世界各黄金市场所遵循和采用。

（2）苏黎世黄金市场。是二战后发展起来的黄金市场。该市场主要以瑞士两大银行（瑞士银行和瑞士联合银行合并的集团银行、瑞士信贷银行）为中心从事黄金交易。其主要特点是：①以现货交易为主，无定价制度；②在市场组织者对市场所起的作用上有别于伦敦黄金市场，其区别在于伦敦的大经销商主要是在客户之间充当中间经纪人，而瑞士两大银行拥有大量黄金储备，其本身也从事黄金交易；③以零售业务为主，其中有绝大比重是进行金币、金条交易，是世界上最大的金币市场。20世纪60年代末，苏黎世通过给予南非储备银行优惠的信贷融通以保证黄金的供给，以及后来前苏联在20世纪70年通过苏黎世大量出售黄金，使苏黎世成为南非和前苏联黄金的销售地，这些因素促使该市场迅速发展，现已经成为仅次于伦敦的黄金市场。

（3）美国黄金市场。美国黄金市场是黄金期货交易的中心。其特点首先表现交易的数量和规模迅速扩张；第二，美国黄金期货市场黄金交易量巨大，使伦敦黄金市场每日定价制（伦敦黄金现货价格）的权威性受到一定的影响。美国市场的期货价格有时还比伦敦和苏黎世市场的定价更具有适用性。第三，投机交易充斥期货市场，尽管美国的黄金期货市场成交量大，但交易水分也很大，诸如买空卖空的投机活动十分盛行，实际上，黄金期货市场上的“对冲”买卖数量非常之大，到期真正的交易量仅占市场总交易量的极小比重（约2%）。

（4）香港黄金市场。香港黄金市场至今已有80多年的历史，其黄金大多来自欧洲等地，主要的买主则是东南亚国家。香港黄金市场由三部分组成：一是传统的香港金银贸易市场；二是20世纪70年代中期才逐渐形成的当地伦敦金市场；三是20世纪80年代才形成的黄金期货市场。香港黄金市场的发展也十分迅速。

四、欧洲货币市场

（一）欧洲货币市场概述

欧洲货币市场不同于传统的国际金融市场，它是不受市场所在国法令管辖，真正国际化的金融市场。其借贷货币包括市场所在地国家境外的所有可兑换货币。这些货币统称为“欧洲货币”或“境外货币”。借款人可以在这个市场上任意选择借贷货币的种类。借贷关系为外国借款人与外国放款人的关系，欧洲货币市场使非居民可以自由地参加交易地市场，因而常被称为“离岸金融市场”或“境外金融市场”。欧洲货币市场地主要业务是从事中长期货币借贷和欧洲债券业务。

1. 欧洲货币

欧洲货币也称境外货币，泛指在欧洲货币市场上所经营的不受市场所在国金融法令管辖的可自由兑换货币。 欧洲货币的概念，是随着国际借贷资本交易活动的不断发展而逐步扩大和改变的。20世纪80年代以后，境外货币发展成为“治外货币”，即不受所在国金融法令管辖的货币，而不管其是在境内还是境外。

2. 欧洲货币市场的概念

欧洲货币市场是指经营欧洲货币借贷业务的市场，即经营非居民的境外货币存放款业务而不受市场所在国金融法令管辖的国际金融市场。其经营的货币包括了流落到发行国境外的所有可自由兑换货币，而且非居民可以自由地参加交易。因此，欧洲货币市场常被称为“境外金融市场”或“离岸金融市场”。

（二）欧洲货币市场的形成和发展

欧洲货币市场最早的经营活动是在1957年出现的。20世纪60年代和70年代欧洲货币市场迅速发展起来。它最初发源于欧洲，但随着欧洲货币市场的形成和发展，其业务不断增加，范围也不断扩大，其分布地区也早已不仅仅局限于欧洲，还包括亚洲、北美洲、拉丁美洲及中东地区，目前已经扩展到全球。

欧洲货币市场从形成到现在已有近半个世纪的历史。其发展进程虽有短暂起伏，但总体趋势是快速发展的。

欧洲货币市场的发展过程大致可以分为三个阶段。

第一阶段是从 1957 年到 1973 年的早期发展阶段。在这一阶段中，英美两国的金融政策及严厉的金融管制是导致欧洲货币市场产生的重要原因。

第二阶段是从 1974 年到 1980 年的市场迅速扩张时期。在这一阶段，其经营的货币种类及规模，以及资金供给和需求进一步扩大。主要原因是由于布雷顿森林体系的崩溃和国际经济关系发生的结构性变化，即由过去的美国独霸世界转变为当时美、日、西欧的三足鼎立及后来的多元化结构。

第三阶段是从 1981 年开始，是欧洲货币市场在调整中不断向纵深发展的阶段。这一阶段现在仍在继续。其主要表现或特点为欧洲货币市场发生的结构性变化及经营范围的不断扩大和深化。

1981 年美国纽约开辟了金融业自由区，建立国际银行业设施，允许跨国银行在美国境内经营欧洲美元业务。1986 年日本东京建立国际金融离岸市场，使欧洲日元信贷和欧洲日元债券在东京离岸金融市场和欧洲货币市场广泛开展起来。由此，欧洲货币市场也发生结构性变化，出现了“治外货币”。欧洲货币不仅可以在境外经营，而且可以在境内经营。

（三）欧洲货币市场的分类和构成

综合其期限与业务性质的不同，欧洲货币市场的类型可分为三种。

1. 欧洲短期银行信贷市场

欧洲短期银行信贷市场是指期限在一年期以内的境外货币资金存放款市场。其中，同业拆借占其中绝大部分比重。这是由于国际银行对境外货币头寸的调配所引起的。同业拆借中绝大多数为日拆或隔业拆借。

最初的欧洲货币市场主要是短期资金，而欧洲短期银行信贷市场是最早形成的，规模较大，是欧洲货币市场最初的也是最主要的业务活动。

2. 欧洲中长期银行信贷市场

欧洲中长期信贷市场是指在期限在一年期以上的境外货币存放款业务。一般是指期限在 1～10 年期的中长期欧洲银行信贷市场。其中，5～7 年的居多。

3. 欧洲债券市场

欧洲债券市场是指从事欧洲债券交易活动的场所。欧洲债券交易是欧洲货币市场的主要业务之一，也是欧洲货币市场上一种中长期资本借贷形式。欧洲债券是一国政府、银行或其他金融机构及工商企业在离岸金融市场上发行的以欧洲货币为面额的中长期借款凭证。20 世纪 80 年代以后出现国际金融市场的证券化趋势，使欧洲债券成为国际筹资的主要形式。

第二节 国际融资机构

国际融资机构是超越国家性质的从事国际金融事务管理及相关业务活动的金融联合组织或实体。历史上最早成立的国际金融机构是20世纪30年代成立的国际清算银行。第二次世界大战后，由于国际金融领域的动荡混乱严重阻碍了国际贸易的发展和世界经济的稳定，为了协调各国之间的货币金融关系，加强国际金融合作，各种不同形式的国际金融机构纷纷建立。

按其活动范围分，国际金融机构可分为全球性国际金融机构和区域性国际金融机构。

一、全球性国际金融机构

（一）国际货币基金组织

国际货币基金组织（IMF）是联合国管理和协调国际金融关系的专门机构。

1. 国际货币基金组织的成立

根据1944年7月布雷顿森林会议达成的《国际货币基金协定》，国际货币基金组织于1945年12月27日正式成立，1947年3月1日开始其业务活动，同年11月15日成为联合国的一个专门机构，总部设在华盛顿。

国际货币基金组织的成员国分为两种，一种称为创始成员国，是指参加1944年布雷顿森林会议，并于1945年12月31日前在协定上签字正式参加的国家，共有39个。另一种称为其他成员国，是指在之后参加的国家。我国是国际货币基金组织的创始成员国之一，并于1980年4月18日恢复在国际货币基金组织中的合法席位。国际货币基金组织的成员国基本上每年都有所增加，截至2003年底，已有187个成员国。

2. 国际货币基金组织的宗旨

《国际货币基金协定》第1条对国际货币基金组织的宗旨作出了明确的规定：

（1）建立一个永久性的国际货币机构，对国际货币问题进行协商，以促进国际货币合作。

（2）促进国际贸易的扩大和平衡发展，提高成员国的就业和实际收入水平，并扩大成员国的生产能力。

(3) 促进汇率稳定，保持成员国之间有序的汇率安排，以避免竞争性的货币贬值。

(4) 协助在成员国之间建立经常性交易的多边支付体系，并协助消除阻碍国际贸易增长的外汇管制。

(5) 为成员国融通资金，使它们能够纠正国际收支问题，而无需采取有损于本国或国际繁荣的措施。

(6) 力争缩短成员国国际收支失衡的时间，并减轻失衡的程度。

由上可知，国际货币基金组织的根本任务或职能是促进国际货币合作、维持汇率稳定、消除外汇管制、提供融通资金以平衡成员国国际收支等。

3. 国际货币基金组织的组织形式

国际货币基金组织是一个以会员国入股方式组成的经营性组织，与一般股份公司不同的只是在于它不以营利为其经营的直接目的。

国际货币基金组织的管理机构由理事会、执行董事会、总裁、副总裁及各业务机构组成。最高权力机构是理事会，由会员国各选派一名理事和副理事组成。理事一般由各国财政部部长或中央银行行长担任。负责日常工作的机构是执行董事会。董事会由当时认缴份额最多的美国、英国、德国、法国和日本5国各委派一名执行董事，我国和最大的债权国沙特阿拉伯各单独委派一名执行董事，以及按国家或地区推选出的15名执行董事，共22人组成。基金组织的最高行政领导人是由执行董事会推选出的总裁。总裁任期5年，同时兼任执行董事会主席。但总裁在平时并无投票权，只有在执行董事会进行表决双方票数相等时，总裁才有决定性的一票。总裁之下设副总裁协助总裁工作。

另外，基金组织还设有“临时委员会”，负责有关国际货币体系的管理和改革问题。并且还与世界银行一起共同设立了“发展委员会”，专门研究和讨论向发展中国家提供援助转移实际资源的问题。

国际货币基金组织的重大决议和活动，要由会员国投票决定。凡是重大问题，都要有80%～85%的赞成票才能通过。各会员国都拥有250票的基本投票权，然后在基本投票权的基础上，再按认缴份额每10万美元增加一票。所以各国投票权的多少主要是根据各会员国在基金组织认缴的份额决定的。认缴份额多则投票权就多。

国际货币基金组织主要设有5个地区部门，12个职能部门，此外还设有负责对外联络或其他内部事务等方面的一些部门。

4. 国际货币基金组织的业务活动

(1) 国际货币基金组织的资金来源

作为一个以会员国入股组成的经营性组织，国际货币基金组织的基金来源主要是会员国缴纳的基本份额、向会员国借款以及营运收入。

(2) 国际货币基金组织的业务活动

目前，国际货币基金组织的业务活动主要有三：监督、技术援助和资金援助。

①监督。国际货币基金组织通常对各国的汇率和宏观经济政策实行监督，其主要目的在于防止一国的汇率和经济发展政策对其他国家或世界造成不利的影响，以确保国际货币体系的有效运行。

②技术援助。基金组织提供的技术援助主要涉及四大领域：涉及和实施财政和货币政策；机构建设（如建立中央银行、国库、税务部门和海关）；收集和改进统计数据；草拟和审阅金融立法。

③资金援助。主要通过创造储备资产、提供信贷资金及优惠贷款的方式提供援助。

（二）世界银行集团

世界银行集团包括世界银行及其两个附属金融机构，即国际开发协会（IDA）和国际金融公司（IFC）。其中，世界银行是成立最早、提供贷款最多的国际金融机构。

1. 世界银行

(1) 世界银行的成立

根据1944年7月布雷顿森林会议签订的《国际复兴开发银行协定》，世界银行于1945年12月成立，1946年6月开始营业，1947年11月成为联合国的一个专门机构，是和国际货币基金组织同时成立的全球性国际金融机构之一。只有国际货币基金组织的会员国才能参加世界银行。世界银行的总部设在华盛顿，并在巴黎、纽约、伦敦等地设有办事机构。我国是世界银行的创立国之一，1980年5月，中华人民共和国在世界银行及其附属机构的合法席位得到恢复。

(2) 世界银行的宗旨

世界银行的宗旨是：①对用于生产目的的投资提供便利，以协助成员国的复兴与开发，并鼓励不发达国家生产与资源的开发。②通过保证或参与私人贷款和私人投资的方式，促进私人的对外投资。③用鼓励国际投资以开发成员国生产资源的方法，促进国际贸易的长期均衡发展和维持国际收支平衡。

④在提供贷款保证时，应同其他方面的国际贷款配合。可见，目前世界银行的主要目的是向成员国尤其是发展中国家提供中长期的开发性贷款，资助其兴办特定的长期建设项目，以促进其经济增长和资源开发、

（3）世界银行的组织机构

根据布雷顿森林协定，只有国际货币基金组织的成员国才能申请加入世界银行。所以，世界银行的组织机构与国际货币基金组织大体相同，主要由理事会和执行董事会组成。

2.世界银行的附属机构之一——国际开发协会

（1）国际开发协会的成立

国际开发协会是世界银行的主要附属机构之一，同时也是联合国的专门机构之一。成立于1960年9月24日，同年11月3日开始营业，总部设在华盛顿。加入该协会的国家必须是世界银行的会员。我国于1980年5月恢复其合法席位。

（2）国际开发协会的宗旨

国际开发协会的宗旨是向欠发达地区的成员国提供条件较宽、期限较长、负担较轻并可用部分本国货币偿还的贷款资金，以促进其经济发展，提高生产力和生活水平。可见，国际开发协会作为世界银行活动的补充，是专门向低收入的发展中国家提供长期优惠贷款的国际性金融机构。

（3）国家开发协会的组织形式

只有世界银行的成员国才能成为国际开发协会的成员国。国际开发协会的组织机构与世界银行相同，最高决策机构是理事会，下设执行董事会，负责日常业务工作。

国际开发协会的重大问题采取投票方式表决。

（4）国际开发协会的业务活动

国际开发协会主要的资金来源之一是会员国认缴的股本。另一个主要资金来源是会员中的发达国家提供的补充资金，资金主要是由高收入的工业化发达国家提供。此外，世界银行以赠予形式用其净收入向协会拨入的资金，以及协会自身的业务净收益也构成其资金来源的一部分。

国际开发协会的主要业务活动是向低收入发展中国家提供优惠贷款。其提供的贷款也被称为“开发信贷”。同时由于贷款条件优惠，也被称为“软贷款”。

软贷款的优惠体现在长期和无息两个方面。贷款期限平均为38年，最长可达50年，并有10年的宽限期。第二个10年每年还本1%，其余各年每年

还本3%。还款时可以全部或一部分使用本国货币。软贷款不收利息，只收取0.75%的手续费，对已生效未支用的部分收取0.5%的承诺费。目前国家开发协会是向低收入国家提供优惠贷款最大的多边国际金融机构，差不多占各类金融机构提供的优惠贷款总额的50%。贷款主要用于借款国农业和农村发展、基础设施建设、城市建设、人力资源开发等方面。

3. 世界银行的附属机构之一——国际金融公司

表7-2 国际货币基金组织(IMF)、世界银行(IBRD)、国际开发协会(IDA)、国际金融公司(IFC)的贷款业务的区别

名称	贷款对象	贷款期限	年利率	其他费用	贷款目的	主要贷款部门
IMF	会员国	3～5年	视期限而定，期限越长利率越高	手续费0.75%	主要是解决一国的国际收支不平衡的短期资金需求	帮助会员国解决经济困难，避免金融危机，稳定全球经济
IBRD	会员国(主要是非洲、亚洲、拉美发展中国家)	20年左右，5年宽限期	随市场利率变化定期调整，一般低于市场利率	承诺费0.75%	促进会员国的经济发展	公路、铁路、港口、能源开发、公用事业等
IDA	贫穷的发展中会员国	50年	无息	手续费0.75%	帮助贫穷的发展中国家发展经济	工程项目、农业项目中重点投入粮种、化肥、技术
IFC	会员国的私人企业	9～15年	略高于IBRD	手续费0.75%	扶持私人企业	制造业、加工业、裁决业、也有旅游金融业

(1) 国际金融公司的成立及宗旨

国际金融公司是专门向经济欠发达会员国的私营企业提供贷款与投资的国际性金融机构，是世界银行的附属机构之一。成立于1956年7月，1957年成为联合国的一个专门机构，总部设在华盛顿。加入该公司的国家必须是世界银行的会员。我国于1980年5月 恢复其合法席位。

国际金融公司的宗旨是对发展中国家成员国私人企业的发展提供无需政府担保的贷款，促进发展中国家私营经济的增长和国内资本市场的发展。

(2) 国际金融公司的组织形式

根据国际金融公司的协定，只有世界银行的成员国才能成为国际金融公司的成员国，因此，其组织机构也和世界银行一样，由理事会和执行董事会组成。重大问题仍然采取投票表决方式。

（3）国际金融公司的业务

国际金融公司的资金来源有会员国的认缴股本及借入资金和营业收入。其主要业务活动，是与私人资本一起共同投资，对较贫困的国家提供优惠贷款和资金援助。贷款对象主要是发展中国家会员国的私营企业。贷款主要用于私人企业的新建扩建改建项目，并以此促进外国私人资本向发展中国家投资。

二、区域性国际金融机构

（一）国际清算银行

1. 国际清算银行的成立及宗旨

国际清算银行是西方主要国家中央银行合办的国际金融机构，也是世界上第一家国际金融机构。它是根据 1930 年 1 月 20 日签订的海牙国际协定，于同年 5 月由英国、法国、意大利、德国、比利时、日本六国的中央银行及美国三大商业银行（摩根银行、纽约花旗银行和芝加哥花旗银行）组成的银行集团联合出资成立的，总部设在瑞士的巴塞尔，后来欧洲、亚洲其他各国以及澳大利亚、加拿大和南非的中央银行也相继参加。中国人民银行是 1984 年 12 月 11 日正式加入国际清算银行的。

国际清算银行的宗旨是促进各国中央银行的合作，为国际金融活动提供更多的便利，在国际金融清算中充当受托人或代理人。从某种意义上，它履行着“中央银行的银行”的职能。

2. 国际清算银行的业务

国际清算银行主要业务活动包括：代理各国中央银行买卖黄金、外汇和发行证券，接受各国中央银行的存款，办理国际性的政府借款，以及代理其他国际金融事务。另外，还负责召集“十国集团”和瑞士中央银行行长每月举行一次例会，讨论有关国际货币金融及国际借款安排等问题。

（二）亚洲开发银行

1. 亚洲开发银行的成立及宗旨

亚洲开发银行（简称亚行），是面向亚洲和太平洋地区的半区域性的国际金融机构，它是根据联合国亚洲及太平洋经济和社会委员会（建成“亚经会”）的决议，于 1966 年 11 月成立，并于同年 12 月开始营业的，总部设在菲律宾首都马尼拉。

亚行的成员国不限于亚太地区的国家，凡属于联合国亚太经社委员会的成员和准成员国，以及参加联合国或联合国某一专门机构的地区经济发达国家，均可加入亚行。我国是于1986年2月17日恢复在亚洲开发银行的合法席位的。

亚行的宗旨是：向成员国提供贷款、投资和技术援助，并用联合国及其专门机构进行合作，以协调成员国在经济、贸易和发展方面的政策，进而促进亚太地区的经济繁荣。

2. 亚洲开发银行的业务活动

（1）亚行的资金来源

亚洲开发银行的营运资金主要来源于会员国认缴的股本。另一项重要的资金来源是通过借款来筹集。同时，其营运收入也构成其资金来源的一部分。此外，亚洲开发银行还通过其所获得的各种捐赠建立特别基金而形成其资金来源。

（2）亚行的资金运用

亚洲开发银行的资金运用主要是向其会员国发放贷款。贷款条件是，贷款只能用于向提供贷款的国家购买商品或支付劳务费等。亚洲开发银行还利用主要由捐赠所建立起来的特别基金，向会员国提供赠款，用于对其进行技术援助，但赠款有数额限制。

（三）泛美开发银行

泛美开发银行是由美洲国家组织与欧亚其他国家联合共同创立的区域性国际金融机构。于1959年12月正式成立，1960年10月开始营业，总行设在华盛顿。

泛美开发银行的宗旨是：集中各成员国的力量，对成员国的经济、社会发展计划提供资金和技术援助，以促进各成员国的经济和社会发展。

泛美开发银行的主要业务活动是向拉美会员国政府及其他公私机构的经济项目提供贷款。贷款种类主要分为普通业务贷款和特种业务贷款。普通业务贷款的利率高于特种业务贷款，而贷款期限则比特种业务贷款短，且必须用借款货币偿还。特种业务贷款可全部或部分用本币偿还。此外，该行还设立了条件优惠的信托基金贷款。

（四）非洲开发银行

非洲开发银行是非洲国家政府合办的互助性质的区域性国际金融机构，于1964年9月成立，1966年7月开始营业，总行设在象牙海岸（今科特迪瓦）的首都阿比让。为了吸收更多的资金，扩大银行的运营能力，1980年5

月非洲开发银行第15届年会通过决议，允许非洲区域以外的国家投资入股加入该行。我国于1985年入股成为该行会员国。

非洲开发银行的宗旨是：为会员国的经济和社会发展提供资金，以促进和协调会员国社会进步和经济发展，促进本地区经济增长；并帮助制定非洲大陆发展的总体规划，以便达到非洲经济的一体化。

非洲开发银行的主要业务活动是向非洲区域内的会员国发放贷款，贷款种类主要分为普通贷款和特殊贷款两种。特别贷款不计息，条件优惠，贷款期限最长可达50年。

（五）欧洲投资银行

欧洲投资银行是根据1957年西欧六国（即法国、西德、意大利、荷兰、比利时、卢森堡）签署的《罗马条约》，于1958年1月正式成立的，总部设在布鲁塞尔。它是二战后世界上成立最早的区域性金融机构，成员国均为欧盟的成员国。

欧洲投资银行的宗旨是：利用国际资本市场和共同体本身的资金，对共同体内经济落后地区的发展计划提供长期贷款或担保，促进共同体内各地区的平衡于稳定发展。

欧洲投资银行的主要业务活动由四项：其一，对能够促进地区平衡发展的工业、能源等基础设施项目提供贷款或担保；其二，促进成员国或整个共同体感兴趣的事业的发展；其三，促进企业现代化；其四，向成员国海外属地、地中海沿岸各国和参加《洛美协定》的非洲、加勒比海与太平洋地区的国家提供贷款。

（六）欧洲重建与开发银行

欧洲重建与开发银行（EBRD）是第一家泛欧性的，把欧洲大陆东西两部分融合在一起的区域性国际金融机构，同时又是第一家统一的欧洲金融机构。EBRD于1990年5月20日在法国巴黎正式成立，并于1991年4月15日—17日在伦敦举行开业典礼，该行第一任行长是法国人雅克·阿塔利。

EBRD是最新成立的区域性国际金融机构，该银行具有自身的特点：①EBRD专门对原计划经济国家进行经济改革提供援助；②不同于世界银行或其他区域性国际金融机构，EBRD将投资集中在私营部门，更为注重所有制形式而不是投资盈利原则；③EBRD的私营企业贷款不需要成员国政府提供担保，以促使私人企业家提高对其债务的责任心。

习　题　七

一、判断题

1. LIBOR 是国际金融市场的中长期利率。（　　）
2. 政府贷款较之于银行贷款的最大区别在于其利率优惠但约束性强。（　　）
3. IMF 会员国基金份额以美元为单位。（　　）
4. 欧洲债券是外国债券的一种。（　　）
5. 银团贷款既包括短期贷款，也包括中长期贷款。（　　）

二、选择题

1. 从事国际间短期资金借贷的市场是（　　）
   A. 货币市场　B. 黄金市场　C. 外汇市场　D. 资本市场
2. 欧洲货币市场的币种交易中币种最大的是（　　）。
   A. 欧洲英镑　B. 欧洲日元　C. 欧洲美元　D. 亚洲美元
3. 国际清算银行属于（　　）。
   A. 全球型的国际金融组织　B. 半区域型的国际金融组织
   C. 区域型的国际金融机构　D. 上述说法都不对
4. 我国恢复在 IMF 席位的时间是（　　）。
   A. 1945 年　B. 1978 年　C. 1980 年　D. 1992 年
5. IMF 向会员国发放贷款的规模与（　　）成正比。
   A. 会员国对资金需要的规模　B. 会员国的贫穷程度
   C. 会员国所缴份额　D. 会员国外汇储备缺少的程度

三、简答题

1. 在岸金融市场与离岸金融市场有什么区别？
2. 什么是国际货币市场？什么是国际资本市场？两者的主要区别是什么？
3. 什么是国际金融组织？有哪些类型？
4. 既然有了国际货币基金组织，为什么还要成立世界银行？二者的定位有何不同？

四、案例题

世界银行中国业务之一瞥

(1) 减少贫困。多年来，世界银行始终与中国政府密切合作，开发和尝试创新性的减贫模式，合作开展的项目包括西南扶贫项目、秦巴扶贫项目。甘肃和内蒙古扶贫项目等。这些项目在推行有效的综合性跨部门扶贫开发模式方面发挥了重要作用。2004 年 10 月，世界银行成为第一个被中国政府授予国际消除贫困奖的国际机构。

(2) 农村发展。世界银行在中国的农村贷款项目不断扩大，从过去以综合农村发展和减贫项目为主，扩大到近年来的支持市场发展，促进技术转让，进行综合性自然资源管理等。其中，包括黄土高原项目和塔里木盆地灌溉项目，显示出了改善资源管理的种种好处。

(3) 城市发展。世界银行在这个领域开展的贷款和分析调研工作，把重点放在帮助中国发展生产率高、适于居住和管理有序的城市上。通过调整规划贷款支持的上海城市环境项目，是一个创新性的项目。该项目的资金用于两个水处理系统的升级改造，改善垃圾管理，修建城区基础设施。其他近期的创新性项目，包括广东省珠江三角洲地区环境项目，目的是减少水污染，改善整个环境和经济状况。世界银行还新批准了湖南省、太湖地区和宁波市的城市环境项目。

(4) 环境。世界银行通过贷款、赠款和分析咨询服务相结合的方式，支持了各种具有明确或隐含环境目标的举措。自 1991 年全球环境基金成立以来，世界银行共批准了 15 个与全球环境基金联合融资的中国项目，全球环境基金提供了 2.8 亿美元的赠款资金。世界银行集团还帮助中国履行根据蒙特利尔议定书规定承担的淘汰臭氧层消耗物质的义务，赠款总额达 4.45 亿美元。

(5) 交通。世界银行通过贷款支持中国建设国道主干线系统，把落后的西部地区与沿海地区的主要市场连接起来。最近批准的内蒙古交通和贸易走廊项目，旨在通过改善交通基础设施和物流，促进和保持中国与俄罗斯、蒙古之间的跨境贸易发展。世界银行贷款还通过改善浙赣线和修建湖北十堰高速公路，解决连接中国东部与中西部地区之间的交通基础设施问题。

(6) 教育。世界银行 20 年来共支持了中国 20 多个教育项目，近年来重点转向农村贫困地区的基础教育项目。世界银行与英国国际发展部合作，目前正在实施西部地区基础教育项目，重点是加强贫困地区的教育。该项目覆盖四川、云南、广西、宁夏、甘肃等省区，大约19%的受益儿童来自少数民族地区。

(7) 卫生。世界银行一直致力于帮助中国为贫困人口提供高质量的医疗卫生服务，改革医疗卫生融资体制，并兼顾解决出现的新问题。中国结核病防治项目将3 700万美元的英国国际发展部赠款与世界银行1.04亿美元贷款混合使用，为16个省区近7亿人提供了有效的结核病控制服务。

(8) 水资源问题。水的问题是中国政府的一个重中之重，尤其是鉴于对粮食安全和农村收入的意义。世界银行与中国政府合作编制了《中国水资源援助战略》，并负责管理中国海河流域综合性水和环境管理项目，全球环境基金为该项目提供了1 700万美元的赠款。

(9) 能源。根据中国需求的变化，世界银行的支持重点已从能源部门的基础投资转向提供分析调研援助，支持中国政府制定一个在建立配套的法律和监管框架的基础上，扩大利用可再生能源发电能力的战略，可再生能源战略支持的项目有：改进风能和沼气能源技术，在4个省实施可再生能源试点项目（风能、沼气和水利），等等。

分析：

(1) 世界银行贷款与其他组织贷款有何区别？

(2) 根据上述分析，判断浙江省电力项目，包括输电网的扩展和改造、改造提高杭州市和宁波市的配电网以及技术援助是否属于世界银行的业务范围？

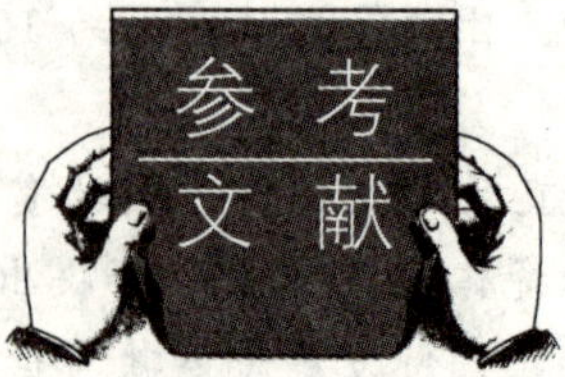

1. 刘舒年．国际金融（第三版）．北京：对外经济贸易大学出版社，2005
2. 姚莉．国际金融．北京：中国财政经济出版社，2006
3. 对外贸易经济合作部人事教育劳动司．对外经贸理论与实务．北京：中国对外经济贸易大学出版社，2000
4. 姜波克．国际金融学．北京：高等教育出版社，1999
5. 姜波克．国际金融新编学习指南（第二版）．上海：复旦大学出版社，2003
6. 丁永琦．国际金融理论与实务．北京：科学出版社，2006
7. 邓立立．国际金融讲授与学习指导．大连：东北财经大学出版社，2006
8. 裴平．国际金融学．南京：南京大学出版社，2001
9. 李萍．国际汇兑实务．北京：对外经济贸易大学出版社，2001
10. 闫冰．国际金融．北京：中国金融出版社，2006
11. 王灵华．国际金融学．北京：清华大学出版社，北京交通大学出版社，2007
12. 于润．国际金融管理．南京：南京大学出版社，2002
13. 吴丽华．外汇业务操作与风险管理．厦门：厦门大学出版社，2003
14. 田文锦．国际金融实务．北京：机械工业出版社，2006
15. 李小牧．国际金融．北京：清华大学出版社，北京交通大学出版社，2005
16. 李富有．国际金融学．西安：西安交通大学出版社，2005
17. 朱梦楠．国际金融学．厦门：厦门大学出版社，1999
18. 姜波克．国际金融新编习题指南．上海：复旦大学出版社，2002
19. 国际商务基础理论与实务（全国国际商务资格考试用书）．北京：中国商务出版社，2005
20. 王雅杰．国际金融理论、实务、案例．北京：清华大学出版社，2006